EUROPAVERLAG

Angela C. Contzen

DIE WURZELN UNSERER KULTUR

Natur, Kunst, Mythologie, Feste
und Bräuche im Jahreslauf

EUROPAVERLAG

© 2017 Europa Verlag GmbH & Co. KG, Berlin · München · Zürich · Wien
Umschlaggestaltung und Motiv: Sophie Weiss, München
Layout und Satz: BuchHaus Robert Gigler, München
Druck und Bindung: Pustet, Regensburg
ISBN 978-3-95890-137-7

INHALT

VORWORT

»Woher kommen wir? Wer sind wir? Wohin gehen wir?« So lautet der Titel eines berühmten Gemäldes des französischen Malers Paul Gauguin, das er 1897 in einer selbst gebauten Hütte auf Tahiti auf die Leinwand wirft – verarmt, krank und verzweifelt. Nicht nur die Kunst hat diese Fragen immer wieder gestellt. Es sind die Fragen des Menschen schlechthin. Heute, zu Beginn eines neuen Jahrtausends, stellt sich Europa diese Fragen erneut.

Im Angesicht nie geahnter Flüchtlingsbewegungen in Richtung Europa ist neuerdings immer wieder von »Leitkultur« die Rede. Was aber ist unsere europäische Kultur? Aus welchen Wurzeln und Quellen stammt sie? Und was ist in unserer traditionsvergessenen Gegenwart eigentlich noch übrig von unserer Kultur? Kennen wir unsere Kultur überhaupt noch?

Europa ist ein alter, unendlich reicher und vielfältiger Kulturraum. Mehr als zwei Jahrtausende liegen zwischen der phönizischen Königstochter *Europe* aus der griechischen Mythologie, die von Zeus nach Kreta entführt und auch der »Abend« oder später das »Abendland« genannt wird, und dem, was wir heute Europa nennen. Europa ist ein geografisch und kulturell definierter Raum, der über die Zeiten von den verschiedensten geistigen Einflüssen und Traditionen geprägt wird: vom rabbinischen Judentum wie von der griechischen Philosophie, vom Römischen Reich wie vom Christentum, von den antiken Mythen wie vom alten germanischen Götterglauben, von Renaissance, Humanismus, Reformation, Aufklärung und Industrialisierung.

Unzählige Fäden spinnen sich durch die Zeiten zwischen Ur in Mesopotamien, Jerusalem, Alexandria, Athen und Rom – teils dichte und teils sehr dünne Fäden, die historisch nicht endgültig zu entwirren sind. Das Judentum ist nicht denkbar ohne Babylon, das christliche Rom ist nicht denkbar ohne Judäa und das antike Griechenland nicht ohne Ägypten – die Kontakte und Verflechtungen sind vielfältig und spielen zwischen Abgrenzung, Abwehr und Übernahme. Im Umgang und in der Auseinandersetzung mit dem Fremden entsteht immer wieder Neues, entsteht zuletzt das moderne Europa.

Wenn wir von europäischer Kultur sprechen, dann spielt dieses mannigfaltige Erbe noch immer eine Rolle, ganz gleichgültig, ob wir es im Detail kennen oder nicht. Dieses Erbe prägt bis ins 20. Jahrhundert hinein unsere Kunst, Philosophie und Wissenschaft, unsere Verfassungen und Gesetzestexte, unsere Werte und Moralvorstellungen.

Was gehört zur Kultur Europas? Natürlich gehören die Künste dazu, die »beaux arts«. Die Musik gehört dazu, von den Gregorianischen Gesängen, mit denen im 6. Jahrhundert die europäische Musikgeschichte beginnt, bis zu den Kompositionen von Arnold Schönberg im 20. Jahrhundert. Malerei und Bildhauerei gehören dazu, von den Fresken des Fra Angelico bis zur monochromen Malerei von Yves Klein, von der Zeus-Statue des Atheners Phidias bis zu den abstrakten Skulpturen von Henry Moore. Die Dichtung gehört dazu, von den Epen Homers, der ältesten schriftlichen Literatur Europas, bis zu den großen Romanen von Dostojewski, James Joyce oder Thomas Mann.

Auch die Naturwissenschaften gehören dazu – von den frühen Alchemisten bis zum Teilchenbeschleuniger am Europäischen Kernforschungszentrum CERN bei Genf. Forschung und

Bildung gehören dazu, Bibliotheken, Schulen und Universitäten – die erste europäische Universität wird 1088 in Bologna gegründet. Auch die Entwicklung der Technik gehört dazu – von Leonardo da Vincis Entwürfen einer Flugmaschine aus dem 15. Jahrhundert bis zum Airbus A380, von der Erfindung des Buchdrucks im Jahre 1454 durch Johannes Gutenberg bis zum ersten Computer, von der gefederten Reisekutsche aus dem 2. Jahrhundert bis zum Porsche.

Zur europäischen Kultur gehören die Rechtsphilosophie und die Gewaltenteilung, die auf den staatstheoretischen Schriften des englischen Aufklärers John Locke und des französischen Philosophen Baron de Montesquieu basiert und die heute in jeder europäischen Demokratie selbstverständlich ist. Die Emanzipation der Frauen gehört dazu und natürlich auch die Geschichtsschreibung, genauer das Bewusstsein einer historischen Kontinuität, die in der Antike beginnt und bis in die Gegenwart reicht.

Zur Kultur gehören die alten Pilgerwege, die sich quer durch Europa ziehen und auf denen die ersten gesamteuropäischen Kunstepochen entstehen. Auch all die Bräuche gehören dazu, die sich in den europäischen Regionen über Jahrhunderte entwickelt haben, von der alemannischen Fastnacht bis zur spanischen »Semana Santa«, der Karwoche in Sevilla, in der seit 1521 und bis heute die Büßer in langen Kutten und barfuß durch die Straßen ziehen.

Als Kulturraum hat Europa, wie jeder Kulturraum, vor allem einen identitären Aspekt. Wir werden in eine bestimmte Kultur hineingeboren und wachsen in ihr auf. Wenn wir von unserer Kultur sprechen, dann meinen wir auch – und vielleicht sogar zuerst – all die Bilder und Geschichten, die uns seit unseren frühesten Kindertagen begleitet haben. Wir meinen die Bilder von winterlichen Landschaften und blühenden Frühlingswiesen, wir meinen die Weihnachtsfeste und das Geläut der Glocken, wir meinen eine Messe oder ein Requiem, meinen Regenpfützen und Herbstabende mit Hunderten von Märchen und Liedern.

Wir meinen die Bilder von Seerosen, Sonnenblumen oder apokalyptischen Reitern, von Madonnen oder einem gekreuzigten Messias, von einer schaumgeborenen Venus oder einem gefesselten Prometheus, dem ein Adler mit spitzem Schnabel die Leber herauspickt. Wir meinen Kathedralen, Labyrinthe und ein Schiff, das eine unbekannte Küste sucht. Wir meinen die Geschichten von Narren, Helden und gefallenen Engeln, von einer großen Flut und einem geheimnisvollen Garten, den Gott pflanzt zur Seite des Morgens.

All diese Bilder, Geschichten und Bräuche haben von Anfang an unser Denken und Empfinden, unsere Erfahrungen und unser Selbstbewusstsein geprägt – und tun es bis heute. Das ist unsere Heimat. Das ist der geistige Ort, an dem wir zu Hause sind. Das ist unsere Kultur. Das ist unsere Identität.

Kultur ist aber noch mehr. Im Zentrum jeder Kultur steht immer ein religiöser Kult. Über Jahrtausende entsteht alle Kultur aus einem metaphysischen und mythologischen Urgrund – auch wenn wir das heute nicht mehr wissen oder nicht mehr wissen wollen. Man kann nicht über Kultur sprechen, ohne über Religion zu sprechen. Was aber ist mit unserer Religion? Was ist mit jenem geistigen Ort, an den unzählige Generationen in Europa ihre Sehnsucht nach Sinn und Geborgenheit gebunden haben?

Die modernen europäischen Gesellschaften haben ihr religiöses Erbe einer so heftigen Kritik ausgesetzt und es so gründlich liberalisiert, dass es unter ihren Händen verfällt. Unsere Zeit ist von einem weitreichenden und tief gehenden Verlust der alten christlichen Religion geprägt – wir kennen und verstehen die religiösen Inhalte und Rituale zumeist nicht mehr. An Symbolen sind dem heutigen Europäer fast nur noch die Halloween-Kürbisse geblieben. Wir feiern zwar noch, vor allem in den Dekorationen und Auslagen der Geschäfte, die großen Jahresfeste wie Weihnachten oder Ostern, doch viele Menschen kennen die kultische Dimension dieser Feste längst nicht mehr. Warum feiern wir Karfreitag, Pfingsten oder Allerheiligen? Und was bedeuten uns diese Feste noch, abgesehen von ein paar zusätzlichen Urlaubstagen? Dabei gehört auch das Christentum zur europäischen Kultur. In der jüdisch-christlichen Lehre gründen zentrale Werte der abendländischen Welt: die Menschenwürde, der Wert der individuellen Person, der unbedingte Wert jedes menschlichen Lebens und die Gleichheit aller Menschen vor Gott – selbst der Sklaven und der Frauen. Auch die Beherrschung der Natur und das Ethos der Arbeit sind ohne das Christentum nicht denkbar.

Selbst die Art der Aufklärung ist christlich. Die Strenge der Aufklärung erwächst aus einer Wissenschaft, die nicht nur aus der christlichen Lehre, sondern auch aus der christlichen Umprägung der Antike entsteht. Auch die Idee des Fortschritts ist das Erbe der jüdisch-christlichen Vorstellung von einer gerichteten, auf ein Ziel zulaufenden Geschichte.

Bis heute prägt die christliche Religion unser Denken und unsere Wahrnehmung – unabhängig von unseren Überzeugungen und Meinungen. Wir glauben gern, wir bräuchten »nur eine Bekenntnisformel als unrichtig und ungültig zu erklären, um von allen traditionellen Wirkungen christlicher oder jüdischer Religion psychologisch befreit zu sein«, hat der Schweizer Psychologe Carl Gustav Jung bereits 1921 festgestellt. In dieser Hinsicht ist unsere Zeit »von einer Verblendung, die ihresgleichen sucht. Man vergißt völlig, daß die Religion der vergangenen zweitausend Jahre eine Einstellung ist, eine bestimmte Art und Weise der Anpassung nach innen und außen, die eine bestimmte Kulturform erzeugt und damit eine Atmosphäre geschaffen hat, welche von einer intellektuellen Leugnung ganz unbeeinflußt bleibt.« In seinem Basler Seminar fügt Jung 1934 hinzu: »Wir meinen immer, das Christentum bestehe in einem bestimmten Glaubensbekenntnis, in der Zugehörigkeit zu einer Kirche. Nein, das Christentum ist unsere Welt. Wir sind unweigerlich als Christen geprägt; wir sind aber auch durch das geprägt, was vor dem Christentum war.«

Spätestens mit dem Zweiten Weltkrieg aber vollzieht sich in Europa, vor allem in Deutschland, ein radikaler und bis heute nicht verheilter kultureller Bruch. Der Triumph einer unvorstellbaren Brutalität und Barbarei inmitten einer europäischen Hochkultur verstört den Menschen zutiefst und verwirft all seine alten Gewissheiten. Seit den großen Katastrophen des 20. Jahrhunderts, seit dem namenlosen Grauen, den Pogromen und Massakern, ist alles anders.

Die europäische Kunst, die sich bis in die Mitte des vergangenen Jahrhunderts noch immer irgendwie auf ein Göttliches bezieht, und sei es nur in der Auseinandersetzung oder der polemischen Absage, hat Gott fast gänzlich aus dem Spiel genommen. Auch die christliche Religion scheint obsolet – das Bild eines guten Gottes ist mit den Bildern von Konzentrationslagern und fabrikmäßigem Massenmord schlicht nicht vereinbar.

Der jüdische Kulturkritiker George Steiner, 1929 in Paris geboren und 1940 nach New York emigriert, geht noch davon aus, dass »alles, was wir in Literatur, Kunst und Musik von zwingender Größe erkennen, religiös inspiriert oder von religiösem Bezug ist«. Der Maler Max Beckmann ist noch davon überzeugt, dass »alle wesentlichen Dinge der Kunst immer aus dem tiefsten Gefühl für das Mysterium des Seins« entstehen, und vertritt 1938 in seinem Londoner Vortrag die Ansicht, dass alle Kunst der Erkenntnis dient und nicht etwa der Unterhaltung oder dem Spiel. Die Kunst der Gegenwart hingegen hat nahezu jeden religiösen Bezug gestrichen. Das aber ist, wie Steiner behauptet, die Ursache für das Relative und Beliebige unserer modernen Kultur.

Was wissen wir noch von unserer Kultur? Wie weit haben wir das Wissen um die Wurzeln unserer Kultur, um unsere geistigen und religiösen Traditionen, eigentlich verloren? Und ist ohne dieses Wissen ein Begriff wie »Leitkultur« nicht bloß eine Phrase?

In diesem Buch geht es um Erinnerung und Selbstbesinnung. Das ist heute ein notwendiger und überfälliger Akt. Dabei geht es nicht um Nostalgie oder um eine diffuse Sehnsucht nach dem Alten und Vergangenen. Es geht auch nicht um Rückkehr – eine Rückkehr ist grundsätzlich nicht möglich, und jeder Versuch mündet zwangsläufig in eine Regression. Wir können der Gegenwart nicht aus dem Weg gehen. Doch nur im Bewusstsein der eigenen kulturellen Identität kann der europäische Mensch eine selbstbewusste und souveräne Haltung finden gegenüber dem Fremden, das ihn gegenwärtig und wohl auch künftig herausfordern wird.

Das Jahr

Eine verschneite Landschaft und ein Kind in einem Stall. Eine flammende Zypresse und ein Kirchturm unter einem Sternenhimmel. Eine antike Tempelruine und eine Madonna im Rosenhag, ein kahler Eichenwald und ein windschiefes Kreuz. In der abendländischen Kultur sind Natur, Religion und Kunst über alle Jahrhunderte eng miteinander verbunden. Erst in der Moderne werden sie getrennt und separiert und fallen auseinander.

Im Kreis des Jahres aber gehören diese Dinge bis heute zusammen. Im Jahreslauf, in dem und mit dem wir bis heute leben, ist das kulturelle Erbe Europas noch immer aufbewahrt und wie auf einer Landkarte präzise eingezeichnet.

Das Jahr bewahrt die Bilder der Natur und der Kunst. Es erhält die alten religiösen Feste, Bräuche und Traditionen. Es erzählt die Ereignisse der christlichen Heilsgeschichte, aber auch die Geschichten der alten Götter. Viele christliche Jahresfeste überlagern ältere heidnische Feste und fallen zeitlich mit dem natürlichen Jahreslauf zusammen, mit Sonnenwenden und Äquinoktien. Bis heute bestimmen diese Feste unseren Kalender, und alle Versuche, sie aus unserem Leben zu eliminieren, sind bislang gescheitert.

Das Jahr enthält ein Ursprüngliches, das sonst fast nirgendwo mehr zu finden ist. Indem wir dem Jahreslauf folgen – das sind die These und der Grundgedanke dieses Buches –, können wir unserer eigenen Kultur wiederbegegnen, können wir unsere eigene kulturelle Heimat und Identität zurückgewinnen, zumindest bis zu einem gewissen Grad.

Indem wir mit diesem Buch durch das Jahr gehen, finden wir in jedem der zwölf Kapitel die großen religiösen und kulturellen Themen, die den zwölf Monaten von jeher zugeordnet sind – illustriert durch literarische Zeugnisse und künstlerische oder mythologische Bilder, durch Erzählungen und philosophische oder religiöse Gedanken. Wir können das Buch in Abschnitten lesen, Monat für Monat, und können uns begleiten lassen durch unser Jahr und unsere Jahre.

Dabei hat jeder Monat seine eigenen Bilder und Geschichten: Der Januar spricht nicht nur vom Anfang und Ende des Jahres, sondern auch vom Anfang und Ende der Welt – Janus ist der Gott, der gleichzeitig in die Vergangenheit und in die Zukunft blickt. Der Februar taumelt zwischen Karneval und Fasten, zwischen Ausschweifung und Askese. Der April feiert die Auferstehung der Natur und des gekreuzigten Gottes und kündet von Erlösung. Der Juni ist der alte Rosenmond und erzählt von den ersten Gärten, der September berichtet von Ernte und Opfern, von Brot und Wein. Der Oktober redet vom Herbst und vom Alter, vom Welken und Verglühen. Der November spricht von Sense und Stundenglas, von Totentagen und letzten Dingen. Und der Dezember feiert Weihnachten, feiert eine neue Geburt, die alles verändern soll.

Die Bilder des Jahres wiederholen sich immer wieder. Es wird Frühling, wenn heftige Stürme die Bäume schütteln und sich das neue Blau in den nassen Straßen zwischen noch kahlen Bäumen spiegelt, wenn der Löwenzahn an die Wegränder brandet und die Glocken den Ostertag einläuten. Es wird Sommer, wenn der Holunder blüht, wenn die Wiesen voll Klee und Klatschmohn stehen, der Wind über die Felder läuft und das Heu eingefahren wird. Es wird Herbst, wenn die roten Beeren der Eberesche vor perlmuttfarbenem Himmel stehen und der Vogelflug beginnt, wenn die Blätter fallen, die Gänse geschlachtet und die Kirchen zum Erntedank geschmückt werden. Und es wird Winter, wenn die Tage dunkel und schwermütig werden und erst die Weihnachtszeit wieder Licht in all die Trübsal bringt.

Über Jahrhunderte ist das Leben der zumeist ländlichen Bevölkerung Europas bestimmt vom Rhythmus der Natur und von den großen religiösen Festen. Der Lauf des Jahres und die wiederkehrenden Rituale bestimmen das Leben, graben sich tief in das kollektive Gedächtnis und formen über einen langen Zeitraum die Wirklichkeit des europäischen Menschen.

Natur und Religion aber bilden seit jeher eine unauflösliche Einheit. Von Anbeginn aller Kultur wird der natürliche Jahreslauf mit religiösen Festen verknüpft – Naturjahr und religiöser Kult werden von Anfang an parallelisiert. Das Religiöse wird mit dem Lauf der Sonne durch den Tierkreis und mit den großen Wendepunkten der Natur synchronisiert.

Auch der Lebenslauf der Götter wird schon früh mit dem Lauf des Jahres und den Jahreszeiten in Verbindung gebracht. Die Auferstehung der alten babylonischen und griechischen Vegetationsgötter etwa wird stets im Frühling gefeiert und mit der Auferstehung der Natur parallelisiert. In jedem Jahr müssen sie sterben und neu erstehen – ihre Auferstehung aber kann, analog den Rhythmen der Natur, nur zur Zeit der Frühjahrs-Tagundnachtgleiche gefeiert werden. Ein anderer Zeitpunkt wäre sinnlos.

Die Geburt der Götter wird seit alters zur Zeit der Wintersonnenwende gefeiert, in jener dunklen Zeit des Jahres, in der das Licht und damit die Hoffnung des Menschen neu geboren werden. In der griechischen Mythologie steigt der Gott Dionysos zur Winterwende als Sonne empor, im Römischen Reich wird zur selben Zeit das Geburtsfest des antiken Sonnengottes Sol gefeiert, das Fest der »unbesiegten Sonne«. Zum selben Zeitpunkt findet auch die Geburt des iranisch-römischen Sonnengottes Mithras statt, dessen Kult im 2. Jahrhundert durch römische Soldaten bis an den Limes gelangt.

Auch das Christentum hat den Lebensweg des Gottessohnes mit dem Lauf der Sonne durch das Jahr verflochten. Zwar setzt das Christentum seine Heilsgeschichte in die historische Zeit und verneint den naturhaft mythologischen Glauben ausdrücklich – die Parallelisierung mit den jahreszeitlichen Bildern aber bleibt bestehen. Auch die christliche Kirche feiert die Auferstehung Christi im Frühling, seine Geburt aber zur Zeit der Wintersonnenwende. Das christliche Kirchenjahr beginnt am ersten Advent mit der Erwartung einer Geburt und endet, analog den Sterbeprozessen in der Natur, mit den religiösen Totentagen im November.

Am Stand der Sonne im Tierkreis orientieren sich christliche Festtage wie Johanni und Weihnachten – beide Feste werden in ihren Ritualen auch von alten heidnischen Sonnenwendfesten beeinflusst. Das christliche Osterfest steht historisch und kultisch auf dem Hintergrund des jüdischen Pessachfestes und orientiert sich am Lauf des Mondes. Pessach ist ein altes Hirtenfest, das zum Zeitpunkt des Weidewechsels im Frühjahr begangen wird und an dem ein Lamm geschlachtet und geopfert wird. Später verschmilzt dieses Fest mit dem Gedächtnis an die Flucht des Volkes Israel aus Ägypten.

Auch andere christliche Festtage sind mit dem jüdischen Festjahr verbunden. Das jüdische Wochenfest Schawuot etwa, in alter Zeit ein Erntedankfest für den ersten Weizen und später mit dem Empfang der Zehn Gebote am Sinai in Verbindung gebracht, wird zum Hintergrund für das christliche Pfingstfest. Schawuot wird 50 Tage nach Pessach gefeiert, Pfingsten 50 Tage nach Ostern.

Die Namen unserer Wochentage orientieren sich bekanntlich bis heute an den alten heidnischen Religionen Europas – in den romanischen Sprachen klingen die antiken Planetengötter an, in den nordischen Sprachen ist der germanische Mythos noch lebendig. Der Sonntag gehört der Sonne und den alten Sonnengöttern – später wird Christus zur »wahren Sonne«. Der Montag ist dem Mond gewidmet und der Dienstag dem römischen Kriegsgott Mars oder dem germanischen Tyr, dem Gott des Kampfes. Der Mittwoch ist nach dem römischen Gott Mercurius benannt und der Donnerstag nach dem germanischen Donnergott Donar oder Thor. Der Freitag gehört der römischen Göttin Venus oder der germanischen Göttin Freya und der Samstag dem römischen Gott Saturn.

Die Verbindung von Natur und Religion spiegelt sich auch noch in den altdeutschen Monatsnamen – der Januar etwa heißt Eismond, der Februar Taumond oder Narrenmond, der April heißt Launing oder Ostermond, der Juli ist der Heumond, der September der Herbstmond, und der Dezember wird Heilmond genannt, auch Christmond oder Julmond.

Das Jahr in der Kunst

Natur und Religion sind auch die großen Themen der europäischen Kunst und bis ins 20. Jahrhundert hinein kaum voneinander zu trennen. Das berühmte Gemälde *Primavera* des italienischen Renaissancemalers Sandro Botticelli etwa verbindet jahreszeitliche Bilder wie blühende Wiesen und Orangenbäume mit Gottheiten aus der antiken Mythologie – der Frühlingsgöttin Flora, dem Windgott Zephyr oder der Nymphe Chloris, die Blüten aus ihrem Munde haucht. Die zentrale Gestalt der Venus aber erinnert in ihrer zarten Schönheit und Anmut an eine christliche Madonna.

Vor allem die alten europäischen Monatsbilder verbinden jahreszeitliche und religiöse Motive. Auf einem Kalenderbild im Kloster Fulda aus dem 10. Jahrhundert beispielsweise hält der antike Gott Annus den Jahreskreis mit den zwölf Monaten in seinen Händen: Der Januar ist durch den Gott Janus versinnbildlicht, der September stellt die Ernte dar, und der Dezember zeigt den Sonnengott Mithras mit Sternenmantel und Stier.

Im Lauf des Mittelalters verschwinden die heidnischen Elemente zunehmend aus den Bildern: Janus weicht einem Mann am wärmenden Feuer, Mithras wird durch das Motiv des winterlichen Schlachtens abgelöst. Im *Breviarium Mayer van den Bergh*, einem flämischen Gebetbuch aus dem 15. Jahrhundert, sticht auf dem Dezemberbild ein Bauer im Schnee eine Sau ab, während seine Frau das Blut in einer Bratpfanne auffängt.

Die kunstvollen jahreszeitlichen Miniaturen aus den *Très Riches Heures*, dem Stundenbuch des französischen Herzogs von Berry, werden zu Vorbildern der europäischen Landschaftsmalerei. Diese Monatsbilder verbinden Jahreszeiten und Tierkreiszeichen mit den jeweiligen landwirtschaftlichen Arbeiten der Bauern – pflügen, säen, Holz schlagen, mähen, Schafe scheren oder Wildschweine jagen. Explizit religiöse Themen bebildert das Stundenbuch der Adelaide von Savoyen, der Herzogin von Burgund: das Fest des Bohnenkönigs am Vorabend des Dreikönigstages im Januar, das Austeilen des Aschenkreuzes im Februar oder die Wallfahrt nach Santiago de Compostela im April.

Auch auf den Bildern des niederländischen Malers Pieter Bruegel der Ältere sind jahreszeitliche und religiöse Motive miteinander verflochten. Auf seinem 1566 entstandenen Gemälde *Die Volkszählung zu Bethlehem* etwa reitet Maria auf einem Esel durch ein verschneites flämisches Dorf mit Fachwerkhäusern und niedrigen Katen, in dem ärmliche Gestalten Reisigholz auf Karren schleppen, ein Bauer ein Schwein schlachtet und sich eine Menschenmenge vor einem Wirtshaus drängt. Schwarze Krähen ziehen über den fahlen Winterhimmel, kahle Weiden stehen vor einer roten Dezembersonne.

Auf den Bildern des romantischen Malers Caspar David Friedrich sind Natur und Religion noch im 19. Jahrhundert eng verknüpft. Die Natur ist ein Anlass zur Andacht, die Landschaft ein Gegenstand religiöser Meditation. Dabei greift Friedrich sowohl auf germanische wie auf christliche Symbole zurück: Eiche, Rabe oder Hünengrab, Kreuz, Kathedrale oder die Ruinen einer Abtei.

Max Beckmann erklärt noch im frühen 20. Jahrhundert, Natur, Religion und Kunst seien seit je die Helfer und Befreier des Menschen, der sich in der Welt verirrt und verloren habe. »Ein Menschengesicht, eine Hand, die unendlichen Meere, die wilden Felsen, die melancholische Sprache der schwarzen Bäume im Schnee, die wilde Kraft der Frühlingsblumen und die schwere Lethargie des heißen Sommermittags – das ist schon genug, um das Leid der Welt zu vergessen oder zu gestalten.«

Auch in der europäischen Literatur sind Natur und Religion vielfach verschränkt. Das 1779 erschienene *Abendlied* von Matthias Claudius etwa, das zu den bekanntesten Gedichten der deutschen Literatur gehört, verbindet die Bilder der Natur mit der Heilserwartung eines gläubigen Christen – der Abend dient dem Gebet, der aufgegangene Mond wird zu einem Gegenstand frommer Belehrung.

Goethe hingegen findet das Religiöse in der Natur selbst. Die konfessionelle Religion bleibt ihm eher fremd, die Natur aber setzt er mit Gott gleich und versucht, »Gott in der Natur, die Natur in Gott zu sehen«. Auch für Friedrich Hölderlin ist das Göttliche identisch mit der »Allheit der Natur«. In seinem 1797 veröffentlichten Roman *Hyperion* schreibt er: »Eines zu sein mit Allem, das ist Leben der Gottheit, das ist der Himmel des Menschen.«

In dem Gedicht *Mondnacht* des romantischen Dichters Joseph von Eichendorff aus dem Jahre 1837 verschmelzen die Bilder der Natur, Himmel und Erde, Wald und Nacht, mit der inneren Landschaft der Seele. Auch bei dem Lyriker Stefan George wird die Natur zu einem seelisch religiösen Raum. In seinem 1897 veröffentlichten Gedichtband *Das Jahr der Seele* spiegeln die Natur und der Wechsel der Jahreszeiten die geheimen Kräfte und Zustände der Seele.

Seit der Mitte des 20. Jahrhunderts gibt es die Verschränkung von Natur und Religion in der Kunst kaum noch. Nicht nur die christliche Religion ist erodiert, auch die Landschaften früherer Zeiten sind weitgehend abgetragen – in den klimatisierten und elektrifizierten städtischen Räumen spielen die Natur und der Wechsel der Jahreszeiten keine Rolle mehr.

Symbole des Jahres

Das Jahr geht uns bis heute ganz persönlich an – auch unser eigenes Schicksal ist ablesbar im Jahreslauf. Wir zählen unser Leben in Jahren, und das Jahr selbst ist ein Symbol, ein Abbild oder eine Miniatur unseres Lebens. Seit der Antike wird der Lauf der Sonne durch das Jahr auch als Analogie des Lebens interpretiert. Die jahreszeitlichen Bilder der Natur werden auf das Dasein des Menschen übertragen: Die Abfolge von Frühling, Sommer, Herbst und Winter entspricht der Abfolge seiner Lebensalter.

Wie die aufsteigende Sonne im Frühling wächst und blüht der Mensch zu Beginn seines Lebens, in seiner Kindheit und Jugend. Wie die Sonne gewinnt er bis zur Mittagshöhe im Sommer stetig an Reife und Kraft, wie die Sonne beginnt er auf dem Zenit seinen Abstieg. Mit der Sonnenwende beginnt auch die Wende im menschlichen Leben, und der Herbst des Jahres, wie der Herbst des Lebens, spricht von Abschied und Untergang. Im Winter schließlich ist die Sonne versunken, die Natur erstarrt. Die kahlen Bäume künden vom Tod.

Am Ende schließt sich das Jahr zu einem Kreis. Der Kreis gilt als vollkommene Form, und der griechische Philosoph Platon hat behauptet, die Idee des Kreises sei dem menschlichen Geist eingeboren – selbst wenn es einen vollkommenen Kreis in Wirklichkeit gar nicht gibt. Der Kreis gilt seit alters als das Symbol des Kosmos, der Gottheit und der Ewigkeit. Er ist ohne

Anfang und ohne Ende, und sein Anfang fällt mit seinem Ende zusammen.

Die Zahl des geschlossenen Kreises ist die Zwölf. Seit der Antike wird die Ekliptik, die von der Erde aus gesehene scheinbare Bahn der Sonne, in zwölf gleiche Sektoren geteilt, die sich an den Sonnenwenden und Äquinoktien ausrichten und den Jahreslauf bestimmen. Die bis heute gültige Einteilung des Tages in zwölf Doppelstunden wird bereits im altbabylonischen Reich im 2. vorchristlichen Jahrtausend entwickelt, auch die zwölf Tierkreiszeichen gehen auf babylonische Sternbilder zurück.

In fast allen alten Kulturen ist die Zwölf eine bedeutsame Zahl. Das sumerisch-babylonische Gilgamesch-Epos ist auf zwölf Tontafeln verfasst, die den zwölf Abenteuern des Helden entsprechen. Die griechische Mythologie kennt zwölf Titanen und späterhin zwölf Götter auf dem Olymp, auch der griechische Held Herakles hat zwölf Arbeiten zu bewältigen.

Im Judentum wählt Gott die Zwölf als Zahl für sein auserwähltes Volk. Der alttestamentarische Jakob hat zwölf Söhne, die zu den zwölf Stämmen Israels werden. Zwölf Edelsteine hat der Brustschild des Hohepriesters, zwölf Steine hebt Josua während der Wanderung ins Gelobte Land aus dem Jordan zur Erinnerung an die wunderbare Überquerung des Flusses, den Gott austrocknen lässt, damit sein Volk ihn durchschreiten kann.

Die christliche Religion greift die Symbolik auf. Im Neuen Testament beruft Jesus zwölf Jünger und Apostel, in der Offenbarung des Johannes gibt es zwölf Tore im himmlischen Jerusalem und zwölf Sterne in der Strahlenkrone der Gottesmutter. Zwölf ist die Zahl der Vereinigung von Gott und Welt, und der frühchristliche Kirchenlehrer Augustinus erklärt die Zwölf als Zahl der gesamten Schöpfung und der himmlischen Vollkommenheit. Die alten christlichen Monatsbilder an den Portalen der großen romanischen Kirchen in Frankreich und Italien zeigen Christus im Zentrum der zwölf Apostel, der zwölf Tierkreiszeichen und der zwölf Monate.

Die Bilder

Ein Kreuz und ein Kelch, ein Baum und eine vielversprechende Schlange. Brot und Wein, Blut und Wasser. Himmel und Hölle, Engel und Dämonen und ein Pakt mit dem Teufel. Venus und Mars, Liebe und Krieg, ein lüsterner Faun und ein düsterer Fährmann in der Unterwelt. Ein Vogel, der aus der Asche ersteht, ein auferstandener Gott und eine apokalyptische Vision mit Erdbeben, Feuer und Rauch, mit verfinsterter Sonne und vergifteten Meeren.

Das sind die Bilder – jahrtausendealte und in Stein und Schönheit geschlagene Muster, in deren Spuren wir immer noch wandeln. Diese Bilder prägen den europäischen Kulturraum bis in die Gegenwart.

Der Ursprung der meisten Bilder ist in den Mythen zu finden. Der Mythos ist die erste und älteste Form aller menschlichen Kultur. Im Mythischen liegen die Anfänge der Sprache und der Schrift, die Anfänge der Religion, der Philosophie und der Kunst. Im Mythos gründen die frühesten Gesellschaftsformen und die Urentdeckungen der Wissenschaft und der Technik.

Die Mythen sind zwar uralt, aber längst nicht veraltet. Sie zielen auf die ewig aktuellen Fragen des Menschen: Woher kommen wir? Wer sind wir? Wohin gehen wir? Die Fragen sind immer dieselben. Immer ist der Mensch hineingeworfen in eine heillos heimgesuchte Welt, immer ist er verpflichtet zum Leben und zum Sterben, und immer ist das eine so schwer wie das andere.

Der moderne Mensch ist von denselben Fragen herausgefordert wie der Mensch früherer Zeiten: Hat sein Dasein in diesem Universum einen Sinn oder ein Ziel? Ist der Tod endgültig? Gibt es einen Gott oder eine irgendwie intelligible höhere Welt? Wir sind bis heute, wie George Steiner in seinem kleinen Buch *Warum Denken traurig macht* schreibt, einer nachprüfbaren Lösung dieser Rätsel unserer Existenz »keinen Zoll näher gekommen als Parmenides oder Platon. Vielleicht sind wir weiter davon entfernt als sie.«

Die Mythen erzählen dem Menschen von den grundsätzlichen Bedingungen seines Daseins in der Welt. Sie berichten vom ewigen Kampf des Guten gegen das Böse, von Vertreibung und Exil, Schuld und Sühne, Freiheit und Zwang. Sie verbinden ihn mit all den Konflikten und Kämpfen, Irrtümern und Ungewissheiten, die über die Zeiten immer dieselben sind.

Die Mythen sind nicht aus der Welt zu schaffen. Die Bilder bleiben mächtig und werden – nicht nur in jedem Kinderzimmer – immer wieder reproduziert. Selbst wenn es einer Epoche gelänge, sämtliche mythologischen Traditionen der Welt vollständig auszumerzen, würde mit der nächsten Generation der ganze Mythos vermutlich von vorn beginnen. Auch der moderne Mensch sehnt sich nach Mythen, und es ist kein Zufall, wenn heute die populärsten Kinofilme und die meistverkauften Titel der internationalen Bestsellerlisten mit mythologischen Bildern spielen.

Ein großes Thema aller Mythen ist die Heldenreise. Das Muster ist immer dasselbe: Der Held wird unter meist ungewöhnlichen Umständen geboren und erhält unerwartet einen schicksalhaften Ruf, dem er zunächst nur zögerlich folgt. Auf seiner Reise begegnen ihm Versuchungen und Prüfungen und ein scheinbar übermächtiger Gegner oder Widersacher. Am Ende gibt es einen Abstieg in die Unterwelt, einen Kampf mit der dunklen Seite oder der Schattenwelt und zuletzt eine Rückkehr in die Heimat. In der Rückkehr aber ist der Held ein Anderer geworden – es ist etwas anderes, von einer langen Reise nach Hause zurückzukehren, als immer zu Hause geblieben zu sein.

Immer ist der Held ein Einsamer in der Welt, ein Verkannter oder ein Verfolgter. Immer aber erringt er zuletzt ein neues Leben und eine neue Freiheit. Der amerikanische Mythenforscher Joseph Campbell hat das Muster der Heldenreise in seiner berühmten Studie *The Hero with a Thousand Faces* 1949 analysiert und die Stationen des Helden – Auserwählung und Berufung, Prüfung, Abstieg, Rückkehr und Erlösung – aufgezeichnet. Das Buch zählt laut dem New Yorker *Time Magazine* zu den hundert besten und einflussreichsten Büchern des späten 20. Jahrhunderts.

Nicht zufällig liegt Campbells Studie auf dem Schreibtisch des amerikanischen Filmemachers George Lucas, als dieser in den 1970er-Jahren das Drehbuch für seine Trilogie *Star Wars* entwirft. Die Geschichten der Helden Luke Skywalker oder Darth Vader sind nach diesem Buch konzipiert. Lucas kleidet die alten mythologischen Muster in ein modernes Gewand und vermischt die europäischen Heldensagen mit Science-Fiction, christlicher Mystik, Buddhismus und altjapanischen Samurai-Motiven. Inzwischen ist das Epos zu einem modernen globalen Mythos geworden: »Möge die Macht mit dir sein.«

Ähnlichkeiten mit einer mythologischen Heldenreise weist auch die erfolgreiche Science-Fiction-Trilogie *Matrix* auf, deren erster Teil 1999 in die Kinos kommt. Der Held ist ein Grenzgänger und Weltenretter, ein Auserwählter, der aus einer falschen Realität ausbricht, Gefahren überwindet, Prüfungen besteht und zuletzt in einem einsamen Kampf die Menschheit erlöst.

Die mythologischen Bilder haben kein Verfallsdatum. In der Moderne trägt der Teufel zwar, wie in dem 2005 produzierten Hollywoodfilm *Constantine*, einen blütenweißen Anzug, doch seine Rolle ist noch die gleiche. Immer geht es um Macht, um Hölle und Verdammnis. In der Moderne ist der Teufel zwar, wie in dem Film *The Devil's Advocate* von 1997, ein einflussreicher Anwalt in New York, doch seine Dämonie ist noch die gleiche. Immer geht es um Verführung, Sex und Eitelkeit. Der Teufel selbst aber liest in dem 1667 erschienenen Buch *Paradise Lost* des englischen Dichters John Milton, das die alten Mythen erzählt: den Sturz des rebellischen Engels, den Sündenfall des Menschen und die Vertreibung aus dem Paradies.

Die mythologischen Bilder bleiben bis heute unbeeindruckt von aller Aufklärung, Rationalität und Wissenschaft. Wir leben zwar in einer Welt, die längst hinausgeschleudert ist in die Unendlichkeit eines leeren Raumes, doch die Sehnsucht des Menschen nach einem sinnvoll geordneten Kosmos und einem sinnvollen Dasein bleibt bestehen. Wir leben zwar in einem entzauberten und erkälteten Universum, doch die Sehnsucht nach einer wie auch immer gearteten höheren Ordnung ist ungebrochen. Wir leben zwar unter einem gründlich desinfizierten Himmel, doch unter ihm tummeln sich noch immer Engel, Zauberer, Hexen und Dämonen.

Den umfassendsten und berühmtesten Mythos der Moderne entwirft und erzählt J. R. R. Tolkien in seiner Trilogie *The Lord of the Rings*. Das Epos, 1954 veröffentlicht, wird zu einem der kommerziell erfolgreichsten Romane des 20. Jahrhunderts und die Verfilmung von Peter Jackson, mit etlichen Oscars ausgezeichnet, zu einem globalen Blockbuster.

Der britische Sprach- und Literaturwissenschaftler baut seine Romanwelt aus den alten nordeuropäischen Mythen. Sein Reich »Mittelerde« leitet sich aus dem altnordischen Wort »Midgard« ab, das Motiv des Zauberrings stammt aus der germanischen Mythologie. Die Namen der Zwerge kommen aus der isländischen *Völuspá*, andere Motive aus den Heldensagen der *Edda* und dem finnischen Mythos *Kalevala*. Die nordischen Bilder, die mit der Christianisierung weitgehend verloren gehen und erst im 19. Jahrhundert von den Romantikern wiederentdeckt werden, haben bis heute nichts von ihrer Faszination verloren: Drachen, Riesen und Trolle, Nebelgebirge und Düsterwälder, ein zerborstenes Schwert, das neu geschmiedet wird, und ein Zauberring, der maßlose Macht verleiht und doch letztendlich jedem den Tod bringt, der ihn trägt.

Auch Tolkien greift die Motive der mythologischen Heldenreise auf. Der Held Frodo ist ein Erwählter, der sich nur ungern auf eine lange und hoffnungslose Reise begibt, der von Schwarzen Reitern auf den Tod verwundet wird und doch zuletzt den Schicksalsberg erreichen und den übermächtigen Feind bezwingen kann, weil er der Eine und Einzige ist, der den verfluchten Ring vernichten kann. Der Abstieg in die Unterwelt ist das zentrale Thema des Zauberers Gandalf, des grauen Wanderers, der aussieht wie Odin, der Gott des germanischen Mythos, und der erst in einen feurigen Abgrund stürzen und einen urzeitlichen Dämon besiegen muss, bevor er sein wahres Wesen finden und zurückkehren kann – unsterblich und mit größerer Weisheit und Macht.

Im Kreislauf unseres Jahres sind auch die alten mythologischen Bilder bis heute lebendig. Der Januar berichtet vom Mythos einer urzeitlichen Schöpfung, der Februar greift auf die Geschichte einer großen Flut zurück, die schon im babylonischen Mythos und später im Alten Testament erzählt wird und von einer grausamen Reinigung handelt, von Verhängnis und Niedergang. Der März kündet von Höllenfahrten und Schattenwelten, der April erzählt nicht nur vom Kreuz, sondern auch von jenem geheimnisvollen Kelch, der über die Zeiten nach Britannien gelangt und zum Heiligen Gral wird, zu jener sagenumwobenen Reliquie, die ewiges Leben verspricht.

Der Mai, der alte Marienmonat, erweckt auch die mythologischen Himmelsgöttinnen, der August reist zum unendlichen Meer der Mythen. Der September erzählt von frühen Ernteriten und Menschenopfern, der Oktober berichtet von der Vergänglichkeit aller Dinge. Der November schließlich erzählt von der mythologischen Reise in den Westen und vom letzten Mysterium des menschlichen Daseins, von Totenkult und Totentanz.

Über Religion

Die Religion ist eine der ältesten und allgemeinsten Äußerungen der menschlichen Kultur – von den frühen pantheistischen Naturreligionen über die mythologischen Götterwelten bis zu den Hochreligionen mit ihren heiligen Schriften, kanonischen Texten und Glaubenslehren.

Die christliche Religion ist die Matrix der europäischen und überhaupt der westlichen Kultur. Europa, so hat der tschechische Autor Milan Kundera vor einigen Jahren im Magazin *The New Yorker* behauptet, ist nicht nur eine geografische, sondern vor allem eine geistige Idee, die im römischen Christentum wurzelt. Das Christentum definiert die Grenze des europäischen Kulturraumes. Erst jenseits dieser Grenze beginnt eine andere Welt.

Die stärkste gemeinsame Prägung Europas ist die christliche Prägung, erklärt auch der Historiker Heinrich August Winkler 2009 im ersten Band seiner *Geschichte des Westens,* auch wenn eine solche Feststellung »im Zuge der fortschreitenden Entkirchlichung und Entchristlichung Europas alles andere als selbstverständlich« oder erwünscht ist und heute gern geleugnet wird.

Vom Christentum aber kann man nicht sprechen, wenn man nicht auch vom Judentum spricht. Ohne das Judentum ist das Christentum nicht denkbar. Historisch ist die christliche Lehre zunächst eine rein jüdische Reformbewegung. Jesus von Nazareth begründet keine neue Religion, sondern spricht als ein Erneuerer Israels. Der historische Jesus ist in jeder Hinsicht ein Sohn Davids. Gemäß jüdischer Sitte wird das Kind acht Tage nach seiner Geburt beschnitten und nach vierzig Tagen als männliche Erstgeburt im Tempel von Jerusalem dem Herrn geweiht.

Die ersten Christen sind ausnahmslos Juden, und die ersten Gemeinden entstehen in den jüdischen Vierteln der Städte – in Jerusalem, Antiochia oder Alexandria. Das erste Apostelkonzil in der judenchristlichen Urgemeinde ist noch mit der Frage befasst, ob ein Mensch erst Jude und beschnitten sein muss, bevor er Christ werden kann, und ob die sogenannten Heidenchristen, die nach jüdischer Auffassung von Natur aus unrein sind, den Tempel überhaupt betreten dürfen.

Auch die christliche Verheißung des Messias oder Erlösers ist jüdischer Natur. Die ersten christlichen Gemeinden sind noch fest in der Tradition des Judentums verankert, wenn sie die baldige Wiederkunft ihres auferstandenen Herrn erwarten. Man rechnet praktisch täglich damit.

Erst der Apostel Paulus wird zum eigentlichen Gründer der christlichen Religion. Ohne Paulus, den jüdischen Gelehrten aus Tarsos in Griechenland, wäre jene kleine Sekte, deren Meister am Kreuze stirbt, über einen gewissen lokalen Bekanntheitsgrad wohl nie hinausgelangt. Paulus übersetzt die neue christliche Botschaft aus dem Idiom einer entlegenen Provinz des Römischen Reiches in die Sprache des kosmopolitischen hellenistischen Kulturkreises und überschreitet die Grenzen der jüdischen Gesetze.

Erst mit Paulus löst sich die neue Lehre aus dem Judentum und öffnet sich für alle Menschen, unabhängig von Herkunft und Geschlecht. »Hier ist nicht Jude noch Grieche, hier ist nicht Sklave noch Freier, hier ist nicht Mann noch Frau; denn ihr seid allesamt einer in Christus Jesus«, so lauten die berühmten Worte des Apostels.

Erst mit Paulus wird der Sohn Davids zum Sohn Gottes, der die Sünden der Menschheit auf sich nimmt und sie durch seinen Tod am Kreuz entsühnt. Nicht mit dem historischen Jeschua Ben Josef, dem Wanderprediger und Wundertäter aus Galiläa, sondern mit dem Jesus der Evangelien gewinnt das Christentum seine Anhänger. Gott kommt als Menschensohn in die Welt – das ist der Kern der ebenso einfachen wie erfolgreichen Botschaft, die die Apostel an den mittelmeerischen Küsten verbreiten, die sie nach Korinth tragen, nach Syrakus, Thessaloniki, Ephesus und Rom.

Die neue christliche Lehre verspricht Erlösung. Der Mensch wird durch den Opfertod Christi von aller Sünde befreit. Bei Paulus (Römer 3,25) heißt es: »Um unsere Schuld zu sühnen, hat Gott seinen Sohn am Kreuz für uns verbluten lassen.« Die Auferstehung des Gottessohnes aber verheißt auch dem Gläubigen eine Auferstehung und ein ewiges Leben.

Der Gedanke, dass jeder Mensch ein Ebenbild Gottes ist, und die Hoffnung, dass es dereinst im Himmelreich eine ausgleichende Gerechtigkeit geben wird, macht die neue Botschaft vor allem unter den Angehörigen des einfachen Volkes erfolgreich und gibt den Unterdrückten und Verfolgten, den »Mühseligen und Beladenen«, wie es biblisch heißt, ein neues Selbstbewusstsein.

Die christliche Religion, die scheinbar geschichtslos in die Geschichte eintritt wie ein Blitz aus heiterem Himmel, ist zunächst eine Art religiöser Schmelztiegel. Vom Judentum übernehmen die frühen christlichen Gemeinden den Glauben an den *einen* Gott, aus den orientalischen Mysterienreligionen kommt die Vorstellung einer religiösen Gemeinschaft jenseits aller sozialen Grenzen. Aus der antiken Stoa stammt die Idee der göttlichen Vernunft, aus der griechischen Philosophie die Ablösung des Mythos durch den Logos.

Aus der Gnosis, jener religiös-philosophischen Bewegung der Spätantike, die Elemente aus Judentum, Christentum und Platonismus aufgreift, kommt der radikale Dualismus von Gut und Böse, Licht und Finsternis, Geist und Körper. Der Mensch, so die Gnostiker, ist zwar im Kern ein göttliches Wesen, jedoch im Kerker seines Körpers gefangen. Er braucht daher eine strenge Askese, um dem göttlichen Funken einen Weg zurück in den Himmel zu bahnen. Die gnostische Askese und Körperfeindlichkeit gehen nicht nur in das christliche Mönchtum ein.

Die christliche Bilderwelt spiegelt ein religiöses Erbe, das deutlich älter ist als das Christentum selbst. Die Vorstellung eines leidenden Gott-Menschen ist vermutlich rund 5000 Jahre alt, die Idee der Trinität noch älter. Die ersten Kirchenväter greifen vor allem auf die alten jüdischen Bilder zurück, um zu beweisen, dass sich die messianischen Prophezeiungen des Alten Testaments in der Gestalt Jesu tatsächlich erfüllt haben: So wird das Wasser der Sintflut zum Wasser der Taufe und die Taube, die Noah aus der Arche aufsteigen lässt, zum Sinnbild des Heiligen

Geistes. So wird das Manna der Wüste zum Brot der Eucharistie und die am Stab des Mose aufgerichtete Schlange zum Symbol für den am Kreuz aufgerichteten Christus.

Andere christliche Bilder greifen auf griechisch-römische Quellen zurück. Die ersten Darstellungen Christi zeigen noch Züge und Merkmale des griechischen Lichtgottes Apollon – beide sind Hirten, beide verkünden das Wort und den Willen des Allmächtigen. Als gute Hirten gelten auch der sumerische Gottessohn Tammuz oder der griechische Götterbote Hermes, der auf antiken Darstellungen ein junges Schaf auf seinen Schultern trägt.

Das christliche Szenario der Geburt Jesu, begleitet von Hirten auf dem Felde, ähnelt auffallend den Bildern des römischen Dichters Vergil aus dem 1. vorchristlichen Jahrhundert, der in der vierten Ekloge seiner *Hirtengedichte* die Geburt eines Kindes und den Anbruch eines Goldenen Zeitalters erwartet. Vergils Vision eines göttlichen Knaben, der dazu bestimmt ist, die alte Schlange zu besiegen und die Welt zu erlösen, wird 325 auf dem Konzil von Nicäa ausdrücklich auf Christus übertragen.

Das Kreuz, das zentrale Symbol des Christentums, zählt zu den ältesten und universellsten religiösen Bildern überhaupt. Bereits in den frühesten Kulturen wird durch die Kreuzung zweier gerader Linien ein Zeichen geschaffen, in dem sich Himmel und Erde treffen. Das Bild des Kreuzes findet sich auf byzantinischen Münzen und babylonischen Urkunden, als Radkreuz auf bronzezeitlichen Kultobjekten und als Swastika oder Sonnenkreuz auf kretischen Vasen, etruskischen Goldstücken, korinthischen Silbermünzen, keltischen Schiffen und römischen Bodenmosaiken.

Mit der Ausbreitung des Christentums in allen Provinzen des Römischen Reiches wächst der Anspruch der jungen Kirche auf Universalität. Als allumfassende Religion – der griechische Begriff *katholikos* bedeutet universal oder allgemein gültig – ist das Christentum gezwungen, die heidnischen Religionen zu assimilieren oder umzudeuten. Wie alle siegreichen Eroberer bekämpft die Kirche ihre religiösen Gegner, indem sie deren Kulte verbietet, zugleich aber viele Bilder übernimmt und ihre Kirchen auf den Trümmern der zerstörten Tempel errichtet. Die alten Götter aber, vor allem die weiblichen Gottheiten, werden degradiert oder verteufelt und spuken fortan als Dämonen oder Hexen durch die christliche Welt.

Mit seiner Ausbreitung wird das Christentum volkstümlich – mit der Heiligenverehrung kehrt es zu einer Art Vielgötterei zurück, mit der Anbetung wundertätiger Reliquien zur alten Zauberei. Unter dem oft bloß formalen Übertritt zur neuen Religion bleiben viele heidnische Bräuche lebendig und schaffen jene Mischung aus Glaube und Aberglaube, die das Christentum bis in die Neuzeit prägt. Mit der Ausbreitung des christlichen Glaubens geht, wie Winkler konstatiert hat, auch »seine Verballhornung einher«.

Auch für den Philosophen Friedrich Nietzsche ist die Geschichte des Christentums die Geschichte eines schrittweise immer größeren und gröberen Missverstehens der ursprünglichen Lehre Jesu, die immer stärker »vulgarisiert und barbarisiert« wird, je mehr sich das Christentum verbreitet.

Spätestens mit der Aufklärung beginnt in Europa ein Prozess der Säkularisierung und der fortschreitenden Verweltlichung. Voltaire, der einflussreichste Autor und »Abgott« des späten 18. Jahrhunderts, bringt den Kirchenglauben aus der Mode, und die aristokratische Elite, die einen Glauben nicht entbehren mag, verfällt dem Glauben an Rosenkreuzer, Okkultisten, Wunderärzte, magnetischen Mesmerismus und der Magie des »göttlichen« Grafen Cagliostro. »Gott ist todt!«, ruft Nietzsche schließlich 1882 in *Die fröhliche Wissenschaft* den geistigen Eliten zu.

Doch erst seit der radikalen Zerstörung des alten Europa in den großen Kriegen des 20. Jahrhunderts scheint der christliche Glaube nur noch ein Nachspiel, ein Epilog auf eine überlebte

Epoche. Die totalitären Systeme und -ismen sind die letzten Totengräber der christlichen Religion: Kommunismus und Nationalsozialismus vollziehen den endgültigen Bruch. Von Hitler ist der Ausspruch kolportiert, die jüdisch-christliche Pest gehe jetzt glücklicherweise ihrem Ende entgegen. Stalin streicht Gott gleich aus der Geschichte und lässt sich stattdessen selbst wie einen Gott verehren.

Die Entchristlichung in Westeuropa und vor allem in Deutschland ist ein historisch beispielloser Vorgang. Nie zuvor hat eine Gesellschaft ihre eigene religiöse Tradition in einem solchem Ausmaß verworfen und vergessen. Mit der Religion aber verliert der Mensch nicht nur ein Stück seiner eigenen Geschichte und Kultur. Der Verlust trifft ihn viel tiefer.

Der postmoderne Glaube

Die europäische Aufklärung greift zwar den christlich kirchlichen Machtapparat an, nicht aber das Religiöse selbst. Immanuel Kant, der deutsche Philosoph der Aufklärung, notiert noch 1799 in seinen *Reflexionen*: »Es ist unmöglich, dass ein Mensch ohne Religion seines Lebens froh werde.«

Das Religiöse ist bis heute nicht aus der Welt. Zwar verzeichnen die beiden großen christlichen Kirchen in Westeuropa einen epochalen Mitgliederschwund, doch noch immer sind allein in Deutschland rund 60 Prozent der Bevölkerung konfessionell gebunden. Dabei gibt es große Unterschiede zwischen Stadt und Land, zwischen den Generationen und zwischen den Bundesländern: Die traditionell katholischen und südlichen Bundesländer sind deutlich religiöser als die traditionell evangelischen und nördlichen Länder, die ostdeutschen Bundesländer inklusive Berlin sind nahezu konfessionslos.

Auffallend bleibt, dass die katholische Kirche, obgleich in haarsträubende Skandale verwickelt, offenbar eine stärkere religiöse Bindungskraft besitzt als die evangelische Kirche. Der

Protestantismus, entwicklungsgeschichtlich ohnehin in einem chronischen Bildersturm befangen, hat viele religiöse Symbole und Rituale über Bord geworfen und sich immer mehr dem Zeitgeist angepasst.

Im globalen Vergleich ist Europa heute deutlich weniger religiös als der Rest der Welt. Zudem hat sich das Religiöse in Europa dramatisch verändert. Der christliche Glaube ist selbst für viele Kirchenmitglieder inzwischen eher unverbindlich – nur vier Prozent der Protestanten etwa besuchen am Karfreitag einen Gottesdienst. Überhaupt sind die Kirchen übers Jahr weitgehend leer, abgesehen von den Touristen, die hier flanieren wie in einem Museum und die alten Tempel besichtigen wie steinerne Zeugen einer untergegangenen Kultur.

Die Inhalte und Rituale der christlichen Religion werden heute selbst von Kirchenmitgliedern kaum mehr verstanden. Der Glaube ist eher diffus geworden, ist oft nur noch eine Art Anhänglichkeit an bürgerliche Konventionen und Gewohnheiten – willkommen bei Hochzeiten, Taufen und Todesfällen. Zentrale Glaubensinhalte wie Himmel und Hölle, Opfer und Erlösung, der menschgewordene Gott, die Jungfrauengeburt oder die Auferstehung von den Toten werden zunehmend fragwürdig oder als weltfremd abgelehnt. Unbedingt gläubig ist nur noch eine Minderheit.

Auch der Glaube an Gott ist schwierig geworden. »Gott« ist mittlerweile ein unsäglich missbrauchter, besudelter und heruntergekommener Begriff, in dessen Namen zu allen Zeiten die gräulichsten Unmenschlichkeiten verübt worden sind und noch werden. Vielleicht sollte man von Gott doch besser schweigen. Oder vielleicht, wie die Agnostiker, einfach die Achseln zucken und die Frage nach einem Gott, die man nicht beantworten und noch weniger beweisen kann, einfach auf sich beruhen lassen.

Für die Kritiker des Christentums, die derzeit vor allem in den Medien omnipräsent sind, ist die ganze Angelegenheit ohnehin vom Tisch. Die christliche Kirche gilt ihnen als ein System willkürlicher Kanonisierungen und als ein gewalttätiges und blutbeflecktes Instrument klerikaler Machtpolitik samt Kreuzzügen und Ketzerverbrennungen. Sie gilt als autoritär und dogmatisch und steht grundsätzlich unter Generalverdacht. Die christliche Religion gilt als anachronistisch und verstaubt und weder mit der historischen Wirklichkeit noch mit dem modernen naturwissenschaftlichen Weltbild vereinbar. Das Christentum ist mittlerweile eine so heftig attackierte, entzauberte und durchkritisierte Religion, dass kaum noch etwas von ihr übrig bleibt.

Selbst vielen Christen scheint die Kirche irgendwie blass geworden. Sie berührt viele Menschen innerlich nicht mehr. In Bild und Bibel steht zwar alles da, aber es steht nicht im eigenen Inneren. Der bloße Glaube ist jedoch kein Ersatz für eine innere Erfahrung. So wächst das Interesse an religiösen Praktiken, die eine solche Erfahrung verheißen und die im Christentum nur schwer zu finden sind. Da die christliche Religion ihr Versprechen auf Erlösung scheinbar nicht halten kann, suchen viele Menschen heute nach Selbsterlösung – in der postmodernen Hinwendung zum Individuellen geht es vor allem um Selbsterfahrung.

In Deutschland ist etwa ein Drittel der Bevölkerung konfessionslos oder atheistisch. Die Bereitschaft zum Glauben ist dennoch ungebrochen – man glaubt heute an alles Mögliche. Einen Nichtglauben gibt es nicht. Manche Menschen glauben an politische Parteien oder Programme und an Heilsversprechen wie Gleichheit und Gerechtigkeit. Andere suchen in allen Teilen der Welt nach einem Glauben, den sie annehmen können. Das Spektrum reicht von naturreligiösem Schamanismus und »spirituellen« Lehrern jedweder Couleur bis zu indischem Yoga und buddhistischer Meditation. Da das Religiöse nicht länger ein Monopol der Kirchen, sondern ein Teil des Marktes ist, kann sich jeder seine private Religion zusammenbasteln.

Die sogenannte Patchwork-Religion ist zwar weniger verbreitet als allgemein angenommen, dennoch bleibt das seltsame Phänomen, dass viele Menschen offenbar jede Religion akzeptieren können, die in einem fremden oder exotischen Gewand daherkommt – nur die eigene nicht. Sie können sich einen hinduistischen Gott mit Elefantenkopf an die Wand hängen, aber keinen gekreuzigten Christus. Sie können ein *Om* sprechen, aber kein *Amen*, sie können nach fernöstlichem Mitgefühl streben, aber nicht nach christlicher Nächstenliebe, auch wenn beides dasselbe meint. Da sie ihre eigene Religion verschmähen, fehlt ihnen das Wissen, das ihnen zum Glauben oder zumindest zum Verständnis helfen könnte.

Inmitten all der Verlegenheiten und Glaubenswirren, inmitten von Atheismus und Agnostizismus sieht sich Europa im Zuge der Flüchtlingsbewegungen plötzlich mit der Macht einer Religion konfrontiert, die noch durch keinen Zweifel und keine Aufklärung gegangen und unerschüttert stark und unverbrüchlich ist. Der europäische Mensch steht unvermittelt vor einer Religion, die noch ein Gefühl von Gemeinschaft und Identität stiftet, das ihm selbst völlig fremd geworden ist. Er steht vor der bedingungslosen Bereitschaft von Gläubigen, sich einer Religion zu unterwerfen, die das Leben noch bis in den Alltag und bis in diverse Kleidervorschriften hinein reglementiert.

Der europäische Mensch, in seinem eigenen religiösen Glauben kraftlos und indifferent geworden, steht überraschend vor einer religiösen Verbindlichkeit, die er selbst nicht mehr kennt und versteht. Plötzlich aber übt er bereitwillig und vollkommen unkritisch eine religiöse Toleranz und Nachsicht, die nur schwer begreiflich ist. Er versucht hartnäckig, das Religiöse auch aus dem fremden Glauben herauszudestillieren und bestimmte Erscheinungsformen dieses Glaubens, auch Frauenfeindlichkeit, Gewalt oder Terror, als lässliche oder bedauerliche Verirrungen abzutun. Er behauptet, mit Religion habe das nichts zu tun, und kann nicht erkennen, dass seine areligiösen Deutungsversuche weit an der Wirklichkeit vorbeigehen.

Das aufgeklärte Bewusstsein will vom Religiösen nichts wissen. Der amerikanische Schriftsteller David Foster Wallace hat es 1996 in seinem Roman *Unendlicher Spaß* so formuliert: »Irgendwer hat gelehrt, dass Tempel nur für Fanatiker sind, und hat die Tempel weggenommen und versprochen, dass keine Tempel mehr nötig sind. Und jetzt gibt es keinen Schutz. Und keine Landkarte, um den Schutz eines Tempels zu finden. Und ihr tappt alle im Dunkeln einher.«

JANUAR

Daß Jahre vergehen und manches geschieht, wer sieht es!
Alles ist eins, Räume voll Dasein, nichts kehrt uns wieder,
alles wiederholt sich, unser Dasein steht über uns
wie ein Augenblick ...

Max Frisch, Schweiz
Stiller, 1954

Dunkel die Stadt, umnebelt von frostigem Hauch. Ein niedriger Himmel, Reste von Schnee auf bleigrauem Grund. Schollen von brüchigem Eis treiben auf dem Fluss, reiben sich an den Mauern des Berliner Pergamonmuseums. Hinter der schwärzlichen Fassade, fleckig und fahl wie der Januartag, liegen Ruinen aus vorchristlicher Zeit. Um die Gerüste, die das Dach des baufälligen Gebäudes stützen, sind Bahnen aus weißem Stoff geschlungen. Darauf die Worte aus Ovids *Metamorphosen*: »Nichts vergeht so schnell wie die Jahre.«

Ein altes Jahr entschwindet, und man weiß nicht, wohin es geht. Ein neues kommt heran, und man weiß nicht, woher es stammt. »Die Zeit überschlägt sich wie ein Stein vom Berge herunter«, schreibt Goethe an seinen Schweizer Freund Johann Heinrich Meyer, »und man weiß nicht, wo sie hinkommt und wo man ist.« Januar kommt von Janus, dem römischen Gott mit den zwei Gesichtern, der gleichzeitig in die Vergangenheit und in die Zukunft sieht. Janus ist der Gott des Anfangs und des Endes, der gleichzeitig vorwärts- und rückwärtsblickt. Ovid lässt ihn sagen: »Jede Tür hat eine doppelte Seite, eine innere und eine äußere, sodass sie zugleich den Eingang und den Ausgang bemerkt.«

Silvester und Neujahr

Unser Jahr beginnt mit Janus, dem doppelgesichtigen Gott des Ausgangs und des Eingangs. *Dies faustus* – Schicksalstag – nennt die römische Welt den Neujahrstag und opfert Weihrauch, Honig und Datteln.

Mit jedem Januar fängt etwas Neues an, nicht nur ein neues Jahr. Die Welt steht einen Augenblick auf der Waage. Der Augenblick, in dem sich das Alte und das Neue begegnen, ist eine Art Übergang. Ein Übergang aber ist immer ein kritischer Moment, und alle Silvester- und Neujahrsrituale, die sich bis in unsere heutige Zeit erhalten haben, suchen diesen kritischen Moment zu bannen.

Silvester und Neujahr, so hat der Philosoph Ernst Bloch einmal gesagt, sind eine »Bruchstelle« der Zeit. Die beiden Tage um diesen Bruch besitzen eine seltsame Anziehungskraft: Um den Jahreswechsel werden selbst jene zu Kalendermenschen, die es das Jahr über nur gelegentlich oder gar nicht sind. Selbst »der Bewohner der erwachsenen und künstlichen Stadt«, schreibt Bloch 1932 in seinem Essay *Landschaft um Silvester und Neujahr*, »spürt in diesen Tagen, an Anfänge gefahren worden zu sein.«

Janus ist der Gott des Anfangs. Jeder Anfang aber verweist auf alle Anfänge und auf den Anfang schlechthin. In diesem Sinn erzählen die Tage um Silvester und Neujahr nicht nur die Geschichte vom Anfang des Jahres, sondern auch die Geschichte vom Anfang der Welt.

Am Anfang, so berichten die alten Mythen, steht das Chaos, das *tohu wa-bohu* oder das urvorzeitliche Wasser. Über diesem Wasser, so der jüdische Mythos, schwebt der Geist Gottes vor aller Schöpfung. In seiner unauslotbaren Tiefe aber, das jedenfalls berichtet der babylonische Mythos, wohnt Tiâmat, die Göttin des Abgrundes und der Dunkelheit. Tiâmat ist die große Schlange, das Symbol des Chaos, und erst aus dem Sieg des Lichts über diese Finsternis erwächst der Kosmos als eine geordnete Welt.

Im mythologischen Sinn stürzt die Welt an Silvester für einen Augenblick zurück ins Chaos. In der letzten Nacht des Jahres versinkt die verbrauchte und schmutzige Welt wieder in den vorzeitlichen Wassern und geht samt ihrer Sünden darin unter. In der Silvesternacht erhebt sich auch Tiâmat aus den Fluten, und mit ihr kriechen die Dämonen wieder herauf, die Ungeheuer und die bösen Geister, die in dieser Nacht ihr Unwesen treiben, die zu Orgien verführen, zu Ausschweifung und Rausch, die man vertreiben muss mit Lärm und Getöse, mit Feuerwerk und Böllern, und die es zu vernichten gilt wie alle Fehler des alten Jahres und alle abgenützte Zeit.

Gelegentlich ist es notwendig, die Welt zu erneuern. In den frühen Kulturen erinnert man sich periodisch an die anfängliche Geschichte. In Babylonien etwa wird an jedem Jahreswechsel der alte mythologische Kampf zwischen dem Chaos und der Ordnung, zwischen der Schlange Tiâmat und dem Sonnengott Marduk von Schauspielern aufgeführt und inszeniert. In diesem rituellen Spiel siegt die Ordnung immer wieder über das Chaos, siegt das Licht immer wieder über die Dunkelheit und sichert den Bestand der Welt.

Im alten mythologischen Denken verschwindet an jedem Jahreswechsel die alte Welt im urzeitlichen Chaos. Am Neujahrsmorgen aber, wenn sie wieder auftaucht aus dem Wasser, ist sie so rein und makellos wie am ersten Tag. An jedem Neujahr dämmert ein junger Morgen in all seiner Fülle und Kraft.

Auch der moderne Mensch sehnt sich um Neujahr nach Aufbruch und Erneuerung, nach Jugend und Frühe. Auch er möchte das Alte hinter sich lassen – all die Mühsal und die Müdigkeit, all den alten Kummer und die Sorgen. Auch er sucht das Neue, eine neue Hoffnung oder eine neue Kraft. Auch er sucht sich und seine Welt neu zu schaffen und zu ordnen. Alle guten Vorsätze der Silvesternacht gehören hierher, alle Wünsche nach einem neuen Anfang und einem neuen Sinn. Noch einmal von vorn beginnen!

Reinigung ist eine wichtige Voraussetzung für das Neue. Im altjüdischen Kulturkreis wird am Neujahrstag ein mit den Sünden des Stammes beladener Bock in die Wüste getrieben, der die Gemeinschaft und jeden Einzelnen symbolisch reinigt. Im alten Japan werden am letzten Tag des Jahres die hölzernen Gitter und Häuser mit nassen Tüchern sorgfältig gereinigt, wird die Kleidung gewaschen, das Feuer in geweihten Kesseln neu entzündet und als brennender Scheit nach Haus getragen. Die buddhistischen Priester, in schwarze Gewänder gehüllt wie mächtige Raben, singen die heiligen Sutren bis zum ersten Schlag der Glocke, die durch das Dunkel hallt.

In Brasilien wird das neue Jahr mit einem Bad im Meer begrüßt und mit sauberen, weißen Gewändern. Auch in anderen Ländern werfen sich bis heute viele Menschen am Neujahrstag in die Fluten – beim Neujahrsschwimmen wird das alte Jahr symbolisch abgewaschen.

Das neue Jahr soll sauber, frei und rein beginnen. In diesem Sinne fängt auch mein Januar schon seit vielen Jahren mit einem Reinigungsritual an. Am letzten Tag des alten Jahres folge ich der alten Tradition und putze mein Haus, räume meinen Schreibtisch, meinen Kleiderschrank und meine Schubladen auf, um nichts Unordentliches oder Unsauberes ins neue Jahr hinüberzunehmen. Ich entsorge alles, was defekt ist, was ich nicht mehr brauche oder was nicht mehr zu meinem Leben passt. Ich vernichte den alten Kalender und erledige alle angefangenen Arbeiten. Es geht darum, nichts Unfertiges, Unerledigtes oder Ungelöstes ins neue Jahr mitzunehmen.

Anfang und Ende des Jahres

Im Kreis des Jahres fallen Anfang und Ende zusammen. Im Anfang aber, so berichten die alten Mythen, ist immer auch das Ende beschlossen. In jedem Anfang liegt auch sein Ende.

Immer geht es um den Anfang, um den ersten Moment, der alles entscheidet. Wie der Anfang, so das Ganze, so lautet die Beschwörungsformel. Wenn wir an Neujahr auf den Anfang achten, so folgen wir dem heimlichen Glauben, in ihm sei auch das Ganze und das Ende enthalten, und der erste Tag werfe ein minutiöses Licht auf alle folgenden Tage, sei quasi die Miniatur des ganzen bevorstehenden Jahres.

Schon im frühen Judentum weist der Anfang auch auf das Ende. In der jüdischen Eschatologie, der Lehre von den letzten Dingen, wird am Ende der Zeit ein neues Paradies entstehen, das dem verlorenen Paradies des Anfangs vollkommen entspricht. Der große Weltuntergang am Ende aller Zeiten ist die

Voraussetzung für die Ankunft des Messias, doch nach der Apokalypse wird der neue Kosmos derselbe sein wie am Anfang – identisch mit dem ersten Garten Eden in all seinem Glanz und Überfluss.

Die christliche Eschatologie greift diese Vorstellung auf. Origenes, der frühchristliche Theologe aus Alexandria, formuliert im 2. Jahrhundert die Vorstellung, dass am Ende die Welt durch den Erlöser wieder so sein wird, wie sie am Anfang war – vor dem Sündenfall. Die Endzeit wird so vollkommen sein wie die Urzeit.

Auch im alten nordeuropäischen Mythos treffen sich Anfang und Ende in einem Kreis. Am Anfang der Geschichte erschafft Odin aus dem Leichnam des ersten Riesen die Welt, am Ende der Geschichte aber unterliegt diese Welt in einem apokalyptischen Kampf – *Ragnarök* – den Kräften der Finsternis, der weltenwürgenden Schlange und dem schrecklichen Fenriswolf, der seinen Kiefer aufreißt und Sonne und Mond verschlingt. Zuletzt versinkt die Welt in einem Wasser, doch aus der Tiefe steigen ein neues Zeitalter und eine neue Welt.

So geht es an Neujahr darum, auf den Anfang und auf das Erste zu achten – auf den Anfang des neuen Jahres, auf den ersten Tag, die erste Stunde, den ersten Gedanken. Friedrich Nietzsche schreibt am 1. Januar 1882: »Nun, so will auch ich sagen, welcher Gedanke mir dieses Jahr zuerst über das Herz lief – welcher Gedanke mir Grund, Bürgschaft und Süßigkeit alles weiteren Lebens sein soll! Ich will immer mehr lernen, das Nothwendige an den Dingen sehen: so werde ich Einer von Denen sein, welche die Dinge schön machen. Ich will keinen Krieg gegen das Häßliche führen. Ich will nicht anklagen, ich will nicht einmal die Ankläger anklagen. Wegsehen sei meine einzige Verneinung! Und, Alles in Allem und Großen: ich will irgendwann einmal nur noch ein Ja-sagender sein!«

Der Spuk zwischen den Jahren

In den nördlichen Ländern Europas beginnt das neue Jahr mit einer Lücke, mit einem temporären Loch. Der Jahreswechsel fällt »zwischen die Jahre« und damit buchstäblich ins Bodenlose und ins blanke Nichts. Der Jahreswechsel fällt in ein Vakuum, das dem Nullmeridian der Jahreszeit entspricht und das auf keiner Zeitkarte verzeichnet ist.

Die Zeit um Neujahr ist die Zeit der »Rauhnächte«, auch »Zwölfte« oder »Unternächte« genannt. In den schwarzen Stunden herrschen heidnische Mächte: Wilde Heerscharen jagen über das Land, Frauen reiten auf wilden Tieren durch die Lüfte, wohnen gräulichen Riten bei und lesen an fragwürdigen Orten in der Zukunft. Durch die Finsternis weht ein böser Spuk, und selbst die christlichen Altäre sind ein Tummelplatz entsetzlicher und unnennbarer Geister. Man muss die Türen schließen, Kerzen an Kreuzwegen entzünden oder ersatzweise am Tannenbaum, man muss die Gespenster mit Lärm oder Schüssen vertreiben, muss Geschenke und süße Speisen opfern.

Die zwölf Tage zwischen Weihnachten und Epiphanias sind Schalttage, einst von der christlich-römischen Obrigkeit verordnet, um die Kluft zwischen dem alten germanischen Mondjahr von etwa 354 Tagen und dem römischen Sonnenjahr von 365 oder 366 Tagen zu überbrücken. Die römisch-christliche Kirche sucht die ärgerliche Tatsache zu verschleiern, dass Sonnen- und Mondumlaufzeiten auf kein allgemeines Maß zu bringen sind und keine Anzahl von Mondmonaten im Sonnenjahr aufgeht. Die zwölf Schalttage zwischen den Jahren sind eine willkürliche Korrektur, um die Diskrepanz von Mond- und Sonnenumlaufzeiten aufzuheben, das Christentum zu befördern und den Riss zwischen heidnischem Kult und christlicher Kirche zu kitten.

Nun gelten Schalttage aber seit alters als gefährliche Löcher im Kontinuum der Zeit und als besonders anziehend für die

Mächte der Finsternis. »In die Zeitlücke zwischen den Jahren«, so schreibt der Schriftsteller Karl Markus Michel, »bricht der entmachtete«, doch nach der eher oberflächlichen Christianisierung »immer noch mächtige Glaube der Germanen ein«. Die Geschichten der nordischen Mythologie, die am Tage verboten sind, werden in den Nächten heimlich weitererzählt.

In den Rauhnächten feiern die germanischen Götter, durch christliches Dogma stigmatisiert und zu Dämonen degradiert, ihre gespenstische Auferstehung. In den furchtbaren Nächten um Neujahr öffnet der gestürzte Olymp seine Pforten. Doch nicht mehr die Walküren, die stolzen Schildmägde des Odin, reiten auf weißen Rossen durch das nächtliche Gewölk, sondern nur mehr ihre Zerrbilder und Schatten – die Perchten und Hexen der Frau Holda. Nicht die altnordische Totengöttin Hel geht mehr um in den stürmischen Stunden, sondern das Gesindel und Gelichter der Hölle – Teufel und Totengeister. Auch die Seelen der Verstorbenen, die in der alten Zeit um den Mittwinter zu den Lebenden kamen und mit Speisen bewirtet wurden, irren nun als schreckliche Spukgestalten durch die Nacht.

In den dunklen Nächten um Neujahr – so jedenfalls protokolliert es die mittelalterliche Kirche – tummeln sich die schauerlichsten Dämonen über der froststarren Erde, und die christlichen Beichtväter müssen sich in ihren Bußfragen nach Zauberern und Wettermachern erkundigen, nach Besenritten und Beschwörungsriten, nach Orakeln und den Leichnamen ungetaufter Kinder. »Wo keine Götter sind, walten Gespenster«, hat der Dichter Novalis 1799 in seinem Essay *Die Christenheit oder Europa* erklärt.

In den zwölf Nächten um den Jahreswechsel – die wichtigsten Nächte sind die Nacht zum 25. Dezember und zum 1. und 6. Januar – mischen sich heidnischer Glaube und christliches Gedankengut auf innige und unentwirrbare Weise. Die Zwölfte gelten als heilige Nächte, in die auch die christliche Weihnacht fällt, zugleich aber auch als Unternächte, in denen man mit Zauber, Opfer und Magie das Schicksal des neues Jahres beschwören kann.

In den schattenlosen Stunden der Rauhnächte gilt das Orakel als besonders auskunftsfreudig, vor allem die Runen, die magischen Schriftzeichen der Germanen, die von den drei Nornen geworfen werden und das Los des Menschen bestimmen. Urd heißt die älteste der Nornen, der Vergangenheit verhaftet, Verdandi die mittlere, die Gegenwart gestaltend, und Skuld die jüngste und schönste, der die Zukunft gehört.

Seit jeher wird versucht, in der letzten Nacht des Jahres den Schleier der Zukunft zu lüften und das Orakel zu befragen mit Karten, Münzen, Runen, Bohnen oder Zwiebelschalen. Ein Rest aus den alten Lostagen ist auch das Bleigießen an Silvester, ein alchemistischer Laborversuch für Laien, der Blei in Gold verwandeln soll. Der Silvesterpunsch aber gehört der römischen Fortuna, der launischen und unberechenbaren Glücksgöttin, die das Rad des Schicksals dreht.

Der 6. Januar

Mit *Epiphanias* ist der Spuk vorbei. Am 6. Januar, dem christlichen Hochfest »Erscheinung des Herrn«, sind Weihnachtsfestkreis und Rauhnächte vorüber. Teufel und Totengeister kehren in die unteren Welten zurück, und die Kerzen am Weihnachtsbaum können getrost gelöscht werden.

Seit alters ist der 6. Januar der Tag der Epiphanie eines Gottes – von griechisch *epipháneia*, die sichtbare Erscheinung oder Ankunft des Herrn. Das hellenistische Ägypten feiert in der Nacht zum 6. Januar die Geburt des Sonnengottes Aion aus der Jungfrau Kore, die antike griechische Welt begeht zum selben Zeitpunkt die Epiphanie des Gottes Dionysos.

In der judenchristlichen Gemeinde in Jerusalem wird das heidnische Datum zum Tag der Epiphanie Jesu Christi. Die frühe Kirche in Alexandria übernimmt das Fest und feiert am 6. Januar gleichzeitig die Geburt, die Taufe am Jordan und das Weinwunder von Kana. Die Ankunft des Heilands wird hier dreifach sichtbar: Mit der Geburt tritt er ein in die Geschichte, mit der Taufe wird er von Gott legitimiert, und auf der Hochzeit zu Kana vollbringt er sein erstes Wunder. Im 4. Jahrhundert schließlich verbreitet sich das Epiphaniefest bis nach Rom und damit im gesamten Reich.

Mit der Überführung der Reliquien der »Heiligen Drei Könige« von Mailand nach Köln im 12. Jahrhundert wird der Tag der Epiphanie mit dem volkstümlichen Dreikönigsfest verbunden. In weiten Teilen Europas wird der 6. Januar seither auch Dreikönigstag genannt: In Frankreich, Portugal und der Schweiz werden Dreikönigskuchen gebacken, in Italien bringt die gute Hexe »Befana« die Geschenke, auch in Spanien finden weihnachtliche Bescherungen statt. In den katholischen Gemeinden ziehen die Kinder, als Könige verkleidet, singend von Haus zu Haus, reinigen die Priester mit Weihrauch die Räume und schreiben mit geweihter Kreide die jeweilige Jahreszahl und die Anfangsbuchstaben der Könige – Caspar, Melchior und Balthasar – an die Türen. Daraus wird im 20. Jahrhundert der christliche Segensspruch *Christus mansionem benedicat*.

Die Farbe Weiß

Weiß ist die Farbe des Januars. Weiß ist die Farbe des Anfangs – rein und makellos wie der Anfang der Welt. Weiß ist das Papier, auf das die Zukunft ihre Namen schreibt. »Die Türen des Jahres öffnen sich dem Unbekannten entgegen«, schreibt der mexikanische Schriftsteller Octavio Paz an einem 1. Januar. »Gestern Abend sagtest du mir: Morgen gilt es, ein paar Zeichen zu setzen, eine Landschaft zu skizzieren, einen Plan zu entwerfen auf der Doppelseite des Papiers und des Tages. Morgen gilt es, aufs Neue, die Wirklichkeit dieser Welt zu erfinden.«

Weiß ist die Farbe des neuen Jahres. Weiß ist die Landschaft im Januar, ein unschuldiges und sauberes Weiß. Freundlich umhüllt der Schnee die Altersrisse und den Plunder der Moderne. Weiß ist die Farbe des Winters. Weiß ist die Kälte, weiß ist der Himmel, über den Dächern steht ein weißer Mond. Wir gehen Schlittschuhlaufen auf dem See im Englischen Garten, mein Kind und ich. Scharf wie Stahl stehen die kahlen Bäume vor all dem verwehten Weiß.

Die Farbe Weiß ist keine Farbe. Weiß ist die Summe aller Farben. Der amerikanische Künstler und Jazzmusiker Robert Ryman malt ein halbes Jahrhundert lang ausschließlich weiße Bilder und trifft doch jede erdenkliche Farbe. Weiß ist auch die Summe aller Töne. Wenn alle bekannten Töne der Welt gleichzeitig vorhanden sind, entsteht ein weißes Rauschen, ein Nachhall des Urknalls.

In nahezu allen Religionen symbolisiert das Weiße die Unschuld und Unbeflecktheit und gilt als Farbe der Initiation und der Wiedergeburt. Als Zeichen gelten die weißen Gewänder – das weiße Kleid der Engel und der christlichen Bräute, der Erstkommunionsmädchen und der Getauften. Die altjüdischen Schriften fordern den Menschen auf, seine Sünden, die rot wie Scharlach sind, weiß zu machen gleich dem Schnee, und die Bedrängten aus der Offenbarung des Johannes waschen ihre Gewänder weiß im Blute des Lammes.

Weiß ist das Licht Gottes, das über der Finsternis schwebt. Weiß ist die Farbe der Erkenntnis. Auch das menschliche Bewusstsein weiß sich selbst als etwas Helles, während alles andere im Dunkeln liegt. Wenn ich sage: Ich weiß etwas, so weiß ich auch mich und weiß eine Vorstellung von mir selbst.

Weiß ist auch die Farbe der Zeit. Die Zeit ist »ein weißes Pergament«, schreibt der Schweizer Dichter Gottfried Keller in seinem Gedicht *Die Zeit geht nicht*. Und der Schriftsteller Botho Strauß weiß: »Zeit ist der Vorname der Farbe Weiß.«

Die Zeit

Janus ist auch ein Gott der Zeit. Damit gleicht er dem griechischen Titan Kronos, dem Sohn des Himmels und der Erde, der seine eigenen Kinder verschlingt – wie die Zeit alles verschlingt, was sie je gezeugt. Die Zeit stürzt alle Dinge.

Was ist die Zeit? Ich erinnere mich an eine Stunde in Sankt Marien, an das kupferne Grün der Türme vor dem nördlichen Winterhimmel, an die gewaltigen Stützpfeiler, die sich trotzig gegen die Stürme stemmen. Es war noch zur Zeit des Sozialismus, und die Kirche war, wie alle Kirchen des Landes, seit Jahrzehnten verschlossen; ihre Uhren waren irgendwann zwischen den Zeiten stehen geblieben. Den dicken rostigen Eisenschlüssel konnte man werktags zwischen 9 und 13 Uhr bei irgendeiner halbamtlichen Stralsunder Außenstelle abholen.

Das Innere der Kirche war leer, ohne Schmuck, ohne Requisiten, ein großer, vergessener Raum. Eine Leere und Stille, die man nur selten findet, von keinen Besucherströmen hinweggespült. Ich war allein mit den alten Grabkapellen aus schwarzem Marmor, mit dem achteckigen Taufpavillon, den steinernen Aposteln und Schicksalsgöttern entlang der Seitenschiffe und mit dem Pelikan am Altar, der seine Brust aufreißt, um die Jungen mit seinem Blute zu nähren. An diesem verlassenen Ort, an dem viele Generationen ihren Glauben und ihre Sehnsucht nach Sinn gebunden haben und der dennoch nicht nach Generationen rechnet, an diesem verlorenen und unnützen Ort befand ich mich plötzlich in einer anderen Zeit. In einer Zeit jenseits von Vergangenheit und Zukunft, jenseits von Zeitläuften. Ganz unvermittelt fand ich mich in einer Zeitlosigkeit.

Was ist die Zeit? Ich gebe nicht vor, eine Antwort zu wissen, und zuletzt geht es mir wie dem heiligen Augustinus von Hippo, dem spätantiken Philosophen und Kirchenlehrer. Wie er muss ich sagen: »Wenn niemand mich fragt, was die Zeit ist, so weiß ich es, wenn ich aber gefragt werde, kann ich es nicht sagen. Das aber weiß ich, wenn nichts verginge, gäbe es keine vergangene Zeit, und wenn nichts käme, keine zukünftige, und wenn nichts wäre, keine gegenwärtige Zeit.«

In seinen berühmten *Confessiones* aus dem 4. Jahrhundert hat Augustinus die Zeit als reines Phänomen des menschlichen Denkens definiert: Vergangenheit und Zukunft existieren nur für den Menschen – für Gott hingegen ist alles Gegenwart. Sein Schöpfungsakt ist kein Akt in der Zeit, sondern ein Akt vor aller Zeit. Die Zeit entsteht erst mit der Welt – der erste Augenblick der Zeit fällt mit dem ersten Augenblick der Schöpfung zusammen. Diese Auffassung wird von der modernen Naturwissenschaft geteilt: Die Zeit wird erst mit dem Urknall aus einem zeitlosen Quantenuniversum geboren. Erst seitdem gibt es ein Vorher und ein Nachher.

Dass die Zeit eine reine Dimension des Denkens ist, hat auch Platon erklärt: »Die Zeit bezieht sich nur auf das Werden, nicht aber auf das Sein; das In-der-Welt-Sein des Menschen ist zugleich sein In-der-Zeit-sein.« Die Zeit ist eine Qualität des menschlichen Geistes und die Unterscheidung von Vergangenheit, Gegenwart und Zukunft eine Konstruktion des Bewusstseins.

Die Vorstellung einer objektiven und vom denkenden Geist losgelösten Zeit scheint eine Fiktion. Der Philosoph Johann Gottfried Herder hat schon im 18. Jahrhundert die Ansicht vertreten, dass »jedes veränderliche Ding das Maß *seiner* Zeit in sich« trage und dass die Dinge keinen Zeitmesser haben, sondern selbst Zeitmesser sind. Deshalb haben »keine zwei Dinge der Welt dasselbe Maß der Zeit«. Im Zeitverständnis der modernen Physik finden sich vergleichbare Aussagen: Eine absolute, eine von Wahrnehmung, Raum und Bewegung losgelöste Zeit gibt es nicht.

Seit Einsteins Relativitätstheorie ist die physikalische Zeit als dynamische und gekrümmte Raumzeit abhängig vom räumlichen Standort des Beobachters, von seiner Geschwindigkeit und von der Gravitation. Einstein hat die Zeit eine »hartnäckige Illusion« genannt. Eine objektive Zeit gibt es nicht, und der britische Astrophysiker Stephen Hawking schreibt: »Es sieht so aus, als hätte jeder Beobachter sein eigenes Zeitmaß, seine eigene Uhr, und als würden auch dieselben Uhren, von verschiedenen Beobachtern genutzt, in ihren Angaben nicht unbedingt übereinstimmen. Jedes Individuum hat sein eigenes Zeitmaß, das davon abhängt, wo es sich befindet und wie es sich bewegt.«

Da die Zeit subjektiv ist, ist sie auch relativ. Dass im Warten oder in der Langeweile eine Stunde unendlich lang erscheint, im Neuen oder Interessanten hingegen kurz und flüchtig, ist eine Erfahrung, die jeder Mensch kennt. Dass die Jugendjahre lang und unermesslich erscheinen, die spätere Lebenszeit aber immer rascher dahineilt, ist ein Mysterium, das jeder Mensch mit Erstaunen am eigenen Leibe erlebt.

Die zunehmende Geschwindigkeit wird zumeist mit Gewöhnung und Gewohnheit und mit einem daraus folgenden Einschlafen und Erschlaffen des Zeitsinns erklärt. Um diesen gelegentlich zu verlangsamen, wird eine Abwechslung zwischen das Gewohnte geschoben – eine Reise oder ein Neuanfang. Komisch aber ist und bleibt es, wie Thomas Manns Romanheld Hans Castorp im *Zauberberg* seinem verblüfften Vetter auseinandersetzt, wie die Zeit einem lang wird zu Anfang oder an einem fremden Ort. »Mit Messen und überhaupt mit dem Verstand hat das ja absolut nichts zu tun, es ist eine reine Gefühlssache.«

In der Zeit gibt es nur einen einzigen wirklichen Zustand: Wirklich ist nur die Gegenwart. Außerhalb der Gegenwart existiert nichts. Jeder Laut, jeder Blick, jeder Geschmack, jede Empfindung – alles ist Gegenwart. Jeder Gedanke ist ein gegenwärtiger Gedanke. Selbst die Erinnerung ist immer ein gegenwärtiges Erlebnis – die Erinnerung kennt keine wirkliche Vergangenheit, sondern nur ihre gegenwärtige Spur.

»Die Gegenwart allein ist wahr und wirklich«, erklärt der Philosoph Arthur Schopenhauer 1851 in seinen *Aphorismen zur*

Lebensweisheit: »Sie ist die real erfüllte Zeit, und ausschließlich in ihr liegt unser Dasein. Es gibt nur *eine Gegenwart,* und diese ist immer: Sie ist die alleinige Form des wirklichen Daseins.«

Die amerikanische Schriftstellerin Sylvia Plath notiert in den Fünfzigerjahren des 20. Jahrhunderts in ihrem Tagebuch: »Diese Sekunde ist das Leben. Ist sie vorbei, ist sie tot. ... Nichts ist wirklich, nur die Gegenwart, und ich spüre bereits, wie mich die Last der Jahrhunderte erdrückt. Irgendein Mädchen hat vor hundert Jahren einmal so gelebt wie ich. Sie ist tot. Ich bin Gegenwart, doch weiß ich, auch ich vergehe. Der große Moment, der flammende Blitz, sie kommen und sind schon vorbei, unablässiger Treibsand ...«

In unseren Tagen ist die Formel vom »Hier und Jetzt« zu einem fast gebetsmühlenartigen Mantra geworden. Dabei bräuchten wir nicht unbedingt fremde Traditionen zu bemühen, wenn wir unsere eigene Kultur ein wenig besser kennen würden. Der antike griechische Philosoph Pythagoras von Samos etwa formuliert bereits im 5. vorchristlichen Jahrhundert denselben Gedanken und bemerkt ziemlich lapidar: »Das Gestern ist fort – das Morgen nicht da. Lebe also heute!« Und der russische Dichter Lew Nikolajewitsch Graf Tolstoi schreibt mehr als zwei Jahrtausende später: »Denke immer daran, dass es nur eine wichtige Zeit gibt: Heute. Hier. Jetzt.«

»Immer ist die wichtigste Stunde die gegenwärtige«, erklärt auch der christliche Mystiker Meister Eckhart im 13. Jahrhundert. Wenn die christlichen Mönche in den alten Klöstern jeden Tag wie den anderen verbringen, in der stetigen Wiederholung desselben Tuns, derselben Gebete und Gottesdienste, suchen sie den vollkommen gegenwärtigen Moment. In der ewigen Wiederholung wird die Zeit entmachtet und ausgelöscht. Sie löst sich auf wie Honig in Wasser. Wer ganz in der Gegenwart lebt, so heißt es, der lebt auch in der Zeitlosigkeit. Daher, so hat der österreichische Philosoph Ludwig Wittgenstein gesagt, »gehört das ewige Leben jenen, die in der Gegenwart leben.«

Der Mensch lebt nur selten in der Gegenwart. Zumeist weilt er im Gestern, in seinen Erinnerungen, Erfahrungen und Enttäuschungen, oder er träumt vom Morgen, von all seinen Wünschen und Hoffnungen und einem großen Glück im Irgendwann. Er ist nur selten »hier«, und wenn er auf seine Uhr sieht und »jetzt« sagt, so meint er nicht das »Jetzt« als den gegenwärtigen Moment, sondern er meint die Zeit, die »jetzt« noch bleibt bis hin zu irgendeinem zukünftigen Ziel.

Unser Denken ist zumeist eine Erwartung – also ein in der Gegenwart existierender Gedanke an die Zukunft. Oft ist es auch eine Sorge um zukünftige Dinge, die noch besorgt, geplant oder getan werden müssen. Dieses Denken ist eine Art Vorlaufen in die Zukunft und damit auch ein Vorlaufen in die Zeit. »Das Vorlaufen aber«, so hat der Philosoph Martin Heidegger in seinem Werk *Sein und Zeit* erklärt, »das Vorlaufen auf irgendein Besorgbares, auf irgendeinen Plan oder eine Beschäftigung, ist immer ein Vorlaufen in den Tod.«

Kalenderzeit und heilige Zeit

Im Januar überschneiden sich zwei verschiedene Zeitzonen und zwei entgegengesetzte Zeitvorstellungen: die kalendarische Zeit der Moderne und die zyklische Zeit der Mythen.

Die kalendarische Zeit ist wie mit dem Lineal gezogen. In ihr sind die Daten und Ereignisse des Daseins aufgefädelt wie Perlen auf einer Schnur. In ihr läuft das Dasein des Menschen von Tag zu Tag und von Jahr zu Jahr auf ein Ende zu. Kalenderzeit, so hat der Feuilletonist Siegfried Kracauer einmal gesagt, »ist wie ein leeres Gefäß« oder »wie der Wartesaal eines Bahnhofes«. In der kalendarischen Zeit ist »man nur, was man ist und immer war. Man bleibt auf sich selbst gewiesen und auf die Zeitlichkeit seiner Existenz«.

Die kalendarische Zeit wird seit alters am Lauf der Gestirne gemessen, an den wechselnden Phasen des Mondes und am Stand der Sonne. Aus der Betrachtung der Sterne entwickeln die babylonischen Priester ihre Zahlen und Zeiten, aus der systematischen Beobachtung der Sonne, der Planeten und der alljährlichen Überschwemmung durch den Nil erstellen die Ägypter im 5. vorchristlichen Jahrtausend einen erstaunlich präzisen Kalender.

Die erste Sonnenuhr ist ein schlichter Stab, der einen Schatten wirft und die Mittagsstunde zeigt, später auch die Stunden des Tages. Die berühmteste Sonnenuhr, das *Solarium Augusti*, wird im 6. vorchristlichen Jahrhundert von Pharao Psammetich II. im altägyptischen Heliopolis errichtet und weist den Jahreskalender und den Mittag. Um die Zeitenwende wird der fast 30 Meter hohe Obelisk von Kaiser Augustus auf dem römischen Marsfeld aufgestellt und dient dort als Gnomon, als »Schattenzeiger«.

Bis in die frühe Neuzeit wird die Sonnenuhr noch stetig perfektioniert. Erst mit der Entwicklung der mechanischen Uhren und der Einführung der Mitteleuropäischen Zeit verliert sie ihre Bedeutung. Da sie nur die wahre Ortszeit zeigt, die je nach Jahreszeit und geografischer Länge von der offiziellen Zeit bis zu einer ganzen Stunde abweicht, ist sie nicht mehr zu gebrauchen. Die Messung der kalendarischen Zeit geht von der frühen Ungenauigkeit hin zu immer schärferer Präzision – von der Scheingenauigkeit des Mondes hin zur exakten Messung der Atomuhr, die den Bruchteil einer Sekunde kennt.

Die kalendarische Zeit, die wir an unseren Uhren ablesen, hat Heidegger die »vulgäre« Zeit genannt. In ihr manifestiert sich jenes Paradoxon der Moderne, die stets mit der Zeit rechnet und dennoch niemals Zeit hat. »In ihr drängt sich«, wie Heidegger sagt, »jede gesparte Zeit sofort als eine neue Leere auf, die auszufüllen niemals gelingt. Uns verfließt die Zeit unter unseren Händen, und all unsere zeitverkürzenden technischen Neuerungen beschleunigen bloß das Tempo und lassen uns weniger Zeit als je zuvor.«

Parallel zur kalendarischen Zeit und ihr entgegengesetzt existiert eine vollkommen anders geartete Zeitvorstellung –

eine Zeit, die nicht auf das Quantitative zielt, sondern auf das Qualitative. Diese Zeit ist von den Göttern gegeben, und in ihr hat alles, wie es im biblischen Buch der Prediger (3,1–8) heißt, »seine Stunde«.

Die kalendarische Zeit gilt als profane Zeit, die gottgegebene Zeit aber als heilig. Sie ist herausgehoben aus der Geschichte und den allgemeinen Zeitläuften – sie wird nicht historisch, sondern kosmologisch gedacht, nicht menschlich, sondern göttlich. Sie liegt jenseits von Vergangenheit und Zukunft in einer zeitlosen Gegenwart.

Alle religiösen Feste finden in dieser »heiligen Zeit« statt: jedes Weihnachtsfest, jeder Karfreitag und jedes Pessachfest. Außerhalb dieser Zeit nämlich würden die Feste ihre sakrale Kraft verlieren. Diese Zeit verändert sich nicht. Sie läuft nicht ab und nutzt sich auch nicht ab. In jedem Osterfest findet man dieselbe Zeit wieder, die sich im Osterfest des Vorjahres oder in einem Osterfest vor Jahrhunderten manifestiert hat.

In der heiligen Zeit gibt es keine scharfe Grenze zwischen dem Davor und dem Danach, zwischen früher und später. Vergangenheit und Gegenwart sind keine streng gesonderten Stufen, sondern fließen ineinander. Diese Zeit meint nicht nur die Geschichtlichkeit eines Geschehens, sondern immer auch seine Gegenwärtigkeit. »Heute«, so betont auch das christliche Evangelium an Weihnachten, »heute ist euch der Heiland geboren« – nicht nur in irgendeiner entfernten Vergangenheit.

Die kalendarische oder lineare Zeit ist wie ein Pfeil, die heilige Zeit aber ist zyklisch und kreisförmig. In ihr wiederholen sich der Kreislauf des Jahres und die mythologischen Geschichten der Götter immer wieder. Ihr Symbol ist der Ouroboros, ist die Schlange, die sich selbst in den Schwanz beißt und den ewigen Kreislauf von Werden und Vergehen, von Tod und Neugeburt symbolisiert.

»Alles geht, Alles kommt zurück; ewig rollt das Rad des Seins. Alles stirbt, Alles blüht wieder auf, ewig läuft das Jahr des

Seins«, so spricht Nietzsche in seinem Werk *Also sprach Zara-thustra*. Für Nietzsche ist das zyklische Verständnis der Zeit die Grundlage seiner Idee der »Ewigen Wiederkunft«: »Alles bricht, Alles wird neu gefügt; ewig baut sich das gleiche Haus des Seins. Alles scheidet, Alles grüßt sich wieder; ewig bleibt sich treu der Ring des Seins.«

Die jüdische Religion hat die Vorstellung einer zyklischen oder kreisförmigen Zeit von Anfang an abgelehnt. Schon das frühe Judentum wendet sich ausdrücklich gegen den mythischen Zeitbegriff der alten Naturreligionen. Für das Judentum hat die Zeit einen geschichtlichen Anfang und ein geschichtliches Ende, und die Taten des biblischen Gottes sind Eingriffe in diese Geschichte – die Ereignisse aber sind auf einer linearen Zeitachse angeordnet und unumkehrbar.

Auch in der christlichen Theologie wird die zyklisch wiederkehrende Zeit verneint. Leben, Sterben und Auferstehung Jesu finden in der Geschichte statt – das Ereignis ist einmalig und nicht rückgängig zu machen. Die christliche Heilsgeschichte ist ein historisches und singuläres Ereignis, sie wiederholt sich nicht. Ein Mal nur, ein einziges Mal, so lautet das christliche Credo. In Christus geht Gott in die Geschichte, und das Ziel der Geschichte ist das Reich Gottes am Ende der Geschichte. In der Offenbarung des Johannes wird der Ouroboros, die alte Schlange, schließlich zum Synonym für den Satan, der am Ende der Zeit besiegt und in einen See aus brennendem Schwefel geworfen wird – gequält in alle Ewigkeit.

Die Spannung zwischen der linearen und der zyklischen Zeit aber ist bis heute nicht aufgehoben. »Es gibt nur *einen* immerwährenden Daseinskampf«, hat Botho Strauß einmal behauptet, »und das ist der zwischen Kreis und Pfeil. Zwischen zyklischer und linearer Zeit. Nichts, was wir sind, denken und träumen, gehört nur einem Zeitraum an. Wir denken, träumen, hoffen im immerwährenden Kreis und existieren in abfallender Linie.«

Anfang und Ende der Welt

Am Anfang steht das Eine. Am Anfang steht der *eine* Gott des Alten Testaments, steht *Das Eine* der platonischen Philosophie, das höchste und absolut transzendente Prinzip. Aus dem vollkommenen und unwandelbaren *Einen* entsteht die Schöpfung als eine milliardenfach vervielfältigte und sich ständig verändernde Welt.

Der große abendländische Mythos vom Anfang steht in der Genesis im 1. Buch Mose: »Am Anfang schuf Gott den Himmel und die Erde. Und die Erde war wüst und leer, und es war finster auf der Tiefe; und der Geist Gottes schwebte über dem Wasser.«

Im Hebräischen beginnt die Genesis mit dem Wort *be-re' schíjt* – am Anfang. Die Geschichte beginnt mit dem Buchstaben *beth*, dem nach der jüdischen Gematrie, der Zuordnung von Buchstaben und Zahlen, der Wert »zwei« zugeordnet ist. Beth ist der zweite Buchstabe im hebräischen Alphabet und steht für das Prinzip einer fortschreitenden Teilung und Trennung: Licht von Finsternis, Himmel von Erde, Wasser von Land.

Der erste Buchstabe *aleph* oder die Zahl Eins gehört der höchsten Realität und steht für Gott, für den Einen und Einzigen. Die Eins ist in allen monotheistischen Religionen die Zahl Gottes.

Die Geschichte des Menschen aber beginnt erst mit dem Buchstaben *beth*, beginnt erst mit der Zahl Zwei. Der Mensch findet sich vor in einer Welt voller Trennungen und Gegensätze: Morgen und Abend, Sonne und Mond, männlich und weiblich, plus und minus, Geist und Materie und so fort. Mag die Welt Gottes auch ewig sein und unveränderlich – die Welt des Menschen hat Anfang und Ende, Lust und Schmerz, Krieg und Frieden, Geburt und Tod.

Am Anfang fällt die Welt aus der Einheit in die Zweiheit. Später fällt auch der Mensch aus seiner paradiesischen Einheit in ein dualistisches Sein – in eine zerrissene und unversöhnte

Welt voller Gegensätze und Antagonismen. Seither steht er unter dem Zeichen der Zahl Zwei. Seither gibt es Konflikte und Kämpfe, Zwietracht und Zwist.

In der Genesis beginnt die Geschichte des Menschen mit dem sogenannten Sündenfall. Die Schlange im Garten Eden verspricht viel: *Eritis sicut Deus, scientes bonum et malum* – Ihr werdet sein wie Gott und das Gute und das Böse erkennen. Bekanntlich hält die Schlange ihr Versprechen. Mit der Verspeisung der Frucht vom »Baum der Erkenntnis von Gut und Böse« öffnet der Mensch seine Augen und gewinnt das Bewusstsein einer Differenz. Die Frucht vom Baum der Erkenntnis reißt ihn aus seiner naturhaften und selbstvergessenen Ureinheit und schafft ihm das Bewusstsein seiner selbst. Sie schenkt ihm Erkenntnis – jene Waffe, mit der er seine Welt unterwirft. Fortan erhebt er sich und entfernt sich.

Nach jüdischer und christlicher Lehre kommt mit der Erkenntnis auch der Tod in die Welt. Genauer formuliert: Mit der Erkenntnis erlangt der Mensch das Bewusstsein von Zeitlichkeit und Endlichkeit und damit auch das Wissen um seinen eigenen Tod.

»Gott, der Herr«, so steht es in der Genesis, gebietet dem Menschen: »Von allen Bäumen des Gartens darfst du essen, doch vom Baum der Erkenntnis von Gut und Böse darfst du nicht essen; denn sobald du davon isst, wirst du sterben.« Solange der Mensch nur vom »Baum des Lebens« isst und auf Erkenntnis verzichtet, ist er unsterblich. Sobald er aber erkennt, muss er sterben. Da er nun »wie Gott« geworden ist, wird er aus dem Paradies vertrieben. Damit er nicht womöglich noch, wie in der Genesis befürchtet, »die Hand ausstreckt, vom Baum des Lebens nimmt, davon isst und ewig lebt«!

Mit der Erkenntnis kommt auch die Sünde in die Welt. In der jüdisch-christlichen Religion gehören Sünde und Tod immer zusammen. »Ach, Adam, was hast du getan!«, seufzt der jüdische Seher Esra: »Als du sündigtest, kam dein Fall nicht nur auf dich, sondern auf uns, deine Nachkommen!« (4. Buch Esra 7,118). Und der Apostel Paulus klagt: Durch Adam »kam die Sünde in die Welt und durch die Sünde der Tod und auf diese Weise gelangte der Tod zu allen Menschen, weil alle sündigten« (Röm 5,12).

Was aber ist die »Sünde« des Menschen? Der biblische Gott spricht ein klares Verbot aus. Der Mensch jedoch setzt sich schlicht darüber hinweg. Menschsein fängt mit einem Ungehorsam an und einer Rebellion. Das Schicksal des Menschen beginnt mit einem: Nein!

Indem der Mensch die Hand ausstreckt nach der verbotenen Frucht und Erkenntnis erlangt, wird er sündig. Seine Sünde besteht darin, dass er die göttlichen Gesetze übertritt, sich von Gott trennt und sich absondert. Damit aber fällt er aus der göttlichen Einheit heraus. Diese Trennung ist die eigentliche Sünde.

Doch diese Trennung macht den Menschen überhaupt erst zum Menschen. Sie konstituiert ihn und zeichnet ihn aus. Diese Trennung ist die Voraussetzung für seine Erkenntnisfähigkeit. Ohne Trennung und Absonderung ist Erkenntnis grundsätzlich nicht möglich – Erkenntnis setzt die Trennung von erkennendem Subjekt und erkennbarem Objekt immer zwingend voraus.

Ohne Abgrenzung und Unterscheidung gibt es keine Erkenntnis. Ohne das Hässliche kann der Mensch das Schöne nicht wahrnehmen und ohne das Gerade nicht das Krumme, ohne die Dunkelheit kann er das Licht nicht erkennen und ohne das Falsche nicht das Wahre. Im Schatten des paradiesischen Baumes wächst die Zweiheit und Zweiteilung. Seither steht der abendländische Mensch unter der Herrschaft des dualistischen Denkens, das die Welt teilt und entzweit.

Der Ungehorsam des ersten Menschen aber scheint ein göttlich Gewolltes oder doch zumindest Geduldetes. Oder soll man annehmen, dass der allwissende Schöpfergott nicht von vornherein wusste, dass sein Verbot, vom Baume der Erkenntnis zu essen, von seinem Geschöpf missachtet werden würde? Soll man annehmen, dass der Allmächtige die Schlange nicht hätte aufhalten oder leichthin zermalmen können, wäre die sogenannte Verführung gänzlich gegen seine Absicht gegangen? Hat nicht auch Zeus, der allwissende Vatergott des griechischen Mythos, den Betrug des listenreichen Prometheus von Anfang an durchschaut, ohne ihn zu verhindern?

Wenn der griechische Mythos von dem Titanen Prometheus erzählt, der sich gegen Zeus erhebt, ihm das Feuer der Erkenntnis raubt und damit das Geschlecht der geistbegabten Menschen gründet, so erfährt der Olympier denselben Ungehorsam wie der biblische Gott. Der Mensch, so jedenfalls berichtet der Mythos, bereut seinen Sündenfall grundsätzlich nicht, sondern beharrt eigensinnig auf seinem vom Ganzen gesonderten Teil. Wie *Der gefesselte Prometheus* des antiken Dichters Aischylos schleudert er, halb verzweifelt und halb stolz, dem Gott entgegen: »Gern, gern gefrevelt hab ich, gern – ich leugne es nicht. Mit deinem Frondienst möchte ich dies mein Jammerlos, dass du es wissest, nimmermehr vertauschen: Nein!«

Mit dem Raub der Erkenntnis begründet der Mensch sein Ich – das Ich ist der vom Ganzen und von der Einheit gesonderte Teil. Das menschliche Bewusstsein ist immer ein Ich-Bewusstsein. Das Ich aber ist per Definition eine Grenze. Mit seinem Ich trennt sich der Mensch von Gott, von seinen Mitmenschen und von der Welt. Mit dem Ich baut er seine Identität, mit dem Ich definiert er sich selbst.

Das Ich begründet die Freiheit des Menschen und beschreibt gleichzeitig sein Gefängnis. Das Ich ist sein Triumph und zugleich seine Niederlage. Einerseits ist das Ich die Quelle aller Unabhängigkeit und Individualität, andererseits ist es auch der Grund aller Ängste und Qualen. Das Ich verwickelt den Menschen in all seine Träume von Größe und Macht, von Reichtum und Ruhm. Das Ich verstrickt ihn in Hochmut, Habgier und Eitelkeit. Das Ich ist immer auch eine Front und gegebenenfalls ein Schlachtfeld – immer läuft es Gefahr, bedroht zu werden, verletzt, erniedrigt oder gedemütigt.

In der christlichen Theologie werden die Bewusstwerdung des Menschen und seine Absonderung in die Ichhaftigkeit gern als Fluch bezeichnet. Gelegentlich ist gar behauptet worden, für den Menschen sei es eigentlich besser, ohne Erkenntnis zu leben, und das Verbot, vom Baume zu essen, sei von Gott zum Wohle des Menschen erlassen worden. Doch vielleicht ist – ganz im Gegenteil – der freie und sich selbst erkennende Mensch genau der Mensch, den Gott gewollt hat und den er braucht, um seinerseits erkannt zu werden.

Erkenntnis ist ein zweischneidiges Schwert. Einerseits verliert der Mensch durch die Erkenntnisfähigkeit seine unmittelbare Nähe zur göttlichen Einheit und zur Unsterblichkeit. Andererseits kann er durch seine Fähigkeit zur Erkenntnis die Welt beherrschen. Sie schenkt ihm das Bewusstsein all seiner Möglichkeiten – Humanität und brutale Barbarei, Liebe und Hass, Freundschaft und Feindseligkeit, Vernunft und Verwirrung. Sie zeigt ihm seine Grenzen und treibt ihn zugleich zu jedweder Art der Grenzüberschreitung.

Erkenntnis steht am Anfang und vielleicht auch am Ende der Menschheitsgeschichte. Mit der Erkenntnis beginnt die Schuld, beginnt aber auch die Sehnsucht nach der verlorenen Unschuld. Mit der Erkenntnis beginnen Vertreibung und Exil, beginnt aber auch die Suche nach Erlösung. Mit der Erkenntnis begründet der Mensch seinen urzeitlichen Fall, mit der Erkenntnis aber wird er dereinst auch, so jedenfalls hoffen die Gnostiker, den Schlüssel finden, mit dem er das verriegelte Paradies wieder aufschließen kann.

Vielleicht, so schreibt der Dichter Heinrich von Kleist 1810 in seinem kurzen Essay *Über das Marionettentheater*, vielleicht müssen wir ein zweites Mal »von dem Baum der Erkenntnis essen, um in den Stand der Unschuld zurückzufallen«. Das aber ist dann »das letzte Kapitel von der Geschichte der Welt.«

FEBRUAR

Es hat der Schnee über Nacht /
Meine Totenmaske gemacht ...
Und meinen Schatten verwandelt /
Er in ein Fastnachtsgewand.

Yvan Goll, Frankreich
Schnee-Masken, 1951

Manchmal, gegen Abend, färbt sich der Himmel zart türkis über den dunklen Äckern, dämmern die Hügel bläulich und blass. Helligkeit liegt in der Luft und eine große Klarheit. Ein neues, noch kühles Licht, das sich in leeren Fensterscheiben bricht und einen Moment lang glüht.

Erste Schneeglöckchen im welken Rasen. Ein zartes und reines Grün – bescheiden und doch stark genug, die kalten Winde und den Schnee mit Hoffnung zu besiegen. »Ich habe Schneeglöckchen gesehen«, schreibt der Schweizer Schriftsteller Robert Walser, »in Gärten und auf dem Wagen einer Bäuerin, die zu Markte fuhr. Sie sind süß, diese schüchternen ersten Ankündiger von etwas, das von aller Welt geliebt wird. Sie reden noch vom Winter, dabei aber doch auch schon vom Frühling; sie reden vom Vergangenen, doch dabei schon keck und fröhlich vom Neuen.« Sie reden von Schnee und zugleich von Grün. »Nur hübsch ausharren. Das Gute kommt schon. Gutes ist uns immer näher, als wir glauben. Geduld bringt Rosen.«

Der Februar fordert Geduld. Gelegentlich gibt es eine Sonnenstunde wie ein Versprechen, doch die meisten Tage sind dunkel und trüb, mit Schneegestöber, eisigem Regen und bitterkaltem Wind. Die blätterlosen Kronen der Bäume ragen wie Besen in den Himmel. *Der düstere Tag,* so hat der niederländische Maler Pieter Bruegel 1565 sein Monatsbild zum Februar genannt und alle Farben der Palette – Braun, Grau, Ocker, Siena, Schilfgrün – mit Schatten vermischt. Niedrige Dächer ducken sich frierend unter dem Gewölk, Wege und Ställe verschwimmen. Wenige Dinge leuchten aus der Düsternis – der Schnee auf den fernen Gipfeln der Berge, ein Messer, mit dem die kahlen Zweige der Weiden geschnitten werden, eine Krone aus Papier.

Der Februar – vom lateinischen *februare* für reinigen – ist wie ein Fieber. Zum Fieber gehören der Rausch, der Wahn und die wirren Fantasien, gehören aber auch Reinigung und Regeneration. Der Februar lässt seine Fieberkurve steil ansteigen und jäh wieder abfallen. Er schwankt zwischen Somnambulismus und erschreckender Bewusstseinshelle, zwischen Fall und Flug. Der Ekstase folgt Ernüchterung. Der Februar feiert den Karneval, feiert die orgiastische und dionysische Lust am Fleische und – unmittelbar darauf – den Verzicht auf das Fleisch, die Abkehr und die Askese.

Karneval. Die verkehrte Welt

Der Karneval, der in vielen europäischen Ländern im Februar gefeiert wird, reicht tief in die Vergangenheit. Schon die mesopotamische Kultur kennt ein rauschhaftes Fest, bei dem, wie es auf einer altbabylonischen Inschrift aus dem 3. vorchristlichen Jahrtausend heißt, Herren und Sklaven gleichgestellt und Mächtige und Niedere gleich geachtet sind.

Auch das attische Fest *Anthesteria*, das im Februar zu Ehren des Gottes Dionysos und zur Ankunft des neuen Weines gefeiert wird, ist ein karnevalsähnlicher Mummenschanz mit Jahrmärkten und Trinkgelagen. Während des dreitägigen Festes sind alle Schranken aufgehoben, und das Gesetz ist ins Gegenteil verkehrt, ins Freche und in den Witz. Die Sklaven werfen sich in die Kleider ihrer Herren, wagen obszöne Gebärden und üben Vertraulichkeit mit jedermann. Der Gott Dionysos, gehüllt in ein schwarzes Ziegenfell, zieht im blumengeschmückten Schiffskarren durch die Straßen Athens, im Schlepptau einen Zug wilder Erregung und orgiastischer Ausschweifung.

Ein ähnliches Fest feiert das antike Rom seit dem 2. vorchristlichen Jahrhundert. Die *Saturnalien* sind eine dreitägige Maskerade, die den Zorn des Planetengottes Saturn besänftigen und das Volk auf einen neuen Kriegszug einschwören soll. Auch dieses Fest inszeniert eine verkehrte Welt, in der alle Unterschiede zwischen den Ständen für kurze Zeit aufgehoben sind – die römischen Herren legen ihre Toga ab und bewirten ihre Sklaven. Es gibt keine sozialen Grenzen und keine Sanktionen – jeder nähert sich jedem.

In allen Kulturen ist der Karneval ein Ausnahmezustand, eine zeitlich befristete Anarchie. Indem alle Herrschaftsverhältnisse, alle Konventionen und sozialen Hierarchien für kurze Zeit ausgesetzt und auf den Kopf gestellt werden, entstehen eine illusionäre Gleichheit und Freiheit für jedermann.

Wenn der italienische Adel seit dem späten Mittelalter ein Vermögen für den Karneval verschwendet und jeden teilhaben lässt am Vergnügen, so ist auch das nicht nur ein aristokratischer Zeitvertreib. Die »Maschera nobile«, die typische venezianische Maske mit schwarzem Mantel, weißer Schminke und Federhut, hebt alle ständischen Unterschiede scheinbar auf und macht jeden, der sie trägt, zum »Sior Maschera«, zum Herrn. Dass sie gleichzeitig die Herrschaftsverhältnisse der »Serenissima Repubblica« maskiert, erhöht ihren Reiz erheblich. Die Maske verspricht politische Freiheiten, die es in Wirklichkeit nicht gibt. Die Narrenfreiheit ist für jene, die keine Freiheit besitzen.

»In der Stadt herumgelaufen, viel Besoffenheit«, notiert der Maler Max Beckmann an einem Februartag. Ohne den alkoholischen Rausch sind die Aufhebung der sozialen Schranken, die Enthemmung und die volkstümliche Ausgelassenheit nicht denkbar. Exzessive Trinkgelage gehören zum Karneval zwingend dazu.

Im allgemeinen Rausch fallen mit den sozialen auch die sittlichen Schranken. Hinter den Masken und inmitten der tobenden Menge lauert das blanke Begehren – Verführung und blindes Spiel.

Dionysos – Rausch und Ekstase

Februar 1933. Max Beckmann malt Schneeglöckchen in einer Vase, kalt und zart, heimatlich und feindlich zugleich. Daneben auf Zeitungspapier eine Brille mit runden Gläsern. Später schreibt er in sein Tagebuch: »Von gelindem Wahnsinn leicht getrieben tänzelt die Menschheit von Blume zu Blume. Andere retten sich durch Zaubersprünge vor dem Entsetzen des Nichts.«

Für Wahnsinn und Zaubersprünge ist der griechische Gott Dionysos zuständig. Er ist nicht nur der Gott des Weines, sondern auch der Gott der Ekstase und der Entgrenzung.

Im Rausche des Dionysos taumelt der Mensch trunken und toll. Im Kult des mythologischen Gottes überlässt er sich wilden Tänzen und Gesängen, bekränzt sich mit Efeu und Rebenlaub und taumelt am Rande der Tiefe. In der dionysischen Begeisterung und Selbstvergessenheit verschwimmen die Grenzen – der Sklave ist ein freier Mann.

Hinter all dem Rummel im Karneval steht bis heute der Gott Dionysos, der später von den Römern Bacchus genannt wird. In seinem Gefolge tummeln sich auch die Naturgeister, der Hirtengott Pan etwa oder die Satyrn, die triebhaften und hemmungslos lüsternen Geschöpfe des Waldes. Der liebestrunkene Pan, jenes halbmenschliche Wesen mit Hörnern, Bart und dem Unterleib eines Ziegenbocks, wird wegen seiner Hässlichkeit von seiner Mutter verstoßen. Damit erleidet er das gleiche Schicksal wie Priapos, der Sohn des Dionysos, an dessen grotesk verzerrtem Körper ein mächtiger Phallus prangt. Der Mythos berichtet von seinem Wortwechsel mit einem Esel, der um die beiderseitige Größe der Geschlechtsteile kreist. Da Priapos unterliegt, schlägt er das Tier tot.

Im Christentum liefern Pan und die gehörnten und bocksfüßigen Satyrn die gestalterischen Vorbilder für die mittelalterlichen Darstellungen des Teufels, der fortan mit Hörnern und Schleppfuß durch die abendländische Ikonografie geistert und zum Symbol wird für alle erotischen Laster und Ausschweifungen.

Im alten Kult des Dionysos aber geht es nicht um Laster und Ausschweifung. Es geht um die Überwindung des Todes, es geht um neue Fruchtbarkeit und die Wiedererweckung der Natur, die im Februar noch erstarrt und wie tot daniederliegt. Dionysos kehrt zurück aus der Unterwelt, um den Tod zu brechen. Er erweckt die erstorbene Erde zu neuem Leben und lässt den ewigen Kreislauf wieder neu beginnen. Der Karneval ist seit alters auch ein großes Bacchanal gegen den Winter und gegen den Tod.

Dionysos ist ein gewaltsam getöteter und wiederauferstandener Gott – er kennt das Geheimnis des Lebens und das Geheimnis des Todes. Er schwankt zwischen Lebenslust und Todesernüchterung, zwischen Triumph und tiefer Depression. Im Rausche des Dionysos verschwinden alle Grenzen, enthüllen sich alle Gegensätze als die Einheit von Leben und Tod.

Der dionysische Kult zuckt zwischen wilder Sinnlichkeit und rauschhaftem Schöpfungsdrang. Damit aber wird er zu einem Kult der Kunst. In ganz Europa und bis ins 20. Jahrhundert findet der antike Gott unter den Künstlern seine Anhänger. Der Rausch nämlich, so heißt es, gehört notwendig zur Psychologie des Künstlers. »Damit es Kunst giebt, damit es irgend ein ästhetisches Thun und Schauen giebt«, behauptet Nietzsche 1889 in *Streifzüge eines Unzeitgemässen*, »dazu ist eine physiologische Vorbedingung unumgänglich: der Rausch. Der Rausch muß erst die Erregbarkeit der ganzen Maschine gesteigert haben: eher kommt es zu keiner Kunst.«

Im Rausch sucht der Künstler seine Sinne zu vergeistigen. Nur »die Straße der Ausschweifung führt zum Palast der Weisheit«, erklärt der englische Dichter William Blake im 18. Jahrhundert. Der französische Schriftsteller Arthur Rimbaud schreibt im 19. Jahrhundert: »Zur Zeit stürze ich mich mit Feuereifer in alle möglichen Ausschweifungen. Warum? Ich will Poet werden, und ich arbeite daran, mich sehend zu machen«. Und Max Beckmann ruft noch im April 1949: »Füllt aufs neue eure Kürbisse mit Alkohol und gebt mir selbst den größten. Feierlich will ich euch die großen Lichter, die Riesenkerzen anstecken. Jetzt in der Nacht. In der tiefen schwarzen Nacht.«

Der Rausch des Künstlers zielt auf Bewusstseinserweiterung und Entgrenzung, auf Inspiration und Steigerung der schöpferischen Kraft. Das ist der Topos. Tatsächlich stehen Rausch und Kunst in einem unlöslichen Kontext. Endlos ist die Liste der Künstler, deren Werke ohne den Rausch nicht möglich scheinen. »O, Nacht! Ich nahm schon Kokain, und Blutverteilung ist im Gange ...«, schreibt der Dichter Gottfried Benn 1916 in seinem Gedicht *O, Nacht* und sucht im Rausch den tief ersehnten Ich-Zerfall, sucht in den »hirnentbrannten« Visionen eine Art von Selbstvergessenheit und Erlösung.

Der dionysische Rausch verspricht eine radikale Freiheit von der »Verhirnung« des westlichen Menschen, von der Herrschaft des denkenden Bewusstseins. Der Rausch verspricht Traum und Trance, Euphorie und Entrückung. Eine übernatürliche Wirklichkeit sucht der französische Dichter Charles Baudelaire im Opium und im Haschisch und feiert in seinem Essay *Die künstlichen Paradiese* die Lust am Rausch: Im Rausch ergibt sich »eine neue Feinfühligkeit, eine Überschärfung aller Sinne ...«.

Novalis schwärmt in seinen *Hymnen an die Nacht* vom »braunen Safte des Mohns«. Der österreichische Lyriker Georg Trakl, der empfindliche und gepeinigte Expressionist, der die Welt des frühen 20. Jahrhunderts nur im Rausch erträgt, bestreicht seine Zigaretten mit Opiumtinktur, narkotisiert sich mit Chloroform, Alkohol und Veronal, tötet sich zuletzt mit Kokain. Auch der Offizier und Schriftsteller Ernst Jünger, berühmt für seine Kriegstagebücher, sucht dem Schrecklichen zu entrinnen und experimentiert mit Meskalin und LSD. Der Rausch scheint das einzige Mittel, um der Qual des Daseins und dem Elend der Vergänglichkeit zu entfliehen.

Die moderne westliche Musik schließlich ist ohne den Rausch gar nicht zu denken. Um einige wenige Beispiele zu nennen: Jimi Hendrix, Jim Morrison oder Janis Joplin, die Rock-Ikonen der späten 1960er-Jahre, konsumieren Alkohol und Heroin. Musiker wie Sid Vicious, Kurt Cobain oder Amy Winehouse putschen sich mit Alkohol, Kokain und Heroin bis hin zur Überdosis.

Die Jünger des Dionysos leeren den Kelch notfalls bis zur Neige. Auf der Suche nach Erkenntnis geht der Künstler bis an den Abgrund – und darüber hinaus. In der Ekstase sucht er Ergriffenheit und Entgrenzung. Im Rausch versucht er, das Bewusstsein seiner Vereinzelung zu überwinden und mit der Natur zu verschmelzen, mit Gott oder mit der Welt.

Doch Dionysios ist ein abgründiger Gott. Sein Rausch zeugt nicht nur Zauber, sondern auch Zerstörung, nicht nur Entzücken, sondern auch Erschütterung, nicht nur Inspiration, sondern auch Irrsinn.

Dionysos ist auch der Gott des Wahnsinns. In ekstatischer Begeisterung reißt die mythologische Priesterin Agaue, von Dionysos mit Rausch und Raserei geschlagen, ihren eigenen Sohn Pentheus in Stücke, umklammert das entrissene Haupt mit blutigen Fingern im Wahn, es sei das eines Löwen, steckt es auf einen mit Weinlaub umschlungenen Stab und trägt es triumphierend durch die Wälder des Kithairon. Erst in der Ernüchterung erkennt die Tobende ihre Tat und steht voller Entsetzen an den Abgründen ihres Daseins.

Die Maske

Ein früher Abend im Februar. Feuchte Kälte steigt aus den Kanälen. In der Dämmerung flackern die alten Gaslaternen und brechen in der Trübe. Der Winter verwandelt Venedig wieder in einen Traum – entrückt, verschleiert und geisterhaft. Ein Kahn schlägt an die Steine. In den engen Gassen hasten schnelle Schritte. Plötzlich eine hohe Gestalt im Nebel, eine gespenstische Fantasie mit wehendem Umhang, schwarzer Kappe und glühend weißem Gesicht. Eine Sekunde des Grauens. Dann verwandelt sich der Schatten in eine Fastnachtsmaske und verschwindet. Irgendwo verhallt Gelächter.

Dionysos ist auch der Gott der Maske. Bei seinen antiken kultischen Festen hängt eine bärtige Maske an hölzerner Säule als Zeichen der Epiphanie des Gottes. In der Maske ist der Gott zugleich anwesend und abwesend, ist er zugleich Gott und Mensch.

Die Maske ist ein uraltes Symbol. Seit den ersten steinzeitlichen Tiermasken versucht der Mensch, sich mithilfe der Maske die Kraft oder die Eigenschaften einer höheren Macht anzueignen oder sich durch Verhüllung oder Abschreckung vor ebendieser Macht zu schützen. Hinter der Maske verbirgt der Mensch seine Ohnmacht und hofft zugleich, über seine Ohnmacht hinauszuwachsen.

Die Maske ist ein zweites Gesicht. Bei den Griechen heißt sie deshalb *prosopon* und bezeichnet auch das Gesicht: Die Grenze zwischen dem natürlichen und dem künstlichen Gesicht ist fließend, das Gesicht ist die Maske und umgekehrt.

In der römischen Tradition wird die Maske *persona* genannt – *personare* bedeutet durchtönen und meint die Stimme des Schauspielers, die durch seine Maske hindurchtönt und sie belebt. Auch in der modernen Psychologie meint der Begriff »Persona« eine Art Maskierung, meint die Erscheinungsweise eines Individuums nach außen, meint die Maske, die er der Welt zeigt.

Die Maske ist Versteck und Offensive zugleich. Einerseits soll sie die wahre Natur des Individuums und sein wahres Gesicht verstecken. Andererseits soll sie einen bestimmten Eindruck auf den anderen machen, soll ihn durch eine geheimnisvolle oder Furcht einflößende Visage täuschen oder erschrecken. Für den Betrachter ist die Maske bedrohlich, weil er sich fürchtet vor dem, was sich dahinter verbergen könnte. Für den Träger der Maske aber ist sie bedrohlich, weil er fürchten muss, sie zu verlieren und sich selbst zu entlarven. Ständig muss er darauf achten, dass sie ihm nicht herunterfällt.

Die Lust an der Maske ist aber auch die Lust am Spiel der Identitäten. Ein anderer sein, mit einem anderen Blick und anderen Möglichkeiten des Seins. Welch Fülle der Figuren: Narr, Pierrot und Harlekin, Schäferin, Teufel und Tanzmariechen.

Mein Kind malt sich eine rote Nase und spielt den Clown. Mein Kind macht sich Hörner, hängt sich ein Fellstück um die Schultern und bläst die Flöte wie ein Faun.

Zu den frühen archaischen Masken – den mit Ruß geschwärzten Gesichtern, Lumpenkostümen, Bärten und Bocksfüßen – gesellen sich in Italien seit dem 16. Jahrhundert zunehmend prachtvolle und kostbare Maskeraden aus der Welt der antiken Mythologie, der Komödien und der Jahrmärkte. Aus der kultischen Maske des Dionysos wird die Theatermaske, die Maske der Bühne und des Karnevals.

Im 18. Jahrhundert verschwindet eine ganze Stadt hinter der Maske. Auf der Piazza in Venedig tummeln sich Gaukler, Artisten, Zauberer und Taschenspieler. Man sieht Masken von Teufeln und Himmelsgöttern, von Priestern und Satyrn. Von den Brettern der Lustspieltheater springen die Figuren der »Commedia dell'Arte« auf die Straßen und schreien und spielen mit im Zug der Masken. Ein ungeheures Gedränge von Menschen und Mummen, eine gespenstische Verführung. Aus vorrömischen Zeiten flammt der Stierkampf wieder auf, die blutige »Festa dei Tori«. Maskierte hetzen die Tiere mit Hunden und Schwertern und tragen die abgeschlagenen Köpfe unter dem Jubel der Menge durch die Straßen der Stadt. Erst mit dem Ende der Republik im Frühjahr 1797 endet auch die Maskengesellschaft Venedigs, endet der Traum vom ewigen Vergnügen, vom endlosen Fest.

Was bleibt, sind ein paar Arien und eine lärmende Unterschicht. Goethe ist schon im Februar 1787 vom italienischen Karneval entnervt und notiert in seinem Tagebuch: »Ein Tag, den ich mit Schmerzen unter Narren zubrachte. Jeder geht aus, sich zu vergnügen und seine Tollheit auszulassen. Was man unangenehm empfindet, daß die innere Fröhlichkeit fehlt ...«

Fröhlich ist der Karneval nicht. Weder in Italien noch anderswo. Hinter dem ritualisierten Frohsinn verbergen sich Tragödien. »Ja«, sagt der blasse und müde Harlekin zu Gustav, als der Maskenzug vorüber ist, »Gott sei Dank, die Strapaze hätten wir wieder einmal gehabt.« Gustav ist der verspätete Held aus Karl Immermanns Novelle *Der Carneval und die Somnambüle*, der im Februar 1928 den eben wiederbelebten Kölner Karneval besucht, sich in einer düsteren Schenke verplaudert und darüber den Rosenmontagszug versäumt, zu dem er eigens angereist ist. Torheit, Verwirrung und freches Spiel findet er dennoch, wenn auch am Rande des organisierten Rummels. Hinter der Maske einer anderen wird er von seiner Ehefrau Adolphine verführt – zu Küssen und Ohrfeigen, Enthüllungen und Geständnissen. Doch die Freiheit der Maske taugt nicht für den Alltag. Am Ende des tollen Tages steht Gustav allein und ernüchtert in den grauen Straßen der Stadt – ein Narr, ein tumber Tor.

Der Narr

Der Narr ist der Vogelfreie in einem absurden Welttheater. Der Narr ist einfältig, ignorant und kindisch – und hält sich doch selbst für weise und klug. Da man ihn für sein Tun nicht verantwortlich machen kann, muss man ihn zeichnen: mit Narrenkappe, Glöckchen, Schellen oder einem bunten Kleid.

Der Narr ist keine lustige Figur. Die ältesten Darstellungen finden sich in den Psalmen und zeichnen ihn als einen ungläubigen Tor, der alles Göttliche verneint und auf den Schultern des Todes hockt. *Dixit insipiens in corde suo: Non est Deus*, steht am Anfang des 14. Psalms: »So spricht der Narr in seinem Herzen: Es gibt keinen Gott.« Der Narr ist der Verdammte unter der Herrschaft des Teufels, und der Spiegel, den er in der Hand hält, ist ein Zeichen, dass er Gott nicht kennt und nur sich selbst liebt.

Seit dem 15. Jahrhundert wird der Narr zur Figur im Fastnachtsspiel und zum Symbol für alle Ausschweifung und Zügellosigkeit im Karneval. In einem Kupferstich von 1460 hängen die Narren wie Affen am Seil der Frau Venus und lassen sich zu den unsinnigsten Torheiten verleiten. Gegen Ende des Mittelalters werden auch alle gesellschaftlichen Außenseiter – Bettler,

Behinderte, Geisteskranke und Geächtete – zu den Narren gezählt und im fastnächtlichen Treiben vorgeführt.

Die Zahl des Narren ist die Elf. Bis heute beginnt der Karneval am 11.11. um 11.11 Uhr. Die Zahl Elf gilt seit dem Mittelalter als diabolisch, als Zahl der Sünde und des Teufels – noch im 16. Jahrhundert ist die elfte Stunde die Stunde des Weltuntergangs oder des Jüngsten Gerichts. Das althochdeutsche Wort *einlif* heißt so viel wie »eins darüber« und meint die Maßlosigkeit einer Zahl, die das menschliche und das göttliches Gesetz überschreitet, das niedergelegt ist in der Zahl der zehn Gebote und der zehn Finger an den Händen.

Im Buch *Das Narrenschiff* des Straßburger Dichters und Humanisten Sebastian Brant von 1494 werden unzählige Narrheiten aufgezählt, darunter auch Unvernunft, Habgier, Gefräßigkeit, Boshaftigkeit, Selbstgefälligkeit, überflüssiges Geschwätz und Quacksalberei. Die Beschreibung der menschlichen Laster und Schwächen geschieht hier in der Hoffnung, jedermann werde seine eigenen Narrheiten erkennen und sich dadurch selbst korrigieren. Der Narr wird zu einer moralischen Figur, der jedem Menschen die eigenen Fehler und Sünden vor Augen führt und ihn zur Besserung mahnt.

Nur der Hofnarr als Alter Ego des Königs spielt den Narren bloß und verhüllt seine Weisheit im Narrenwort. In ihm werden Weisheit und Narrheit dasselbe. Seit dem Mittelalter halten sich die Fürsten und Könige Europas gern einen Narren in ihrem Hofstaat. Zuerst werden körperlich missgestaltete Menschen bevorzugt, Krüppel und Kleinwüchsige, die man zur allgemeinen Belustigung in Käfigen hält. Später ist der Hofnarr häufig nur noch scheinbar ein Narr – er stellt sich nur noch dumm und nutzt seine Rolle als Possenreißer, um den absolutistischen Herrschern unangenehme Wahrheiten zu stecken, die sich sonst niemand zu sagen traut.

Dem weisen Hofnarren hat William Shakespeare in seiner Tragödie *König Lear* zu Beginn des 17. Jahrhunderts ein rührendes Denkmal gesetzt. Der namenlose Narr bleibt an der Seite seines von Eitelkeit und Herrschsucht verblendeten Herrn, als dieser durch die intriganten Bosheiten seiner Töchter nicht nur sein Königreich, sondern auch seinen Verstand verliert. Während Lear ziellos durch die Ödnis der englischen Heide zieht und dem Wahnsinn verfällt, sucht der Narr ihn noch durch Weisheit zur Vernunft zu bringen. Im dritten Akt stehen schließlich drei Narren auf der Bühne – der Hofnarr selbst, der wahnsinnige König, der zum Narren geworden ist, und der halbnackte Edgar von Gloucester, der sich hinter der Maske des Narren versteckt.

In der europäischen Literatur spielt der Narr über Jahrhunderte seine Rolle – im deutschen *Till Eulenspiegel* etwa, im niederländischen *Lob der Torheit* des Humanisten Erasmus von Rotterdam, in der englischen Erzählung *Hop-Frog* von Edgar Allan Poe oder in Joseph von Eichendorffs Novelle *Aus dem Leben eines Taugenichts*. Aus der russischen Tradition stammt die literarische Gestalt des *Jurodiwy*, des Narren in Christo, der über die Gabe verfügt, zu sehen und zu hören, was anderen verborgen ist. Er ist ein Narr um Christi willen, der das Böse entlarvt, das Ungerechte und das Dumme.

Als Narr erscheint auch der Musikant Pablo in Hermann Hesses Roman *Der Steppenwolf*, der auf seiner Jahrmarktstrompete den Shimmy spielt und auf dem Maskenball, mitten im zappelnden Gewühl, die Tür zu einem magischen Theater öffnet. Er ist der Narr in bunter Jacke, der dem elenden Harry Haller den Eingang zum Bildersaal seiner Seele zeigt, der aus all den Masken der sogenannten Persönlichkeit ein spannendes Drama aufbaut und noch eines und noch eines – und der alle wieder verwirft. Er ist der kindliche Narr mit den strahlenden Augen, der hinter allen scheußlichen und lächerlichen Verkleidungen die ferne Gestalt des herrlichsten Gottes sieht.

Ein kindlicher Narr ist auch Parzival im gleichnamigen Roman des mittelhochdeutschen Dichters Wolfram von Eschenbach. Er zieht am Anfang seiner wunderlichen Ritterfahrt in einem bunten Narrenkleid aus und wird am Ende zum König und Hüter des Heiligen Grals. Die Narrheit, in einem höheren Sinne, ist der Anfang aller Weisheit. Und Shakespeare schreibt in *Wie es euch gefällt*: »Der Narr hält sich für weise, aber der Weise weiß, dass er ein Narr ist.«

Aschermittwoch

Am Aschermittwoch ist der Karneval vorbei. Natürlich hat die christliche Kirche das närrische und wollüstige Treiben in seiner heidnischen Tradition von Anfang an scharf verurteilt. Inspiriert von der frühmittelalterlichen augustinischen Idee der zwei Staaten – dem Gottesstaat und dem Teufelsstaat –, steht der Karneval unter der Herrschaft des Teufels, die nachfolgende Fastenzeit aber unter der Herrschaft Gottes.

Allerdings hat die Kirche den Karneval nie ernstlich verboten. Stattdessen hat sie ihn zu einem dunklen Hintergrund gemacht. Vor der Gottlosigkeit des heidnischen Treibens nämlich strahlt die christliche Gottesfurcht umso stärker, vor der Sünde leuchtet die Tugend umso heller. Der Karneval gilt als eine Kurzweil und Ausschweifung des niederen Volkes, die man erlaubt, da sie der »Abfuhr der schlechten Säfte« dient. Der blinde Mönch Jorge in Umberto Ecos *Der Name der Rose* jedenfalls erklärt, die Kirche habe den Karneval »in ihrer Weisheit gestattet als eine zeitlich begrenzte Verunreinigung und zur Ablenkung von anderen Begierden und anderem Trachten«.

Im Christentum dient der Karneval auch als Vorbereitung auf die Fastenzeit. Der Franziskanerprediger Johannes Geiler von Kaysersberg etwa schreibt um 1500: »Jetzt ist die Fasnacht, eine Zeit zum Fröhlichsein. Gleich hernach folget die traurige Fasten. Die christliche catholische Kirche erlaubet ein ehrliche Wollustbarkeit, damit ihre geistlichen Kinder desto williger seyn, die heilige Fasten zu halten.«

Vierzig Tage dauert die Fastenzeit der katholischen Kirche,

von Aschermittwoch bis Ostersonntag. Die Vierzig ist eine alte biblische Zahl: Vierzig Tage lang fällt der Regen der Sintflut, vierzig Jahre wandert das Volk Israel aus Ägypten durch die Wüste. Vierzig Tage fastet Mose, bevor er auf dem Sinai die göttlichen Gebote empfängt, vierzig Tage pilgert der Prophet Elias zum Berg Horeb, bevor er die Offenbarung erhält, vierzig Tage fastet Jesus in der Wüste, bevor er seinen göttlichen Auftrag annehmen kann.

Seit dem 6. Jahrhundert beginnt am Aschermittwoch die Vorbereitung für alle Taufbewerber, die mit Bußen belegt und mit Asche bestreut werden. Aus diesem Ritual entsteht im 10. Jahrhundert das sogenannte Aschenkreuz, das allen Gläubigen bis heute in der Messe am Aschermittwoch auf die Stirn geschrieben wird: *Memento homo, quia pulvis es et in pulverem reverteris* – Bedenke Mensch, dass du Staub bist und wieder zum Staub zurückkehren wirst.

Asche ist der Mensch, Asche muss er wieder werden. Die Asche ist seit alters ein Symbol der Vergänglichkeit und des Todes. Im orientalischen und mediterranen Raum ist das mit Asche bestreute Haupt ein Zeichen der Trauer und der Klage. Die Asche ist aber auch ein Symbol der Reinigung und gilt in alten Religionen als eine Art Putzmittel der Seele. Die Israeliten benutzen die Asche einer roten Kuh und verbranntes Zedernholz, die Christen verbrennen die Zweige vom Palmsonntag für die Aschenkreuze im kommenden Jahr. Aus der Asche entsteht das Neue. Aus Asche wird Feuer geschlagen.

Die Geschichte, die in der Messe zum Aschermittwoch gelesen wird, stammt aus dem alttestamentarischen Buch Joel und berichtet von einer Heuschreckenplage, die das Land Judäa so verwüstet, dass nichts zu essen übrig bleibt. Der Prophet, der die Heuschrecken als Vorboten eines göttlichen Strafgerichtes deutet, ruft die Gemeinde zur Buße auf und ordnet ein heiliges Fasten an. Vielleicht, so heißt es in der Lesung, vielleicht wendet Gott das Unheil ab.

Auch im Christentum dient das Fasten vor allem der Buße und gilt als göttlich gebilligtes Opfer zur Vergebung der Sünden. Im Fasten liegt ein religiöses Heilsversprechen: Es soll den Menschen durch Verzicht und Opfer von seiner alten Schuld befreien und ihm einen neuen Anfang schenken.

In der Messe zum Aschermittwoch bekundet der gläubige Christ seinen Willen zu Buße und Neugeburt. Der alte Adam wird mit Asche bestreut und muss sterben, damit der neue Adam geboren werden kann. Oder wie Meister Eckhart formuliert hat: »Wer werden will, was er sein soll, der muß das abstreifen, was er heute ist.« Das Aschenkreuz auf der Stirnmitte ist das Zeichen der Metamorphose.

Fastenzeit – Verzicht und Askese

Bis heute beginnen Millionen Menschen in Europa am Aschermittwoch eine Fastenzeit oder nehmen sich diese zumindest vor. Viele folgen noch immer der Fastentradition des Christentums und suchen Läuterung, Umkehr und Erneuerung. Andere martern sich mit säkularisierten Fastenkuren: Schlank, schön, gesund und ewig jung durch Fasten, so lautet das zeitgeistige Credo. Das sogenannte »Detox-Fasten« ist längst zu einem Bestandteil der modernen Selbstverwirklichung und Selbstoptimierung geworden.

Ob Ayurveda, Smoothie, Basenfasten nach Hildegard von Bingen, grüner Tee, Weizengras, vitalisiertes Wasser oder Heilfasten nach Buchinger – das moderne Fasten soll reinigen und entgiften und den Körper von allen schädlichen Stoffen befreien. Diese Form des Fastens zielt primär auf den Körper, soll aber auch den Geist erneuern und verspricht somit auch eine Art von Heil.

Zum Fasten gehört seit alters der Verzicht. Der Fastende kann heute auf alles Mögliche verzichten: auf Alkohol, Kaffee, Fleisch, Tabak oder Schokolade, aber auch auf klimaschädigende

Autofahrten oder Flugreisen, auf Shopping oder Sex. Der Verzicht aber bleibt notwendig.

Das Christentum verzichtet seit dem Konzil von Nicäa im Jahre 325 in der Fastenzeit auf Fleisch und Wein. Das Fleisch ist ein Symbol für den sterblichen Körper und der Verzicht auf das Fleisch eine Absage an den Tod, der Madenlöcher ins Fleisch bohrt. Das im Fleisch verborgene göttliche Wort aber ist ewig und unsterblich, und so lebt der christlich Fastende nicht *secundam carnem* – gemäß dem Fleische –, sondern *secundam spiritum* – gemäß dem Geiste.

Als bevorzugte Fastenspeise gilt der Fisch, das kaltblütige Wasserwesen, das die Sintflut überlebt hat und zum Symbol des geopferten Christus wird. Den orientalischen Bräuchen entsprechend, beschränkt sich die frühe Kirche auf eine Mahlzeit täglich, die am Abend eingenommen wird.

Die frühchristlichen Eremiten kommen angeblich mit sieben Oliven täglich aus. Die mittelalterlichen Klöster hingegen legen das Fastengebot generöser aus: Spitzfindige Mönche erklären angeblich alle Tiere, die im und am Wasser leben, zu Fischen. Heute verpflichtet die katholische Kirche ihre Gläubigen nur noch am Aschermittwoch und am Karfreitag auf eine strikte fleischliche Abstinenz.

Der Verzicht auf den Wein folgt einem Wort Christi aus dem Matthäusevangelium (26,29), das unmittelbar nach dem Abschiedsmahl gegeben wird: »Von jetzt an werde ich nicht mehr von dem Gewächs des Weinstocks trinken bis an den Tag, da ich es neu trinken werde mit euch in meines Vaters Reich.« Bis dahin aber liegt eine Durststrecke.

Der Verzicht auf den Wein meint vor allem den Verzicht auf die Illusion, die vom Rausche ausgeht. Man verzichtet nicht, weil der Alkohol der Gesundheit schadet, sondern weil er betäubt, weil er die Wahrnehmung täuscht und den Blick des Fastenden auf sich selbst trübt. Für das Gespräch mit Gott aber ist Klarheit unerlässlich.

Eine strenge körperliche Askese – Fisch, kalte Bäder, Isländisch Moos und Pastillen – verordnet sich der von Krankheit und Opium zerrüttete Dichter Baudelaire gegen Ende seines Lebens und verpflichtet sich zu diversen Fastenregeln, die er verzweifelt einzuhalten versucht: »Jeden Morgen mein Gebet verrichten, zu Gott, dem Urquell aller Kraft und aller Gerechtigkeit; Gott das Gelingen meiner Pläne anvertrauen ... und die Grundsätze der strengsten Mäßigkeit beobachten, deren erster die Vermeidung aller Reizmittel, gleichviel welcher Art, ist.«

Der Fastende kann auf Reizmittel aller Art verzichten, aber auch auf all seine Gewohnheiten, die längst zu Gewöhnlichkeiten verkommen sind – auf all seine Standpunkte etwa, die durch hundertfache Wiederholung erstarrt und zu gedankenlosen Phrasen geworden sind.

Er kann seine Worte in Acht nehmen wie der spanische Mönch und Mystiker Johannes vom Kreuz, der im 16. Jahrhundert erklärt: »Besser ist es, die Zunge zu beherrschen, als zu fasten bei Wasser und Brot.« Er kann auf alle Selbstdarstellung verzichten und auf alle Prahlerei, auf alles Richten und Werten und auf all seine übliche Mäkelei, Klage und Kritik – kurz und biblisch: auf seinen ganzen alten Sauerteig.

Er kann auch auf sein tägliches Infotainment verzichten, auf Zeitungen und Fernsehen, auf all die Katastrophenbilder und kurzzeitigen Erregungen, auf Smartphones, Tablets oder Laptops, auf virtuelle Welten und digitale Netzwerke. In den USA gibt es bereits den Trend zum sogenannten »Digital Detox« – das Ausloggen aus dem globalen Netz ist das jüngste Verzicht- und Fastenritual.

Der moderne westliche Mensch konsumiert Bilder am laufenden Band. Dennoch bleibt er gelangweilt und leer. Je mehr er mit Bildern bombardiert wird, desto gleichgültiger wendet er sich ab. Seine Kultur überschlägt sich auf der Jagd nach immer mehr Bildern – immer neue Bilder. Früher, so heißt es, besaßen die Engel Besen, damit sie einem die Seele von schrecklichen

Bildern freifegen. Heute gibt es keine Engel mehr, und man ertrinkt in all der Bilderflut.

Die Fastenzeit ist eine Zeit der Konzentration auf das Wesentliche, eine Zeit der Besinnung und Introspektion. In dieser Zeit kann der Mensch vielleicht seine Ziele neu sichten oder die Richtung klären, in die sein eigenes Leben läuft. Er kann vielleicht seinen Kompass neu norden oder prüfen, ob er sich nicht in irgendwelchen Nebensächlichkeiten und Sinnlosigkeiten verloren hat. Das Fasten ist eine Zeit der Stille, in der er vielleicht den Ton hören kann, den sein eigenes Sprechen angenommen hat, in der er vielleicht den Ruf vernehmen kann, der aus seinem eigenen Inneren kommt.

In fast allen alten Religionen dient das rituelle Fasten auch der Schulung der Willenskraft. Zu den ersten und einfachsten Übungen gehört die Klärung der Herrschaftsverhältnisse im eigenen Hause. Der gewöhnliche, der ungeschulte Mensch, so heißt es, hat keine wirkliche Willenskraft – was immer er will, er erreicht das Gegenteil. Im Fasten sucht der Mensch seinen Willen zu stärken, indem er den Körper kontrolliert und sich nicht länger von dessen Leidenschaften unterwerfen lässt. Im Fasten sucht er eine geistige Freiheit und Unabhängigkeit zu gewinnen.

Schon bei den altgriechischen Pythagoreern des 6. vorchristlichen Jahrhunderts gilt die Fähigkeit zum Verzicht als Voraussetzung für jedwede Selbstbeherrschung. Der griechische Philosoph Sokrates erklärt die Selbstkontrolle als Grundlage der Tugend und die Askese als eine dazu notwendige Übung. Die antiken Stoiker gehen noch weiter: Der Verzicht dient nicht nur der Beherrschung negativer Affekte wie Angst, Wut, Hass oder Neid, sondern auch der Vorbereitung für jene Weisheit, die ohne Seelenruhe nun mal nicht zu erlangen ist.

Der Mensch ist nicht so, wie er sein sollte – oder vielleicht sein könnte. Die Gottebenbildlichkeit des Menschen, so haben schon die altjüdischen Theologen behauptet, ist kein a priori gegebenes Geschenk, sondern eine Aufgabe – der naturhafte Mensch ist noch längst kein Ebenbild Gottes, sondern soll erst noch Ebenbild werden.

Auch den griechischen Philosophen gilt der wahre Mensch als ein Entwurf der Zukunft und als ein Ideal, das seiner groben Natur erst noch abzutrotzen ist. In seinen *Genius*, der nach antiker Auffassung mit dem Menschen zugleich geboren wird, muss man erst hineinwachsen – der Genius ist der Engel oder das Göttliche im Menschen. Nicht der naturgegebene Mensch, sondern sein Genius ist das Ziel. Nicht der von seinen Schwächen und Affekten beherrschte, sondern der nach Vollkommenheit strebende Mensch, der sich nicht zufriedengibt mit dem irgendwie Gegebenen, ist die Vision.

Die christlichen Mystiker haben ähnlich gedacht. Meister Eckhart hat erklärt, der Mensch sei »wie ein roher Block, aus dem die wahre gottähnliche Gestalt erst noch herausgehauen« werden müsse.

Der naturhafte Mensch ist niemals Herr im eigenen Hause. Nur in der Askese kann er seinen Willen behaupten. Auch Arthur Schopenhauer hält die Askese für die einzige Möglichkeit, die Egomanie des menschlichen Willens, der immer nur sich selbst und das eigene Wohl will, zu überwinden. Der selbstsüchtige Wille nimmt sich zurück und verzichtet auf sich selbst – das aber ist die höchste Form des Verzichts. Im Geiste dieses Verzichts, so Schopenhauer, findet der Mensch seine wahre Freiheit, Autonomie und Würde, findet Güte, Mitleid und Schönheit.

Reinigung I: Blut

Vor der Verwandlung steht die Reinigung. Ohne Reinigung keine Läuterung, ohne Reinigung keine Erneuerung. Rein an Leib und Seele sei das Opfer den Göttern zu bringen, hat schon der griechische Dichter Hesiod gefordert.

Im Altertum gilt Blut als das wirksamste aller Reinigungsmittel. Im antiken Mithras-Kult und in den phrygischen Attis-Kybele-Mysterien wird der Gläubige durch ein Blutbad von seinen Sünden gereinigt. Im antiken Ritus des *Taurobolium*, in Rom noch im 2. nachchristlichen Jahrhundert öffentlich begangen, wird der Gläubige mit dem Blut eines Stiers gewaschen und erhält durch diese Bluttaufe die Befreiung von seinen Sünden.

In der jüdischen Überlieferung nimmt Mose das Blut von jungen Stieren und Böcken, vermischt es mit Scharlachwolle und Ysop und besprengt das Volk, damit es mit Blut gereinigt werde nach dem Gesetz. Auch das Blutopfer Christi ist eine Art Reinwaschung mit Blut – erst das Blut erwirkt die Vergebung der Sünden.

Reinigung II: Wasser

In kaltem Regen der Februartag, in Nässe und Nebel, ein einziger Strich im Grau. Uns trifft die Flut – Schnee schmilzt, Wasser steht auf den Wegen. Ein Schatten sinkt in den Strom, der hochschwemmt und alle Grenzen verwischt.

Sünde ist Schmutz. In den alten abendländischen Religionen wird die Sünde bildlich als eine schmutzige und verschlammte seelische Niederung vorgestellt. Zu den Symbolen der Sünde gehört seit alters das Bild einer schmierigen, stinkenden, schleimigen und von Erregern verseuchten und vergifteten Gestalt mit verfaulten Zähnen, fettigen Haaren und dreckigen Fingernägeln, die sich in dunklen Kloaken und auf Friedhöfen, in Gossen und im Müll herumtreibt und sich von Aas und Abfall nährt. Da hilft nur Wasser – sehr viel Wasser.

Wasser ist das große Symbol der Reinigung. Die Reinigung einer sündhaften Welt durch Wasser – als göttliches Strafgericht oder als eine Art Generalsäuberung vom Menschen als einem Störenfried des Universums – ist ein uralter Mythos. Bereits die biblische Erzählung von der Sintflut spielt mit dem Motiv. Der Mensch ist das Ärgernis der Schöpfung, und immer wieder muss Gott der Herr, wie schon der alttestamentarische Joseph aus Überlieferungen und babylonischen Tafelversen weiß, ein schmerzliches Schwemmgericht walten lassen, da er seine Schöpfung in eine gräuliche Verderbtheit verwickelt sieht, in Hochmut und Hurerei.

Der Mythos aber ist noch älter. Die Sintflut findet zuvor auch im sumerisch-babylonischen Gilgamesch-Epos statt und ist auch hier möglicherweise nur die Nacherzählung einer noch früheren und älteren Sintflut, die zuletzt auf das Versinken des sagenhaften Atlantis zurückgeht. Dieses mythische Inselreich, so jedenfalls berichtet der antike griechische Philosoph Platon in seinen *Dialogen*, geht in einer einzigen Nacht im Wasser unter. Die Flut aber ist eine Strafe der Götter, die das Geschlecht der Menschen »schmählich heruntergekommen« sehen, verdorben durch Hybris und Hochmut.

Im jüdischen Land wird die Geschichte nur wenig anders erzählt als im Land der zwei Ströme: Die Schleusen des Himmels öffnen sich, Wasser stürzt auf die Plätze, fällt in Teiche und Tümpel, rinnt von den Mauern, springt und wütet, sammelt sich, steigt und schwemmt alles mit sich fort. Am Ende lassen sich die Vögel auf den Leibern der toten Menschen nieder, die vom Grund der tiefen Wasser nach oben steigen, weil kein Stück Land mehr herausragt.

Auch die griechische Mythologie kennt das Motiv der Sintflut: Der zornige Gott Zeus beschließt, eine große Flut zu senden, und lässt das Land von strömendem Regen und Hagelschauern überschwemmen. Mit den Wäldern und Weinstöcken Griechenlands versinkt auch das in Selbstsucht und Hochmut verhärtete Menschengeschlecht.

Das Bild bleibt bis in die Gegenwart lebendig. In den apokalyptischen Katastrophenfilmen Hollywoods, etwa in Roland Emmerichs Blockbuster *2012*, wird die gequälte Erde von Erdbeben und Tsunamis heimgesucht und versinkt am Ende vollständig im Wasser. Auch der Film *Waterworld* von Kevin Costner spielt in einer dystopischen Zukunft, in der die Welt im Wasser untergegangen ist. Die durch menschliche Überheblichkeit verschmutzte und verkommene Welt wird von einer Naturgewalt gerichtet und verschwindet im reinigenden Wasser.

Im Christentum übrigens wird das Wasser der Sintflut auf das Wasser der Taufe übertragen: Der alte Mensch oder das alte Menschengeschlecht stirbt im Wasser und steigt aus dem Wasser als ein neugeborenes Wesen wieder empor. Der alte Adam wird in den Fluten ertränkt, doch wenn er aufsteigt aus den Wassern, so ist er befreit vom Tod und vom Teufel. Im Sakrament der Taufe – aus dem griechischen *baptízein* für eintauchen oder untertauchen – greift die frühe christliche Kirche auf die alte Symbolik des Wassers zurück. Durch das Wasser wird der Mensch gereinigt und erlöst.

Die Versuchung

Dem Verzicht folgt die Versuchung. Ganz gleichgültig, worauf der Mensch in der Fastenzeit verzichtet, ganz gleichgültig, welche Opfer er auch bringen mag – die Versuchung gehört zwingend dazu.

Auch Jesus, so berichtet das Neue Testament, wird während seiner Fastenzeit in Versuchung geführt. In der katholischen Liturgie zum ersten Fastensonntag steht die Lesung von der dreifachen Versuchung Jesu im Mittelpunkt.

In der Wüste, in Einsamkeit und Entbehrung, trifft Jesus auf den Teufel. Brot möge er aus den Steinen schlagen, verlangt der Listenreiche als Erstes von dem halb Verhungerten, und sein eigenes Leid lindern. Wenn er der Sohn Gottes sei, dann möge er die Wüste in Brot verwandeln, damit sich erweise, ob er den Hunger der Welt stillen könne. Von der Zinne des Tempels möge er sich herabstürzen, fordert der schriftkundige Versucher als Zweites, und zitiert den 91. Psalm, damit sich beweise, ob die Engel ihn auf Händen tragen werden und er wahrhaft der

Messias sei. Allen Reichtum und alle Macht dieser Welt schließlich verspricht er als Drittes, verspricht den Glanz der irdischen Welt, der so schnell erlischt und vergeht.

Dass der Teufel, dieses wählerische Geschöpf, höchstpersönlich nur das Genie – oder den Gottessohn – versucht, ist eine alte These. Dem gewöhnlichen Menschen nähert sich die Versuchung nur selten in Gestalt des Leibhaftigen mit Pferdefuß, sondern weit häufiger in Gestalt seiner Stellvertreter: höllisches Ungeziefer und Gewürm, hässliche und übellaunige Dämonen mit spitzen Zähnen und blutigen Klauen, mit geifernden Mäulern, spitzen Schnäbeln und gekrümmten Schwänzen, die genauso aussehen wie die Dämonen auf den Bildern des niederländischen Malers Hieronymus Bosch und die auf schäbige oder alltägliche Weise gemein sind.

Wer je versucht hat, einer Sucht oder einer dummen Gewohnheit zu entsagen, der kennt diese Dämonen, die dem Menschen auf der Schulter hocken und vom Gifte leben. Sie flüstern ihm Versprechungen und Drohungen ins Ohr, krallen sich ihm ins Fleisch, martern und quälen ihn bis aufs Blut, verlangen nach Nahrung und gebärden sich desto boshafter, listiger und hartnäckiger, je stärker sie das Ende ihrer Macht nahe fühlen. Mit drei Wochen muss man rechnen. Erst der vierte Fastensonntag trägt seit alters den Namen *Laetare* – Freue dich – und feiert das Ende der Finsternis.

Am Ende des Februars ist die Landschaft wie ein blasses Lächeln, wie ein dünnes Papier, wie abgeworfene Haut. Sanfte Sonnenstrahlen im dunstblauen Schatten, bleich und ungenau. Aus verwaschenen Tagen rollt ein Ton auf das Pflaster und schwillt.

MÄRZ

*Aufschrei im Schlaf; durch schwarze Gassen
stürzt der Wind, / Das Blau des Frühlings winkt durch
brechendes Geäst, / Purpurner Nachttau und es
erlöschen rings die Sterne.*

Georg Trakl, Österreich
Frühling der Seele, 1914

Ein neues Licht, ein früher Morgen. Ein zarter grüner Schleier liegt über den Trauerweiden, und plötzlich ertönt wieder Vogelgezwitscher, lange verstummt. Eine vorwitzige Bläue bricht durch das unbelaubte Geäst. Noch gibt es Tage mit Schneegestöber und altem Winter, noch stehen die Alleen kahl. Doch die Knospen der Kastanienbäume sind schon prall und glänzen wie nasser Lack.

Noch liegt das Graue wie eine Lähmung über der Landschaft. Aus einem trüben und trostlosen Berliner Vorfrühling schreibt Gottfried Benn im März 1952 sein Gedicht *Brief nach Meran*: »Blüht nicht zu früh, ach blüht erst, wenn ich komme, dann sprüht erst euer Meer und euren Schaum, Mandeln, Forsythien, unzerspaltene Sonne – ach blüht erst, wenn ich komme.«

Im März erwacht die Sehnsucht nach dem Süden, nach Licht und weicher Wärme. Doch der März ist ein zweifelhafter Monat, der viel verspricht und wenig hält, der die Hoffnung bringt und diese Hoffnung, vor allem in den nordeuropäischen Ländern, oft bitter enttäuscht. Am 1. März beginnt zwar der meteorologische Frühling, doch erst nach der Tagundnachtgleiche um den 21. März ist die Dunkelheit endgültig besiegt. Und erst zu *Mariä Verkündigung* am 25. März kehren die Zugvögel zurück – die Schwalben, die Kraniche und die Störche.

Generationen verzehren sich nach den langen nordischen Wintern in der Sehnsucht nach dem Süden, nach einer fremden und älteren Welt. Arkadien heißt die Sehnsuchtslandschaft der europäischen Kultur. »Auch ich in Arkadien«, hat Goethe seine *Italienische Reise* untertitelt, und Friedrich Schiller träumt 1786 in seinem Gedicht *Resignation*: »Auch ich war in Arkadien geboren, auch mir hat die Natur an meiner Wiege Freude zugeschworen; doch Tränen gab der kurze Lenz mir nur.«

Arkadien ist die Sehnsuchtslandschaft Vergils, die poetische Version eines irdischen Paradieses: Eine entrückte Landschaft, die der römische Dichter in das realiter eher karge Hochland des Peloponnes versetzt. Hier, fernab aller Geografie, siedelt sein

Traum von einer Insel der Glückseligkeit, von einer heiteren und friedvollen Welt, in der die Menschen ein unschuldiges und harmonisches Leben führen.

Arkadien heißt das Land, in dem Vergil in seinen *Hirtengedichten* von der Geburt eines göttlichen Knaben den Anbruch eines Goldenen Zeitalters erwartet. Der Maler Lucas Cranach entwirft um 1530 ein arkadisches Paradies – einen idealen Garten, in dem nackte junge Menschen um einen Apfelbaum tanzen und die Hirsche friedlich neben den Löwen lagern. *Das goldene Zeitalter* heißt sein Gemälde.

Die europäische Kunst verklärt den poetischen Traum in idealisierten arkadischen Landschaften und idyllischen Hirten- und Schäferdichtungen. Die Vorstellung eines irdischen Paradieses oder Goldenen Zeitalters, das es einstmals gab und das es dereinst wieder geben wird, ist in Kunst und Philosophie über Jahrhunderte lebendig. Arkadien bleibt eine reine Utopie und eine dauernde Hoffnung.

Et in Arcadia ego schreibt zu Anfang des 17. Jahrhunderts der italienische Maler Giovanni Francesco Barbieri, genannt Guercino, in seinem gleichnamigen Gemälde auf ein Mauerstück, auf dem ein Totenschädel liegt. Den Tod gibt es auch in Arkadien – der Traum und die Utopie aber sind unsterblich.

»Et in Arcadia ego!« steht auch auf dem Grab des preußischen Königs Friedrich II., der seine Sehnsucht nach dem Süden in einem kleinen Sommerschloss zu verwirklichen sucht – Park und Schloss Sanssouci sind das Abbild eines arkadischen Traumes. Die späteren preußischen Könige folgen dem Traum und schaffen in Potsdam, in der kargen und unwirtlichen Mark, eine Kunstlandschaft mit antiken Ruinen und Skulpturen, Orangerien und römischen Bädern. Die berühmte »Friedenskirche« entsteht nach einem idealisierten Kupferstich der Kirche San Clemente in Rom, und von dem italienisch inspirierten »Belvedere« auf dem Pfingstberg hat man einen weiten Blick über das »Preußische Arkadien«.

Die Farbe Gelb

Gelb ist die Farbe des März. Gelb sind die Blüten der Winterlinge und der Forsythien, gelb sind Krokus und Scharbockskraut, gelb sind die Dotterblumen und die ersten Primeln. Gelb sind die Mimosen, die in den südeuropäischen Ländern im frühen März blühen, gelb ist auch der Zitronenfalter, der an ersten sonnigen Märztagen über den noch wintermüden Garten flattert.

Gelb ist die Farbe der siegreichen Sonne. Gelb ist seit alters die Farbe Gottes und der frühen heidnischen Sonnengötter – etwa des griechisch-römischen Apollon, der auch der Gott des Lichtes und des Frühlings ist. In Goethes Farbenlehre liegt das Gelb an der Grenze zur Helligkeit: »Es ist die nächste Farbe am Licht.« Die Farbe Gelb »führt in ihrer höchsten Reinheit immer die Natur des Hellen mit sich« und hat, psychologisch betrachtet, etwas Heiteres, Glanzvolles und Edles: »Das Auge wird erfreut, das Herz ausgedehnt, das Gemüt erheitert; eine unmittelbare Wärme scheint uns anzuwehen.«

Auch für den niederländischen Maler Vincent van Gogh gehört Gelb zu den wichtigsten und ausdrucksstärksten Farben. Auch ihm gilt Gelb als die Farbe der Sonne: »Wie schön ist das Gelb!« Auf dem Gemälde *Sämann bei untergehender Sonne* von 1888 beispielsweise strahlt die Sonne auf die vorfrühlingshaft aufgebrochenen Äcker, die scheinbar auf den großen gelben Kreis zulaufen.

Der Raub der Persephone

Gelb leuchten die Narzissen in der Ebene von Nysa, wo Persephone wandelt, die Tochter des Zeus und der Demeter. Im März kehrt die Göttin zurück aus der Unterwelt und aus dem Reich der Schatten. Blumengeschmückt steigt sie herauf aus ihrem stygischen Königreich und eilt zu ihrer Mutter – der Beginn des Frühlings.

Den Griechen gilt die Narzisse als ein Bote des Frühjahrs, doch zugleich auch als ein Symbol des Todes. Die Blume mit ihrem betörenden und betäubenden Duft trägt das Gift der Finsternis und ist den Erinnyen geweiht, den Töchtern der Nacht und den schrecklichen Rachegeistern der Totenwelt. Und so fällt plötzlich ein Schatten über die frühlingshafte Landschaft.

Der griechische Mythos erzählt, wie Persephone von Hades, dem Gott der Unterwelt, geraubt und hinabgezogen wird. Der unterirdische Gott stürmt mit Feuerwagen und schwarzen Rössern aus seiner Finsternis hervor, reißt die Tochter der Demeter in düsterer Leidenschaft mit sich und verschleppt sie in die Totenwelt.

Der Mythos berichtet weiter, wie Demeter die Bedrohung ahnt und das Schicksal doch nicht wenden kann, wie sie sich verzweifelt auf die Suche nach der geliebten Tochter macht und wie sie schließlich alle Quellen ihrer Mütterlichkeit versiegen und Saat und Erde verdorren lässt. Zeus erzwingt zuletzt einen Kompromiss und schließt jenen Vertrag, nach dem Persephone ein Drittel des Jahres in der Unterwelt als Gemahlin des Hades verbringen muss, die übrigen Monate aber auf der Erde wandeln darf.

Im März kehrt Persephone, in der römischen Mythologie Proserpina genannt, zurück zur Mutter. Die Schriftstellerin Marie Luise Kaschnitz erzählt in *Griechische Mythen*, wie sich das Wiedersehen von Mutter und Kind »in jubelnder Freude vollzieht« und wie »sich in die Freude des Beisammenseins ein sonderbares Gefühl der Furcht« schleicht, da Persephone in der Unterwelt vom Granatapfel gegessen hat und das Totenreich nun nie wieder ganz vergessen kann. »Demeter fühlt, dass sich die Tochter bei aller Wiedersehensfreude schon zurücksehnt nach der Frucht, die sie gekostet, und nach dem dunklen Gotte, der sie ihr bot.«

Gewöhnlich wird die Geschichte als ein archaischer Fruchtbarkeitsmythos gelesen: Persephone, auch Kore genannt, ist das

Samenkorn, das die Wintermonate hindurch in die Tiefe zu gehen hat, um dort zu vermodern und im Frühjahr aus der Verwesung als ein neues Korn zurückzukehren – im Unterirdischen wird das Tote und Abgestorbene zum Humus für ein neues Leben. Persephone gilt als Symbol der Natur und der vegetativen Prozesse von Saat, Keimung und neuem Wachstum.

Ein anderer Blick indes spannt den Rahmen der Geschichte weiter. Einerseits wehrt sich die Geraubte, wie Gian Lorenzo Berninis berühmte Skulptur in der Galleria Borghese in Rom zeigt, heftig gegen den Gott, andererseits zeigt sie sich mit ihrem Schicksal versöhnt: Auf den rotfigurigen Schalen im »British Museum« in London sitzen Hades und Persephone in ehelicher Eintracht nebeneinander. So kann der Mythos auch anders gelesen werden: Die menschliche Seele darf zwei Drittel der Zeit im Lichte wandeln, zu einem Drittel aber ist sie dem Hades verpflichtet und erliegt der Faszination des Bösen.

»Wir selbst sind die Geraubten«, hat jedenfalls der Religionsphilosoph Herman Weideleiner in seinem Vortragsband *Die Götter in uns* behauptet: »Vielleicht für Zeiten unseres eigenen Lebens, vielleicht für immer, vielleicht als Menschheit für Zeiten, vielleicht als Menschheit für immer.« Wir sind dem Gott der Unterwelt verfallen. »Persephone, unsere eigene Seele, schielt immer wieder nach den Untergründen des Daseins, nach den Tiefenmächten des Materiellen, wird fasziniert von den verborgenen Schätzen, Kohle, Eisen, Gold und Silber, Erdöl. Die Faszination ist so stark, dass der ganze Akzent der abendländischen Kultur auf dem Tanz um dies goldene Kalb liegt.«

Vom Abstieg in die Unterwelt

Persephone ist dem Hades für dieses Mal entkommen. Wir aber wenden uns, bevor es Frühling wird, noch einen Moment zurück und begeben uns in jene Unterwelt, aus der sie gerade emporgestiegen ist.

Der Hades, die Unterwelt der griechischen Mythologie, ist ein finsterer und trostloser Ort, an dem die Seelen der Toten auf ewig hausen und auf den öden Asphodelienwiesen jenseits des Flusses Styx wandeln. Hier irren sie als blutleere und bewusstlose Schatten ihrer einstigen Existenz umher und gehen auf ewig ihren früheren Tätigkeiten nach, in unverminderter Geschäftigkeit, aber ohne Erinnerung und ohne jeden Sinn.

Der Hades ist das Reich des gleichnamigen Gottes und seiner Gemahlin Persephone. Am Eingang steht der Fährmann Charon, der dem Toten eine Goldmünze als Obolus abverlangt, bevor er ihn in seinem Kahn über den Fluss setzt. Bewacht wird der Hades von dem fürchterlichen dreiköpfigen Höllenhund Cerberus, dem schlangenhaarigen Ungeheuer und Dämon der Grube, der dafür sorgt, dass kein Lebender die Unterwelt betritt und kein Toter sie je wieder verlässt.

Hades ist ein gnadenloser Gott, der grimmig und gerecht die Gesetze der Tiefe vollstreckt – ohne Unterschied und ohne Ansehen der Person. Hades ist der Gott, den man gewöhnlich meidet und der auch Plutos genannt wird, der Gott des Reichtums. Unter seiner Herrschaft liegen die Schätze der Tiefe begraben: Gold und Silber und Diamanten. Gelegentlich mischt er sich, unsichtbar unter seiner Tarnkappe, unter die Lebenden und weckt in ihnen die Gier.

Die wahren Schätze des Hades aber sind nicht Gold und Edelsteine, sondern Erkenntnis und Metamorphose. Die Unterwelt gilt seit alters als der Ort der Läuterung, der Verwandlung und der Wiedergeburt. Nur in der Tiefe des Hades lassen sich die wahren Geheimnisse bergen, nur in der Unterwelt sind die echten Mysterien zu finden.

Der Abstieg in die Unterwelt ist ein zentrales Motiv der abendländischen Mythen. Der Abstieg in das Reich der Toten gilt als Voraussetzung für jedwede Erkenntnis und Einweihung, für Verwandlung und Neugeburt. Dabei wird die Höllenfahrt immer mit dem Frühjahr parallelisiert und folgt immer demselben

Muster: Tod, Abstieg, Auferstehung und Unsterblichkeit. Ohne Abstieg gibt es keinen Aufstieg. Das ist ein Grundgedanke der europäischen Kultur.

Gewöhnlich ist der Abstieg in den Hades für den Menschen ohne Rückkehr. Wer ihn aber bei lebendigem Leibe wagt und heil wieder herauskommt, der ist den unsterblichen Göttern gleich.

Nur wenige Helden haben die Fahrt gewagt. Im griechischen Mythos geht Herakles, Sohn des göttlichen Zeus, für die letzte seiner zwölf Aufgaben in die Unterwelt. Gestärkt durch die Riten Persephones, betritt er den Hades und durchschreitet furchtlos die Höhlen und Abgründe bis an den Styx. Folgsam bringt ihn Charon über die dunklen Wasser, winselnd flieht der schreckliche Cerberus und versteckt sich unter dem Thron des Hades. Selbst der Gott erhebt keine Hand gegen den Helden. Ohne Gewalt und ohne Waffen entführt Herakles den Höllenhund aus der Unterwelt, schleppt ihn nach Mykene und später wieder zurück – und vollendet damit seinen Anspruch auf Unsterblichkeit.

Der griechische Sänger Orpheus, Sohn des Gottes Apollon, steigt ebenfalls hinab in den Hades, um seine tote Geliebte Eurydike zurückzuholen. Sein Gesang bezaubert den Gott, und selbst Charon und Cerberus lassen sich von den Tönen rühren. Persephone, vom Leierspiel verzaubert, gibt Eurydike in einem einzigartigen Akt der Gnade frei. Die Rückkehr der Toten aber wird nur in den ältesten Überlieferungen vollendet, bei Vergil und Ovid dreht sich Orpheus verbotenerweise im letzten Augenblick um und verliert die Geliebte endgültig an den Tod.

Auch Christus, der Gottessohn, steigt hinab in die Unterwelt. Das apostolische Glaubensbekenntnis bezeugt: »Gekreuzigt, gestorben und begraben, hinabgestiegen in das Reich des Todes ...« Zwischen Kreuzigung und Auferstehung liegt die Höllenfahrt Christi, von der die vier kanonischen Evangelien wenig wissen. Nur die apokryphen Schriften berichten, wie Christus in den Hades steigt, um den alten Gott mit unlöslichen Fesseln zu binden, den Menschen vom ewigen Tod zu befreien und ihn damit an seiner Wurzel zu retten.

Die große Tat des mythologischen Helden ist die Überwindung der Finsternis und die Eroberung des Lichtes. Eine moderne Interpretation des Höllenfahrtmythos hat der Schweizer Psychologe Carl Gustav Jung zu Beginn des 20. Jahrhunderts entwickelt. Er setzt das mythologische Bild der Unterwelt mit dem Unbewussten der menschlichen Psyche gleich. Jung erklärt die Unterwelt der Mythen zu einem Symbol und Spiegelbild des Unbewussten – hier tummeln sich in Wirklichkeit all die grässlichen und fürchterlichen Ungeheuer, Dämonen und Teufel, die in den alten Geschichten so eindrucksvoll beschrieben sind.

Für Jung ist der Abstieg in die eigene psychische »Unterwelt« eine Grundvoraussetzung für ein bewusstes Leben. Nur wer hinabgestiegen ist in die »Abgründe der eigenen Seele« und die zweifelhaften Mächte im eigenen Inneren kennt, der kann »bewusste Entscheidungen an die Stelle seiner naturhaften Reaktionen setzen«. Nur wer die Unterwelt seiner eigenen Psyche kennt, der hat sich wirklich kennengelernt und weiß, wer er ist. Nur wer die »Nachtmeerfahrt« in seine eigene Finsternis gewagt hat, der kann seine naturhafte Unbewusstheit überwinden, das Licht erobern und seine Dämonen besiegen.

Die meisten Menschen jedoch, so behauptet Jung in seiner Abhandlung über die *Wirklichkeit der Seele*, sind nur partiell bewusst: »Auch unter absolut zivilisierten Europäern findet sich eine unverhältnismäßig große Anzahl« von Menschen, »bei denen ein großer Teil des Lebens im unbewussten Zustande verläuft – sie wissen, was mit ihnen geschieht, aber sie wissen nicht, was sie tun oder sagen.« Der Laie kann sich »schlecht einen Begriff davon machen, wie sehr er in all seinen Neigungen, Stimmungen und Entschlüssen von den dunklen Tiefen seines Unbewussten beeinflusst ist«.

Hades und Hölle

In den vorchristlichen Kulturen ist die Unterwelt ein zwar unangenehmer, aber weitgehend neutraler Ort. Der griechische Hades und der römische Orcus sind zwar lichtlose und nicht sonderlich erfreuliche Welten, die von allseits gefürchteten Göttern beherrscht werden, doch sie sind weder böse noch satanisch. Der Hades ist zwar eine Art Gefängnis und ein nebelkalter Ort des Vergessens, aber keine Hölle.

Erst im Christentum entwickelt sich die Vorstellung eines jenseitigen Ortes, an dem alle Ungläubigen und Ungetauften in einer Feuerhölle durch niemals endende Folter bestraft werden. Die Bilder dieser Hölle sind vor allem von der apokalyptischen Offenbarung des Johannes inspiriert, die in den ersten Jahrhunderten zu den populärsten Texten der christlichen Welt gehört.

Mit der Apokalypse verbreiten sich die Schreckensbilder der Hölle im gesamten Mittelmeerraum: Schlünde und Schächte, aus denen lodernde Flammen steigen, Ungeheuer und Dämonen. Dazu kommt die Vision einer großen Entscheidungsschlacht, die an einem Ort namens Harmagedon stattfindet und den Untergang der Welt besiegelt. In diesem gewaltigen Endkampf zwischen Gut und Böse ziehen Engel mit Schwertern gegen den Satan und all seinen Anhang.

Die Vorstellung einer endzeitlichen Entscheidungsschlacht aber ist nicht denkbar ohne den Glauben an einen grundsätzlichen Dualismus von Gut und Böse, von Himmel und Hölle, von Gott und Satan. Dieser radikale Dualismus ist in den Jahrhunderten um die Zeitenwende in der mittelmeerischen Welt weitverbreitet: Es gibt, so geht der Glaube, eine ewige Gegnerschaft zwischen dem Guten und dem Bösen. Dieser Dualismus beeinflusst auch die junge christliche Kirche – und prägt das westliche Denken bis in die Gegenwart.

Augustinus entwickelt im 4. Jahrhundert eine Theologie der Hölle, in der die Guten und die Bösen scharf getrennt werden.

Der Dualismus wird zum christlichen Dogma: Wer nicht auf der rechten Seite steht als ein Erbe Christi, der gerät zwangsläufig auf die linke Seite – auf die Seite des Satans. Wer das Evangelium Christi nicht annehmen will, der wird mit Feuer gequält in alle Ewigkeit.

Die christliche Hölle ist ein finsterer Abgrund, der bis in das Herz der Erde reicht. Im Inneren lodert ein Feuer, das durch seine Schärfe und Hitze alles irdische Feuer übersteigt, und zwischen den Flammen herrscht eine Düsternis, die schwärzer ist als alle Schatten. Schon das irdische Feuer verursacht den heftigsten Schmerz, doch »gegen das Feuer der Hölle«, so schreibt Augustinus, »ist unser Feuer nur ein gemaltes«. Das Gekreisch der Flammen aber vermischt sich mit den qualvollen Schreien der Verdammten, die für immer und ewig in ihrem Elend hocken.

Ohne die christliche Kirche gibt es keine Hölle. Die höllischen Strafen und Folterungen dienen nicht nur der Läuterung der Gläubigen, sondern vor allem ihrer Unterwerfung durch Angst und Schrecken. Papst Gregor der Große schreibt im 6. Jahrhundert: »Der Anblick der höllischen Qualen führt den Menschen ganz ohne Zweifel zu Reue und Buße.« Noch in einer Predigt aus dem 17. Jahrhundert werden den Sündern die bevorstehenden Qualen vorsichtshalber in allen Einzelheiten geschildert – nagender Hunger und brennender Durst, gebrochene Knochen und feuerzerfressene Eingeweide, zerstückelte Glieder und ausgerenkte Gelenke und überhaupt alle denkbaren Schmerzen.

»Der Eingang bin ich zu der Stadt der Schmerzen« steht auf dem Tor zu Dantes Inferno. Auch in der *Divina Commedia* aus dem frühen 14. Jahrhundert ist die Hölle eine reine Straffantasie. Die Sünder werden auf ewig gemartert – ist die Hölle nicht ewig, so ist sie keine Hölle. Die Art der Strafe aber richtet sich nach der Art der Sünde, ist eine ironische Umkehr der Laster und Verbrechen: Die Schlemmer werden von eisigem Regen gepeitscht, die Habgierigen schieben immerfort schwere Felsbrocken vor sich her, die Zornigen zerfleischen sich gegenseitig, die

Schmeichler waten in ätzendem Kot, und die Mörder kochen in einem Blutstrom.

Hieronymus Bosch gibt den christlichen Höllenbildern im 15. Jahrhundert eine eigene Physiognomie und malt detailverliebte Visionen einer gefallenen Welt. In seinem Tafelbild *Der Garten der Lüste* zeigt der niederländische Maler eine Hölle inmitten einer dunklen Landschaft voller Ruinen, in der die Verdammten lustvoll gequält werden: Sie werden verschlungen und wieder ausgespuckt, enthauptet, von Pfeilen durchbohrt, von Messern zerschnitten und von höllischen Hunden zerfleischt.

Bosch malt viele Höllenbilder. Doch nicht alle Höllen befinden sich im Jenseits. Sein Triptychon *Das Jüngste Gericht* zeigt auf der Mitteltafel eine ganz diesseitige Hölle. In grotesken Szenen werden Spielarten der menschlichen Sünde bis ins Detail beschrieben: Hier hockt eine alte Hexe und brät Menschenfleisch, dort lässt sich ein Dicker aus einem Weinfass Exkremente in den Schlund gießen. Hier drehen nackte Fronknechte einen Mühlstein, der Menschen zerquetscht, dort hängen tote Leiber an einem Dachbalken, aufgeknüpft in Reih und Glied. Auf diesem Gemälde ist die Hölle eine ganz irdische Welt.

Die wahre Hölle aber ist immer ein diesseitiger Ort. Die wahre Hölle – das ist zum Beispiel die grinsende und geifernde Menschenmenge, die Bosch auf seinem Bild *Die Kreuztragung* zeichnet und die sich am Leid des gequälten und gedemütigten Christus ergötzt. Was für eine Meute. Was für ein schäbiges Schauspiel, in dem die Menge ihre Macht genießt und sich auf einen einzelnen Schwachen stürzt, der blutend und zitternd vor ihr steht. Was für abstoßende Gestalten mit wulstigen Lippen und fliehenden Stirnen, die hämisch hetzen und sich die Mäuler zerreißen.

Die wahre Hölle des Menschen ist der Mensch. Die wahre Hölle – das ist zum Beispiel die Gesellschaft auf einem Floß vor der Küste Afrikas, die sich im Juni 1816 nach der Havarie ihrer Fregatte zu retten sucht. Die Menschen stehen bis zum Gürtel im Wasser und so zusammengedrängt, dass sie nicht einen

Schritt tun können. Der englische Schriftsteller Julian Barnes berichtet in seiner *Geschichte der Welt in 10 ½ Kapiteln*, wie in der zweiten Nacht einige Männer meutern, sich des Wassers und des Zwiebacks bemächtigen, mit Messern, Säbeln und Zähnen über die Offiziere herfallen, wie das Blut strömt und klägliche Schreie durch das Dunkel dringen, wie Tote und Verwundete ins Meer geschleudert werden und wie am dritten Tag einige Überlebende über die Leichen herfallen, Stücke davon abhacken und das Fleisch verschlingen. Andere kauen noch Koppelriemen, doch vom nächsten Tage an essen alle Menschenfleisch. Zuletzt werden fünfzehn arme Teufel von einem vorüberfahrenden Segler gerettet.

»Lasst, die ihr eintretet, alle Hoffnung fahren!«, so steht es auf Dantes Tor zur Hölle. Die wahre Hölle – das sind die nationalsozialistischen Konzentrationslager, die man nicht überlebt, ohne sich schmutzig zu machen. Für den ungarischen Schriftsteller Imre Kertész, der 1944 deportiert wird, ist das Lager ein höllischer Ort, an dem das nackte Leben zu einer obszönen Angelegenheit verkommt. In seinem *Roman eines Schicksallosen* wird die Innenansicht der Hölle aus der verstörenden Perspektive des 15-jährigen György geschildert, der bereit ist, sich mit der perversen Logik des Lagers zu identifizieren. Den jüdischen Mithäftlingen begegnet er misstrauisch, die Uniformen der SS hingegen scheinen ihm »schmuck und gepflegt«. Bei der Selektion an der Rampe fasst er Vertrauen zu dem Arzt, weil der eine so angenehme Erscheinung ist, und »mit den Augen des Arztes« mustert er die Aussortierten und kann nicht »umhin festzustellen, wie viele von ihnen alt oder sonst wie unbrauchbar« sind. Dass er zu den Tauglichen zählt, empfindet der Knabe als Triumph; dass sein geschundener Körper, in dessen eitrigen Wunden sich Läuse ansiedeln, seinen Lebenswillen auffrisst, scheint ihm keine Katastrophe, sondern der Vorhof zum Paradies. Das dumpfe Vegetieren in den Baracken kommt ihm vor wie eine selige Ruhe, und nach einer Weile schaut er den Läusen nur noch lächelnd zu: »diesem Gewimmel, dieser Gier, diesem Appetit, diesem hemmungslosen Glück«.

Die wahre Hölle ist seit je ein menschengemachter Ort. Die Hölle ist ein Schicksal der menschlichen Seele. Hier brennt es immer – hier brennen Hass und Habgier, Rachsucht und Mord. »Wohin ich flieh, ist Hölle«, schreibt John Milton in seinem *Paradise Lost*: »Ich bin Hölle.«

Die wahre Hölle befindet sich im Inneren des Menschen, in den Tiefen des Unbewussten und in den Abgründen seiner eigenen Seele, hat auch C. G. Jung postuliert. Der einzelne Mensch weiß selten davon, er »hält sich selbst für ein harmloses Wesen mit allenfalls kleinen Schwächen und Schönheitsfehlern«. Wenn diese harmlosen Wesen aber Masse bilden, »so entsteht daraus gegebenenfalls ein delirierendes Ungeheuer, und jeder Einzelne ist nur noch die kleinste Zelle im Leibe des Monstrums«. Wenn die einzelnen Wesen zu einer Menge werden, so entwickeln sie unter bestimmten Umständen eine geradezu dämonische Dynamik und werden zu einer blutrünstigen Bestie.

Wenn der französische Schriftsteller Jonathan Littell in seinem Roman *Die Wohlgesinnten* den fiktiven SS-Offizier Maximilian Aue durch das Inferno des Zweiten Weltkriegs und des Holocaust schickt, durch brutale Verbrechen und kaum beschreibliche Gräuel, durch Verfolgungen, Vergewaltigungen und Massenhinrichtungen, dann wird auch hier deutlich, dass sich die Hölle im Inneren des Menschen befindet – und nicht nur im Inneren von Psychopathen, Perversen oder vorsätzlichen Massenmördern.

Die Hölle des Menschen ist der gewöhnliche Mensch. Das »bin ich, das seid ihr«, lässt Littell seinen Protagonisten sagen. Und weiter: »Die moderne Geschichte hat, denke ich, hinreichend bewiesen, dass jeder Mensch, oder fast jeder, unter gewissen Voraussetzungen das tut, was man ihm sagt; und, verzeiht mir, die Wahrscheinlichkeit ist gering, dass ihr die Ausnahme seid – so wenig wie ich.«

Auch die höllischen Werkzeuge werden von ganz gewöhnlichen Menschen gemacht. Jung schreibt: »Sie sind erfunden von vollständig harmlosen Gentlemen, von vernünftigen, angesehenen Bürgern. Und wenn die ganze Sache in die Luft fliegt und eine unbeschreibliche Hölle der Zerstörung aufreißt, so scheint niemand dafür verantwortlich gewesen zu sein. Es geschieht einfach, und doch ist alles von Menschen gemacht.«

Aus der Tiefe der Hölle aber hallen die Schreie der Gequälten durch die Nächte und durch die Jahrhunderte: von den mittelalterlichen Scheiterhaufen und den Schlachtfeldern der Kriege bis zu den Schädelstätten der Gegenwart, von Golgatha bis Auschwitz, von Verdun bis Stalingrad. *De profundis clamavi ad te Domine,* so beginnt das alte jüdische Psalmgebet: »Aus der Tiefe rufe ich dich, Du, mein Herr ...«.

Der gefallene Engel

In den alten Religionen sind das Gute und das Böse noch eng verwandt. Im babylonischen Mythos sind die Himmelsgöttin Inanna und ihre Schwester Ereschkigal, die Göttin der Unterwelt, die beiden Aspekte der ganzen Gottheit. Der griechische Gott Hades ist ein Bruder des Zeus – Unterwelt und Oberwelt gehören geschwisterlich zusammen.

Auch der alte jüdische Gott ist ein Gott des Guten und des Bösen. Der Allmächtige schafft nicht nur das Gute, sondern auch das Böse – denn wenn er nicht auch das Böse schafft, dann ist er nicht länger der allmächtige Gott. Im alttestamentarischen Deuterojesaja (45,5–7) heißt es unmissverständlich: »Ich bin der Herr und sonst niemand; außer mir gibt es keinen Gott. Ich erschaffe das Licht und mache die Finsternis.«

Das Böse ist ein von Gott gewolltes Prinzip, denn ohne das Böse und ohne die Versuchung zum Bösen hätte der Mensch keine Gelegenheit, sich als ein Gerechter zu erweisen.

Der alttestamentarische Satan ist zwar das Prinzip des Bösen und der große Versucher, aber er ist kein Gegenspieler Gottes. Im Gegenteil: Er ist eine Art Staatsanwalt im Dienste des Höchsten. Er ist derjenige, der Gottes Recht und Gerechtigkeit auf Erden vertritt. Er ist eine Art Stolperstein: Er steigt zur Erde herab, verführt den Menschen zur Sünde, steigt wieder hinauf, klagt ihn an – und kommt dann wieder, um seine Seele zu holen.

Der Satan ist eigentlich ein gefallener Engel. Am Anfang, so heißt es, ist Samma'el der herrlichste und geliebteste unter allen Engeln, strahlend und von vollkommener Schönheit – von Gott aus Licht und Feuer gemacht. Er ist der Fürst aller Engel, doch weil er sich in Hochmut erhebt, wird er samt seiner Anhängerschaft aus dem Himmel geworfen.

Der Höllensturz des aufmüpfigen Engels ist seit dem Mittelalter ein großes Thema der europäischen Kunst – Hieronymus Bosch hat ihn ebenso dargestellt wie Pieter Bruegel, Albrecht Dürer, Peter Paul Rubens, Gustave Doré oder William Blake. Der stolze Engel stürzt kopfüber aus dem himmlischen Licht in eine gnadenlose Finsternis und mutiert hier zu einem dämonischen Wesen. Erst im Sturz wird Samma'el zum Satan, zum Engel des Giftes.

Am Anfang des Bösen, so die biblische Überlieferung, steht der Hochmut. Stolz und Hochmut scheinen der Urgrund allen Übels und die Quelle aller Sünden zu sein. Auch im Christentum ist der Hochmut eine der sieben Todsünden. Hochmut kommt vor dem Fall, wie es in den alttestamentarischen Sprüchen Salomos heißt: »Wer zu Grunde gehen soll, der wird zuvor stolz.«

Der gefallene Engel, der sich von seiner eigenen Schönheit blenden lässt, entweiht den Himmel durch seinen Stolz. Er strebt nach Gottgleichheit oder sucht sich gar über Gott selbst zu erheben – das ist nach gängiger Lesart der Grund für seinen Fall.

Nach einer anderen Lesart wird Samma'el gestürzt, weil er den Menschen, den Gott nach seinem eigenen Bilde erschaffen hat, nicht anbeten will. Hier ist der Fall des Engels eine Art Eifersuchtsdrama und die Folge einer Empörung gegen Gott, da dieser sein Urbild hergibt für die Schöpfung eines unheilvollen Menschenwesens – einer unvollkommenen und ungehorsamen Kreatur, die sich ständig im Bösen verstrickt. Dieses Wesen will der Engel nicht verehren. In einer altjüdischen Schrift erklärt Samma'el deutlich: »Ich bin Feuer vom Feuer und als erster Engel geschaffen worden und nun soll ich Lehm anbeten?«

Im alten Judentum sind der Satan und der sogenannte »Böse Trieb« ein und dasselbe. Doch der Satan macht das Böse nicht. Nach der jüdischen Tora schafft Gott nicht nur den »Guten Trieb«, sondern auch den »Bösen Trieb« und pflanzt ihm den Menschen ein. Für beide Triebe aber gilt der letzte Satz der Schöpfungsgeschichte: »Gott sah alles an, was Er gemacht hatte: Es war sehr gut.«

In Gott gibt es keinen Gegensatz von Gut und Böse. Dieser Gedanke wird vor allem im osteuropäischen Chassidismus formuliert. Der Chassidismus, eine mystisch kabbalistische Bewegung, die sich im 18. Jahrhundert in Polen, Rumänien, Galizien und Russland verbreitet, wird durch die nationalsozialistische Ausrottung der Juden in Osteuropa nahezu vollständig ausgelöscht. Der chassidische Weg endet in den Vernichtungslagern von Majdanek, Belzec und Treblinka. Der legendäre Begründer dieser Bewegung aber, der Rabbi Israel Baal Schem Tov, erklärt: »Die Einwohnende Herrlichkeit umfasst alle Welten und alle Kreaturen – Gute und Böse. Gott ist nicht das Gute, Gott ist das Ganze.«

In der chassidischen Tradition gibt es keinen gottlosen Ort auf dieser Welt. Das Böse ist bloß ein bis zur Unkenntlichkeit verhüllter Gott. Das Böse ist bloß das verdrehte Wort Gottes, bloß ein getrübtes Licht und eine verkrüppelte Weisheit. Das Böse muss nicht vernichtet, sondern nur verwandelt werden.

Die Entscheidung für oder gegen das Böse aber liegt ausschließlich im freien Willen des Menschen. Auch der Satan nimmt den freien Willen nicht. Er ist nur der Versucher, der zum Bösen drängt – böse ist der Mensch ganz freiwillig.

Der freie Wille ist das große Geschenk Gottes an den Menschen – das Risiko, dass dieser sich für das Böse entscheidet, inklusive. »Der freie Wille ist das Wesen des Menschen«, heißt es im Talmud. Der freie Wille aber – und die Freiheit überhaupt – wären nichts als eine Fiktion, wenn es neben dem Guten nicht auch das Böse gäbe. Der Mensch ist sein eigener Herr. Er ist frei, sich für das Gute zu entscheiden – oder für das Böse.

Der Pakt mit dem Teufel

Im Christentum ist der Teufel das personifizierte Böse. Er ist der Fürst der Finsternis, der Oberste der Dämonen und der »Herr dieser Welt«, wie Martin Luther ihn genannt hat. Seine Popularität hat ihm in Europa über die Zeiten unzählige Namen verliehen: Antichrist, Diabolus, Luzifer, Mephisto, Klepperlin, Beelzebub oder Gottseibeiuns.

In der europäischen Kunst zählt der Teufel bis heute zu den faszinierendsten Gestalten. *Sympathy for the Devil* haben nicht nur die »Rolling Stones«. Auf den alten Bildern ist der Teufel noch ein abscheuliches Monstrum – ein hässlicher Geselle mit Hahnenfeder und Hörnerkappe, ein feuerspeiender Dämon mit Ziegenbart und Pferdefuß, ein geflügelter Folterknecht mit Klauen und schuppigem Schwanz oder ein geierschnabeliges Ungeheuer mit Hauern, gespitzten Ohren und wirrem Haar.

Die Moderne stellt den Teufel gern auch weltlich dar: als Durchschnittsmenschen, als schäbigen Kleinbürger, als schmierigen Advokaten mit gegeltem Haar und krallenförmig gefeilten Fingernägeln wie 1987 in dem Psychothriller *Angel Heart* von Alan Parker oder als Strizzi und Schwerenöter mit rotem Haar, karierter Jacke und gelben Schuhen wie 1947 in dem Roman *Doktor Faustus* von Thomas Mann.

Ohne das Christentum gibt es keinen Teufel. Im dualistischen Denken des Christentums wird das Böse zu einem ewigen und unversöhnlichen Gegensatz des Guten, wird der Teufel zum Widerpart Gottes. Die Frage, wer diesen Teufel eigentlich erschaffen hat, bleibt vorsichtshalber unbeantwortet. Auch die Frage, warum Gott, der doch allmächtig ist, diesen Teufel nicht einfach tötet und damit das Böse aus der Welt schafft, bleibt über die Jahrhunderte offen im Raume stehen.

Im christlichen Dualismus von Gott und Teufel wird Gott selbst gespalten: Der Eine und Einzige verliert seine Einheit und wird zu einem Teil der dualistischen Welt. Damit aber läuft er Gefahr, zu einem vermenschlichten Gott zu werden, den man zum Anwalt jedweder persönlichen Angelegenheit machen kann. *Deus vult* – Gott will es! Mit diesem Schlachtruf sind nicht nur die mittelalterlichen Kreuzritter in den Krieg gezogen.

Der christliche Gott läuft stets Gefahr, in die Spaltung von Gut und Böse hineingezogen und dabei auf das Gute reduziert zu werden. Der »gute Gott« aber – wie er noch heute in der kirchlichen Liturgie angerufen wird – braucht notwendig einen Gegenpart. So kommt der Teufel in die christliche Welt.

Im Christentum wird der Körper zur Einfallspforte des Bösen. Das Böse oder die Sünde, so die christliche Lehre, wohnt im Fleisch. Vor allem der Apostel Paulus macht das Böse zu einer Angelegenheit des Fleisches. In seinem Brief an die Galater (5,17) heißt es: »Das Begehren des Fleisches richtet sich gegen den Geist, das Begehren des Geistes aber gegen das Fleisch. Beide stehen sich als Feinde gegenüber, sodass ihr nicht imstande seid, das zu tun, was ihr wollt.« Paulus fühlt sich zwar von Gott berufen und auserwählt, doch den Teufel, den »Pfahl im Fleische«, vermag er nicht loszuwerden. Die ganze Welt scheint ihm der Lüsternheit verfallen, dem »Laster der Unzucht und dem Dreck der Hurerei«.

Die Verteufelung des Körpers und der Geschlechtlichkeit hat das europäische Denken bis in die Moderne beeinflusst. Noch im 19. Jahrhundert sieht sich Baudelaire zwischen dem göttlichen Geist und dem teuflischen Fleisch jämmerlich zerrissen. Und noch im 20. Jahrhundert schreibt der griechische Schriftsteller Nikos Kazantzakis: »Die größte Qual war für mich von Jugend an der unaufhörliche, erbarmungslose Kampf zwischen dem Geist und dem Fleisch.«

Im Christentum gerät das Körperliche unter die Herrschaft des Teufels. Der Teufel – mit den Flügeln des gefallenen Engels und dem Unterleib eines zottigen Tieres – wird zum Synonym für Sinnlichkeit, Begierde und Wollust.

Die Sexualität wird zur Spielwiese des Teufels – alle sexuellen Laster und Ausschweifungen werden ihm zugeschrieben, alle Arten der Unzucht und Perversion. Der Teufel ist ein Wüstling. Im *Doktor Faustus* behauptet der Theologe Eberhard Schleppfuß, der mit seinem schwarzen Umhang, seinem geteilten Bärtchen und dem Fuß, den er etwas nachzieht, unschwer als Personifikation des Leibhaftigen zu erkennen ist, Gott habe seinem Gegenspieler eine »größere Hexenmacht« über den Beischlaf gegeben als über jede andere menschliche Handlung.

Der Teufel aber hat viele Gesichter. Er ist ein Verwandlungskünstler, der jedwede Maske aufsetzen kann. Er tritt in beliebiger Verkleidung auf, gern auch als Engel, und immer besteht die Gefahr, dass man sich täuschen lässt. »Das gewöhnliche Volk«, so frohlockt Mephistopheles in Goethes Drama *Faust*, »bemerkt den Teufel nie, und wenn er es beim Kragen hätte.«

So rutscht der Mensch ganz leicht und meistens unbemerkt in eine diabolische Allianz. Der Pakt mit dem Teufel ist ein altes Motiv der europäischen und vor allem der deutschen Literatur. Goethes *Faust* und Manns *Doktor Faustus* sind die wohl berühmtesten Beispiele, aber auch Oscar Wildes Roman *Das Bildnis des Dorian Gray*, Michail Bulgakows *Der Meister und Margarita* oder Adalbert von Chamissos Märchen *Peter Schlemihls wundersame Geschichte* erzählen von einem Teufelspakt.

Die Geschichte ist einfach: Der Mensch verkauft seine Seele an den Teufel, der dafür reichen Lohn verspricht: Reichtum oder Ruhm, geheimes Wissen oder exklusive Erkenntnis, Macht oder magische Kräfte, ewige Jugend oder Genialität, eine gesteigerte

Zeit oder eine überhitzte künstlerische Kreativität. Der Teufel gibt jedem, was er begehrt.

Natürlich hat der Pakt seinen Preis. Der Teufel hält zwar, was er verspricht, doch um seinen Lohn lässt er sich nicht prellen. Auch hat die Sache gewöhnlich einen Pferdefuß.

Der Teufel nämlich ist, biblisch gesprochen, der »Lügner durch und durch«. Er verkauft die Lüge als das Wahre und das Böse als das Gute. Unter seinem doppelzüngigen Zauber kommt die Intrige als Vertraulichkeit daher, der Verrat als Leichtfertigkeit und die Verleumdung als verzeihlicher Vorbehalt. Unter seinen Verdächtigungen wird der Freund zum Feind und das Heilige zum Humbug. Unter seinen Einflüsterungen fühlt sich der Schuldige wie der Schuldlose und lässt all seine lahmen Skrupel zum Teufel gehen.

Der Teufel ist von Anfang an ein virtuoser Rhetoriker. Seine Rede ist immer zweideutig und zweifelhaft. Der Zweifel kommt scheinbar harmlos daher. Nichts als ein Wort. Das Wort aber ist die wirksamste Waffe des Teufels – die gespaltene Zunge ist von Anfang an sein Symbol. Der Teufel schießt Worte aus dem Hinterhalt, streut Gerüchte, nimmt dem Gegner das Wort aus dem Mund und schürt den Wortwechsel bis zur Erbitterung. Er ist der Erfinder aller Propaganda und aller Demagogie, er führt das Wort den Heuchlern und den Schwätzern.

Auch die Kunst hat den Teufel fast immer als einen Wortgewaltigen gezeichnet. Im *Doktor Faustus* ist er ein brillanter Redner, der die Theologie zur Dämonologie verdreht und in boshaft anzüglichen Wendungen »das Verruchte für ein notwendiges Korrelat des Heiligen« erklärt und die satanische Versuchung zu einer »unwiderstehlichen Herausforderung zur Schändung«.

In dem Film *The Devil's Advocate* des amerikanischen Regisseurs Taylor Hackford ist der Teufel ein rhetorisch hochbegabter Wortverdreher, der sein gotteslästerliches Plädoyer mit der Versicherung verknüpft, er selbst sei der einzige wirkliche Humanist. Er sei der Einzige, der den Menschen, dieses abwegige und halbseitige Geschöpf, niemals verurteilt, sondern seine Wünsche stets genährt habe. Gott hingegen, der den Menschen doch so gemacht habe, wie er nun mal ist, lasse sein Geschöpf allein auf Erden. Ein Voyeur sei dieser Gott und ein Sadist, der sich in seinem privaten kosmischen Theater köstlich amüsiere und sich an der Menschenwelt, dieser Mischung aus Seifenoper, Schlachthof und Irrenhaus, höchstlich ergötze.

Der *Diábolos* – aus dem griechischen *diabállein* für auseinanderwerfen – ist eigentlich eine traurige Gestalt. Der Teufel nämlich kann nichts erschaffen. Er kann das Erschaffene nur verkehren und verdrehen, nur verleumden und verfeinden, nur entzweien und auseinanderbringen. Darin aber ist er ein unerreichter Meister.

Das Prinzip des Teufels ist die Verneinung. Ohne Verneinung gibt es keine Zweifel, ohne Zweifel gibt es keine Kritik. »Ohne Kritik«, so lässt Fjodor Michailowitsch Dostojewski den Teufel in seinem Roman *Die Brüder Karamasow* sagen, »ohne Kritik gäbe es nur das Hosianna. Aber für das Leben ist das Hosianna zu wenig, das Hosianna muss durch den Schmelzofen des Zweifels gehen. Ohne Zweifel, ohne Leiden – welche Freude böte da das Leben? Alles würde sich in einen einzigen unendlichen Gottesdienst verwandeln; so etwas ist heilig, aber langweilig.«

Das Geheimnis des Bösen

Die Moderne hat den Teufel abgeschafft. Gott ist tot, und mit ihm ist auch der Teufel gestorben. Wo nichts ist, so weiß der Volksmund, da hat auch der Teufel sein Recht verloren.

Heute ist der Teufel nur noch ein Aberglaube, eine Figur aus dem Kasperletheater und eine Verlegenheit der Theologen. Doch damit ist der Mensch vielleicht dem raffiniertesten Trick des Teufels erlegen. Dieser nämlich besteht darin, so jedenfalls hat Baudelaire behauptet, »den Menschen zu überzeugen, dass es ihn, den Teufel, gar nicht gibt«.

»Dass es Teufel / im Grunde gar nicht gibt / hat uns kürzlich / der Leibhaftige selbst verraten«, schreibt auch der österreichische Pianist und Lyriker Alfred Brendel in seinem Gedichtband *Kleine Teufel*: »Wir haben dies / betrübt zur Kenntnis genommen und beschlossen / in Zukunft / uns selbst an die Wand zu malen.«

Das Böse ist damit nicht aus der Welt. Und es hockt leider nicht irgendwo da draußen, sitzt nicht drüben im gegnerischen Lager oder beim Nachbarn auf dem Gartenzaun. Das Böse ist eine Qualität im Menschen selbst, der unglücklicherweise weniger gut ist, als er sich einbildet oder zu sein wünscht.

Das Böse wohnt leider im Menschen selbst. Nietzsche hat es so formuliert: »Der schlimmste Feind, dem du begegnen kannst, wirst du immer dir selber sein; du selber lauerst dir auf in Höhlen und Wäldern. Einsamer, du gehst den Weg zu dir selber! Und an dir selber führt dein Weg vorbei und an deinen sieben Teufeln!« Eine ähnliche Aussage kommt auch von dem indischen Pazifisten und Morallehrer Mahatma Gandhi: »Die einzigen wirklichen Teufel in der Welt sind jene, die in unserem Herzen wohnen. Hier muss die Schlacht geschlagen werden ...«.

Das Böse wohnt, wie in den Tagen der altjüdischen Exegeten, noch immer in der Seele des Menschen. Die Dämonen sind nicht gebannt, und Nietzsches sieben Teufel halten auch den aufgeklärten Zeitgenossen fest in ihrer Hand.

Die christliche Erfindung des Teufels aber ist eine Art Geniestreich. Die Kirche nämlich hat, so erklärt C. G. Jung, mit dem bockbeinigen und gehörnten Teufel ein treffliches Bild geschaffen, das »genau den grotesk-unheimlichen Aspekt des Unbewussten charakterisiert, dem man nicht beigekommen ist und der deshalb noch immer im ursprünglichen Zustand unbeherrschter Wildheit verharrt«. Jung schreibt 1946: »Heute wird wohl niemand mehr wagen zu behaupten, der europäische Mensch sei ein Lamm und von keinem Teufel besessen ...«

Die Gestalt des Teufels ist eine große Erleichterung und Annehmlichkeit. Solange man nämlich davon ausgehen kann, dass der Böse als ein übermächtiger Feind da draußen herumgeistert, in irgendeinem leibhaftigen Gottseibeiuns, so lange ist alles gut. Deutlich unangenehmer ist die Begegnung mit sich selbst und mit dem eigenen Bösen, deutlich schwieriger ist die Erkenntnis, dass das Böse zum Denken des Menschen gehört.

Seit den Tagen des verlorenen Paradieses ist das menschliche Bewusstsein ein dualistisches Bewusstsein: Für das Denken ist das Gute ohne das Böse gar nicht wahrnehmbar, ist der Himmel ohne die Hölle nicht zu begreifen. Ohne den Begriff der Finsternis kann der Mensch den Begriff des Lichtes nicht bilden. Gut und Böse sind nur im Kontrast erfahrbar – sie bedingen sich gegenseitig. Das Gute und das Böse sind die zwei Seiten einer einzigen Medaille, die letztlich nicht zu trennen sind. Will man die eine Seite auslöschen, so löscht man zwangsläufig auch die andere aus. Der Mensch kann das Gute nur kennen, wenn er auch das Böse kennt. Das eine kann ohne das andere nicht gedacht werden.

Gut und Böse sind Urteile und Wertgefühle des menschlichen Denkens, das über seine Dualismen nicht hinausgelangen kann. Shakespeare lässt seinen Hamlet sagen: »An sich ist nichts weder gut noch böse, das Denken macht es erst dazu.«

Die Erkenntnis aber, dass der Gegensatz von Gut und Böse eine elementare Bedingung seines Denkens ist, ist für den Menschen schwer annehmbar. Erst in der Personalisierung des Guten und des Bösen als äußere Mächte wird das Ganze einigermaßen erträglich.

Das Gute und das Böse sind auch nicht säuberlich zu trennen. Es gibt kein Gutes, aus dem nicht auch Böses entstehen könnte, und es gibt kein Böses, das nicht den Kern des Guten in sich trüge. Das Gute ist der Samen des Bösen und das Böse der Thronsitz des Guten – das eine kann jederzeit in das andere umschlagen.

Gegen Gott ist der Teufel völlig machtlos. In Gott nämlich gibt es das Böse nicht. In Gott, dem Einen und Einzigen, gibt es keine Dualität und deshalb auch kein Gutes und kein Böses und erst recht keinen Kampf zwischen Gut und Böse. Nur der Mensch, der nicht imstande ist, das göttliche Ganze wahrzunehmen, hält einige Teile der Welt für gut, andere Teile aber für böse und schlecht.

Zuletzt ist das Böse, so hat der große Aufklärer Immanuel Kant definiert, »die Idee des absoluten Egoismus«. Der Teufel nährt die Eigenliebe, wo immer er kann. Ich bin besser, ich bin klüger, ich bin mächtiger, ich bin reicher, ich bin im Recht, so flüstert der Teufel dem Menschen ins Ohr. Dieser glaubt ihm gerne und nährt freudig seinen eigennützigen Willen. Nicht mehr das zu wollen, was man selbst will, sondern den eigenen Willen ans Kreuz zu schlagen und sich – wie Christus – unter den Willen Gottes zu stellen, das wäre vermutlich der sicherste Weg, den Teufel zu entmachten. Aber wer will das schon?

APRIL

*Und eine Mühle faßt der Sonne Haar und wirbelt
ihren Kopf von Hand zu Hand auf schwarze Au,
der langsam sinkt, voll Blut.*

Georg Heym, Deutschland
Printemps, um 1900

Die Wiesen stehen milchgelb mit Schlüsselblumen, und unter den Buchen blühen die ersten Veilchen. Im Park haben die Schwäne ihre Nester gebaut, groß wie Brunnen und nahe dem Weg. Im kahlen Holz sind sie den Blicken preisgegeben und den harten nördlichen Winden ausgesetzt. Noch sind die Nächte kalt, und der Mond hängt wie eine reife Orange über dem Horizont.

Dann drei warme Tage. Am Morgen sind die Kastanien hellgrün überflutet, aus dem lehmgrauen Boden brechen Blaustern und Ehrenpreis, an die Straßenränder brandet der Löwenzahn, frühgold und fett. In den Wäldern blühen die Buschwindröschen, unter den Eichen entfaltet sich ein Teppich aus Anemonen.

Plötzlich ist es da. Plötzlich stehen Blumen allerorten, glänzen Bäume im Licht. Plötzlich ist das Wunder erfüllt – und wieder hat man es nicht gesehen. Die Blüten schäumen über, weiß die Schlehen, die Birnen und die Vogelkirschen, rosa die Apfelbäume und mit purpurnen Rändern die schweren Magnolienblätter, wächsern und weit. Der April hat seinen Namen vom Lateinischen *aperire* – öffnen.

Ostern und Pessach

Vor all dem jungen Grün steht der christliche Karfreitag. Die Passion der Karwoche kontrastiert die Pracht der knospenden und erblühenden Natur in einer Schärfe, die fremd scheint und unbegreiflich. Auf das beglückende Bild eines neuen Frühlings setzt die christliche Kirche die Kreuzigung und den Tod ihres Gottes. In der Karwoche – aus dem althochdeutschen *kara* für Trauer, Kummer oder Klage – sind die Altäre leer oder schwarz verhängt, schweigen die Orgeln und Glocken bis zur Osternacht.

An Ostern aber, dem Fest der Auferstehung, stimmt die Kirche ein in den Jubel der neu erweckten Natur und der steigenden Sonne. Die Auferstehung des christlichen Gottes wird nicht zufällig mit dem jahreszeitlichen Kreislauf parallelisiert. Seit alters werden die Auferstehungsfeste der Götter im Frühling gefeiert. Die alten Frühlingsfeste meinen die Auferstehung der vegetativen Natur, meinen neue Fruchtbarkeit und neues Leben. Das christliche Osterfest aber meint die Auferstehung des Menschen und die Hoffnung auf ein ewiges Leben. Das ist das große Versprechen.

Die christliche Karwoche fällt zeitlich zusammen mit der jüdischen Pessachwoche. Das jüdische Pessach – aus dem hebräischen *pesach* für vorübergehen – ist der historische und kultische Hintergrund für das christliche Ostern. Das Pessachfest fällt in den jüdischen Frühlingsmonat Nisan und wird im April gefeiert, das christliche Osterfest fällt in den meisten Jahren ebenfalls in den April. Am Sonntag nach dem Frühlingsvollmond ist Ostern, so legt es die christliche Kirche auf dem Ersten Konzil von Nicäa im Jahre 325 verbindlich fest.

Auch inhaltlich weist die Karwoche auf das jüdische Pessachfest. Nach den christlichen Evangelien ist das Abschiedsmahl am Gründonnerstag zugleich ein Pessachmahl, und die Kreuzigung Jesu findet am Hauptfesttag der Pessachwoche statt. Nach dem Johannesevangelium stirbt Jesus zu jener Stunde, in der im Tempel von Jerusalem die Pessachlämmer geschlachtet werden.

Pessach ist ursprünglich ein Naturfest, das zum Zeitpunkt des Weidewechsels im Frühjahr begangen wird. Die Hirten schlachten ein Lamm und streichen das Blut des Tieres auf die Stangen der Zelte, um die bösen Geister zu vertreiben. Später verschmilzt dieses jahreszeitliche Fest mit dem Gedächtnis an die Nacht vor der Flucht des Volkes Israel aus der Sklaverei in Ägypten.

In dieser Nacht, so berichtet das Buch Exodus, geht Gott durch Ägypten und erschlägt »jeden Erstgeborenen bei Mensch und Vieh«. Die Israeliten aber sollen ein Lamm schlachten und die Pfosten ihres Hauses mit dem Blut des Tieres bestreichen. Denn »das Blut an den Häusern, in denen ihr wohnt, soll ein

Zeichen zu eurem Schutz sein. Wenn ich das Blut sehe, werde ich an euch vorübergehen.«

Bereits im frühen Christentum werden Passion und Auferstehung Jesu eingebunden in die altjüdische Geschichte. Das große Lob in der Osternacht verkündet den auferstandenen Christus, der als »das wahre Lamm geschlachtet ward, dessen Blut die Türen der Gläubigen heiligt und das Volk bewahrt vor Tod und Verderben«.

Im lateinischen Begriff für Ostern – *pascha* – ist der Zusammenhang zwischen dem jüdischen und dem christlichen Fest noch erkennbar, ebenso in vielen europäischen Sprachen – im italienischen Wort Pasqua etwa, im französischen Pâques, im finnischen Pääsiäinen oder im portugiesischen Páscoa. Das deutsche Wort Ostern und das englische Easter hingegen lassen sich etymologisch auf das altgermanische Wort *austro* für Morgenröte zurückführen und verweisen vermutlich auf ein altes nordisches Frühlingsfest.

Die Zahl Sieben

Die abendländische Zahlenmystik reicht zurück bis zur babylonischen Zahlenmagie und zu den griechisch-römischen Astrologen, denen die Zahl als ein Schlüssel zur Schöpfung gilt. »Alles ist Zahl«, so lautet der berühmte Satz des griechischen Mathematikers Pythagoras von Samos, der die Zahl zum Prinzip der Weltordnung erhebt. Die Ordnung des Kosmos ist im Verhältnis der Zahlen aufgehoben.

Auch nach alttestamentarischer Vorstellung hat der Schöpfergott »alles nach Maß, Zahl und Gewicht geordnet« (Weisheit 11,20). Die Zahl des Gottes ist die Eins – Gott ist der Eine und Einzige.

Die Zahl Zwei hingegen ist das Symbol für die Zweiteilung des Einen in Himmel und Erde, Oben und Unten, Männlich und Weiblich, Licht und Finsternis. Die Zwei ist das Symbol für die

Welt der Gegensätze und damit auch die Zahl von Zwietracht und Zwist.

Die Drei aber symbolisiert die Synthese und ist die Zahl einer neuen und höheren Einheit. Die Zwei ist stets ein wenig fragwürdig und zweifelhaft, doch in der Drei ist die Einheit wiederhergestellt. Die Drei ist die Zahl der *triás* oder der göttlichen Dreiheit in den vorchristlichen Kulturen: Isis, Osiris und Horus in der ägyptischen Mythologie, Zeus, Poseidon und Hades auf dem griechischen Olymp. Die Drei ist auch die Zahl der Trinität oder Dreifaltigkeit – der christliche Gott ist ein Gott der drei Personen Vater, Sohn und Heiliger Geist.

Die Drei ist außerdem eine magische Zahl: Erst in der dreifachen Wiederholung wird der Zauber wirksam. »Du musst es dreimal sagen«, fordert Mephistopheles von Faust – den Teufel muss man dreimal bitten. Dreimal ruft auch die christliche Gemeinde das *Sanctus,* dreimal das *Amen* im Gottesdienst und dreimal das *Lumen Christi* in der Osternacht.

Die Zahl 13 aber gilt bis heute als Unglückszahl, weil sie die zwölf Zeichen des Tierkreises und damit eine dem Menschen gegebene Grenze überschreitet. Außerdem erinnert die Zahl an den Verrat des Jüngers Judas Ischariot – in einer Gruppe von 13 ist der Dreizehnte entweder der Verräter oder derjenige, der geopfert werden muss.

Auch die Zahl Sieben ist seit alters eine magische Zahl und prägt über Jahrtausende die religiöse Symbolik Europas. Die Sieben gilt als eine kosmische Strukturzahl: Sieben Planeten kreisen um die antike Welt, sieben Tage dauert eine Mondphase, sieben Farben zeigt der Regenbogen, sieben Stufen hat der Zikkurat, der babylonische Tempelturm in Ur, der zum Vorbild für den Turm zu Babel wird.

Die jüdische Überlieferung nennt sieben Schöpfungstage, sieben Säulen der Weisheit und sieben Augen Gottes, die seine Allgegenwart und Allwissenheit symbolisieren. Die großen jüdischen Feste dauern jeweils sieben Tage, und auch die Menora, die Mose auf Geheiß seines Gottes nach himmlischem Vorbild macht, hat sieben Lichter.

In der christlichen Bilderwelt werden am Ende aller Tage die sieben Siegel gebrochen, werden sieben Posaunen geblasen und sieben Schalen des Zorns vergossen. Christus, das Lamm mit den sieben Hörnern und den sieben Augen, trägt sieben Sterne in seiner Hand. Die christliche Kirche kennt sieben Sakramente, sieben Tugenden und sieben Todsünden. Die sieben Bitten des *Vaterunsers* stehen ebenso unter dem Zeichen dieser Zahl wie die sieben Tage der Karwoche.

Seit der Antike gilt die Sieben auch als die Zahl aller biologischen oder psychologischen Rhythmen. Der englische Philosoph Thomas Browne behauptet noch im 17. Jahrhundert, jedes siebte Jahr bringe eine körperliche und geistige Veränderung. Vor allem in der Naturheilkunde hält sich diese Vorstellung bis in die Gegenwart: Alle sieben Jahre hat der Mensch einen neuen Körper.

Die Sieben gilt auch als Zahl der menschlichen Seele. In der jüdischen Mystik müssen die Seelen der Gerechten sieben Himmel durchschreiten, bevor sie vor den Thron Gottes gelangen. In der Gnosis werden diese sieben Himmel den sieben babylonischen Planetengöttern zugeordnet, die den Menschen blenden und seine Seele in das Reich der Finsternis ziehen. Die Trägheit des Saturn, der Jähzorn des Mars, die Begierde der Venus, die Gewinnsucht des Merkur und die Herrschsucht des Jupiter verwirren die Seele und kerkern sie ein im Gefängnis der Welt.

Im christlichen Mittelalter taucht die Vorstellung wieder auf: Die Alchemisten kennen einen siebenstufigen Berg, den der Adept auf seinem Weg zum Licht erklimmen muss. Die spanische Mystikerin Teresa von Ávila spricht von sieben »Seelenburgen« und Dante von sieben Terrassen auf dem *Purgatorio*, dem Berg der Läuterung. Auf diesen sieben Terrassen wird die Seele von den sieben niederen Eigenschaften gereinigt, die den sieben christlichen Todsünden entsprechen: Hochmut, Habgier, Neid, Zorn, Wollust, Maßlosigkeit und Trägheit.

Die sieben Tage der Karwoche

April in den Städten. Tauwetter in den Straßen, kahle Alleen und Bänke, Sonnenstrahlen in den Scheiben der Häuser. Das Geläut der Glocken ist verstummt. Es scheint nicht wichtig, aber irgendwann vermisst man es doch. Max Frisch schreibt 1942: Man treibt »so durch Straßen, heimatlos in Schluchten aus bewohntem Stein, und später hat man doch Heimweh nach alldem!«

Die christliche Karwoche hat das Denken und die Sprache des europäischen Menschen über Jahrhunderte geprägt. Viele Sätze aus der Passionsgeschichte haben sich als Redewendungen und Sprichwörter bis heute erhalten und werden bis heute verstanden – man geht »von Pontius zu Pilatus«, man »wäscht seine Hände in Unschuld« oder wünscht, »der Kelch möge vorübergehen«.

Die christliche Karwoche beginnt mit dem Palmsonntag. Am Sonntag, dem nach jüdischer Tradition ersten Tag der Woche, zieht Jesus in Jerusalem ein. Nach altjüdischem Glauben wird der Messias am Ende aller Tage über den Ölberg kommen und durch das Goldene Tor in Jerusalem einziehen.

Auch Jesus, so jedenfalls erzählen die Evangelien, kommt über den Ölberg und durch das Goldene Tor in die Stadt. Der Messias reitet auf dem Rücken eines Esels, und die jubelnde Menge streut Palmzweige und huldigt dem neuen König Israels. In der christlichen Überlieferung wird Jesus als die Erfüllung einer alttestamentarischen Prophezeiung aus dem Buch Sacharja (9,9) gelesen: »Juble laut, Tochter Zion! Jauchze, Tochter Jerusalem! Sieh, dein König kommt zu dir. Er ist gerecht und hilft; er ist demütig und reitet auf einem Esel.«

Am Palmsonntag ist Jesus noch der Prophet und Wundertäter einer Menge, die ihre Idole und Führer so rasch erhebt, wie sie sie stürzt. Jesus jedoch nimmt die Rolle des weltlichen Führers nicht an. Sein Reich ist, wie das Johannesevangelium (18,36) versichert, »nicht von dieser Welt«. Jesus enttäuscht die Erwartungen des jubelnden Volkes. Das *Hosanna!* des Palmsonntags verwandelt sich in das *Kreuzige ihn!* des Karfreitags.

Am Karmontag kommt Jesus auf seinem Weg an einem Feigenbaum vorbei und verflucht den Baum: »Es soll in Ewigkeit niemand mehr Früchte essen von dir.« Der Baum verdorrt auf der Stelle. Um diese merkwürdige Geschichte zu verstehen, muss man sich erinnern, dass der Feigenbaum der verhängnisvolle Baum der Erkenntnis im Garten Eden ist: Von ihm kommen die Sünde und der Tod. Aus Feigenblättern machen sich Adam und Eva die Schurze, um ihre Scham zu bedecken.

Wenn Jesus den Feigenbaum verflucht, so meint er damit den Sündenfall. In der christlichen Theologie gehören Sündenfall und Kreuzigung immer zusammen. Es heißt, die Kreuzigung sei das Gegenbild zum Sündenfall und der am Baum des Kreuzes aufgerichtete Christus überwinde die am Baum der Erkenntnis herabzüngelnde Schlange.

Im Christentum wird der verfluchte Baum zum Baum des Heils. Die *Legenda aurea* des Dominikaners Jacobus de Voragine aus dem 13. Jahrhundert, das wohl populärste religiöse Volksbuch des Mittelalters, berichtet von einem geheimnisvollen Zweig, den Adam vom verbotenen Baum der Erkenntnis bricht und ins Exil mitnimmt, der über die Zeiten zum Stab des Mose wird und das Meer teilt, der später als Balken den Tempel des weisen Salomo stützt und noch später zum Zimmermann Josef gelangt. Von diesem erwirbt ihn Judas und stellt ihn den römischen Soldaten als Holz des Kreuzes zur Verfügung.

Der Kardienstag steht im Zeichen der Auseinandersetzungen Jesu mit der jüdischen Priesterschaft und beginnt mit der Tempelreinigung, mit der Vertreibung der Geldwechsler und Händler aus dem Vorhof des Tempels: »Mein Haus soll ein Bethaus heißen für alle Völker, ihr aber habt eine Räuberhöhle daraus gemacht.«

Historisch sind die Stände der Händler und Geldwechsler im

Hof des Tempels von Jerusalem ein Bestandteil des religiösen Kultes. Die Taubenhändler verkaufen kultisch einwandfreie Tiere für die Opferhandlung, die Geldwechsler sorgen für die vorgeschriebene tyrische Währung, in der jeder männliche Israelit seine Tempelsteuer zu zahlen hat. Indem Jesus die Taubenhändler vertreibt, erhebt er sich gegen den Opferkult, indem er die Tische der Geldwechsler umstößt, wendet er sich gegen die Zahlung der Steuern. Beide Aktionen stellen die Priesterschaft und ihre wirtschaftliche Existenz infrage.

Auch die Gleichnisse des Kardienstags richten sich in provokanter Weise gegen die herrschende Priesterkaste. Die Weherufe gegen die Schriftgelehrten und Pharisäer, die sich heuchlerisch »auf den Stuhl des Mose gesetzt« haben und selbst nicht leben, was sie predigen, sind eine einzige Anklage.

Im Römischen Reich werden die Heiligtümer in den Tempeln der unterworfenen Völker gewöhnlich entfernt und durch die Büste des Kaisers ersetzt. Der jüdische Tempel ist zur Zeitenwende noch unangetastet, doch die Gefahr, dass die heilige Bundeslade dem Cäsarenstandbild weichen muss, ist groß. Die jüdische Tempelbehörde pflegt deshalb ein höchst kompromissbereites Verhältnis zur römischen Besatzungsmacht. Sie fühlt sich von Jesus bedroht und reagiert mit aller Härte. Vor allem Kajaphas, der Älteste des Hohen Rates, beschließt am Ende des Tages, den Aufrührer in seine Gewalt zu bringen und ihn töten zu lassen.

Am folgenden Tag ist Jesus zu Gast im Hause Simons des Aussätzigen. Dort zerbricht eine Frau, gern mit Maria Magdalena gleichgesetzt, ein Alabastergefäß mit kostbarem Nardenöl, mit dem man gewöhnlich die letzte Salbung eines Leichnams vornimmt, und gießt das Öl über das Haupt Jesu. Die Jünger, vor allem Judas, kritisieren diese Handlung mit den Worten: »Warum hat man dieses Öl nicht für dreihundert Denare verkauft und den Erlös den Armen gegeben?« Jesus aber sagt: »Lass sie, damit sie es für den Tag meines Begräbnisses tue.«

Karfreitag

In der jüdischen Tradition beginnt jeder Schabbat – und auch jeder Feiertag – am Vorabend bei Einbruch der Dunkelheit. Auch das Pessachfest beginnt am Abend des fünften Tages. In Jerusalem schlachten die Priester die Lämmer in Erinnerung an die Nacht vor der Flucht aus Ägypten und an den Vorübergang des Herrn. Am Abend vor Pessach ziehen sich die Juden bei Sonnenuntergang in die Häuser zurück, um im Kreise ihrer Blutsverwandten das Pessach-Lamm zu verzehren.

Auch Jesus versammelt seine Jünger an diesem Abend zu einem Mahl. Das Pessachmahl ist der historische Rahmen für das christliche »Abschiedsmahl«. Jesus isst und trinkt wie ein jüdischer Hausvater, doch nach christlicher Lehre deutet er die alte Symbolik neu und stiftet ein neues Sakrament: Die *Eucharistie* der katholischen Kirche oder das *Abendmahl* der evangelischen Kirche ist eine Wiederholung des letzten Mahles und verkündet den Tod und die Auferstehung Christi als ein welterlösendes Heilsgeschehen.

Zu Pessach schlachten die Juden ein Lamm als Gottesopfer, das mit ungesäuertem Brot und Wein verzehrt wird. Das Lamm stirbt schweigend. Kein Laut kommt über seine Lippen, während es verblutet. Nur ein leises Zittern überläuft den Körper. Es bleibt stumm, wenn es abgeführt wird, es bleibt stumm, wenn das Messer durch die Kehle fährt.

Das Christentum überträgt die alttestamentarische Prophezeiung aus dem Buch Jesaja (53,7) auf Christus: »Da er gestraft und gemartert ward, tat er seinen Mund nicht auf wie ein Lamm, das zur Schlachtbank geführt wird, und wie ein Schaf, das verstummt vor seinem Scherer und seinen Mund nicht auftut.« Christus wird zum *Agnus Dei*, zum Lamm Gottes, das am Kreuz geschlachtet wird.

Nach jüdischem Gesetz darf in der Nacht vor Pessach niemand das schützende Haus verlassen, da er sonst dem Würgeengel begegnet, der draußen vorübergeht. Jesus aber verlässt das Haus und geht hinaus in die Nacht. Im Garten Gethsemane, einem Olivenhain am Fuße des Ölbergs, trifft er auf den Würgeengel und muss mit ihm um sein Schicksal ringen: »Mein Vater, wenn es möglich ist, so gehe dieser Kelch an mir vorüber; doch nicht wie ich will, sondern wie du willst!«, so heißt es im Matthäusevangelium (26,39).

Einen Augenblick später tritt Judas, der seinen Herrn für die Summe von dreißig Silberlingen – das entspricht zur Zeitenwende etwa dem Wert eines Esels – an die jüdische Priesterschaft verraten hat, mit einer Schar Soldaten in den Garten und begrüßt Jesus mit einem Kuss, so jedenfalls berichten die Evangelien. Die Hauptleute der Tempelwache ergreifen den Gezeichneten, nehmen ihn gefangen, schlagen ihn und spucken ihm ins Gesicht. Petrus zieht daraufhin sein Schwert und schlägt einem der Büttel ein Ohr ab. Jesus jedoch berührt die Wunde des Mannes, heilt ihn und befiehlt Petrus: »Stecke dein Schwert an seinen Ort. Denn wer das Schwert nimmt, der soll durchs Schwert umkommen.«

Jesus wehrt sich nicht. Er flieht nicht und er verteidigt sich nicht. Widerstandslos lässt er sich abführen, verhören, foltern und ans Kreuz schlagen. Damit aber lebt er jene Botschaft, die er in der Bergpredigt verkündet hat: Man überwindet seine Feinde, indem man sie liebt. Die Überwindung aller Fronten durch die Liebe – das ist die Lehre des Messias, den die zwölf Jünger ihren Rabbi nennen, ihren Meister, und den sie doch nicht begreifen.

Auch Petrus versteht die Botschaft nicht. Er, der in Gethsemane den Kampf mit dem Würgeengel verschläft und seinen Meister dreimal verleugnet, noch ehe der Hahn kräht, wird zum Fels, auf den die neue christliche Gemeinde baut. Auch die Petri-Kirche erliegt über Jahrhunderte dem Impuls, zum Schwert zu greifen und ihre Feinde mit blutiger Waffe zu bekämpfen, mit Unterdrückung und Inquisition.

Noch in der Nacht finden die Verhöre durch die jüdische Obrigkeit statt, zunächst vor dem Rat der Sadduzäer, anschließend vor dem Synhedrion, dem höchsten jüdischen Gremium unter dem Vorsitz des Kajaphas. Nach etlichen Falschaussagen gekaufter Zeugen, die nicht zum erwünschten Ergebnis führen, ergreift Kajaphas das Wort: »Bist du der Messias, der Sohn des Hochgelobten?« Auf die Antwort Jesu hin – »Ich bin es« – zerreißt der Priester sein Gewand: »Jetzt habt ihr die Gotteslästerung selbst gehört. Er ist schuldig und muss sterben.«

Bei Sonnenaufgang wird Jesus zum Prätorium des römischen Statthalters Pontius Pilatus geschleppt, dem die Kapitalgerichtsbarkeit – auch die Kreuzigung als Strafe für Sklaven und widerspenstige Provinziale – vorbehalten ist. Judäa ist eine unruhige Präfektur. Immer wieder gibt es Aufstände und politische Umsturzversuche, immer wieder suchen jüdische Wanderprediger und Rebellen die romfeindliche Stimmung zu nutzen und messianische Hoffnungen vor allem unter der ärmeren Bevölkerung zu wecken.

Auch an diesem Morgen liegt Aufstand in der Luft. Tausende von Pilgern drängen zum Pessachfest durch die engen Gassen Jerusalems – ein Funke kann zum Flächenbrand führen. Pilatus sieht sich einer aufgebrachten Menge gegenüber, die ihm einen Gefesselten ausliefert und seine Hinrichtung fordert. Er verhört den Angeklagten und findet keine Schuld an ihm. Im Johannesevangelium (18,37) sind die Worte Jesu überliefert: »Ich bin dazu geboren und in die Welt gekommen, dass ich für die Wahrheit zeugen soll.« Auch die Entgegnung des Pilatus findet sich hier, die ewige Frage: »Was ist Wahrheit?«

Als Pilatus erfährt, dass der Angeklagte aus Galiläa stammt, schiebt er ihn an Herodes Antipas ab, der als Tetrarch für diese Provinz zuständig ist und sich zufällig in Jerusalem aufhält. Herodes ist neugierig und begierig, diesen Magier und Wundermann kennenzulernen, von dem er viel gehört hat. Er stellt ihm allerlei Fragen und fordert ihn auf, ein Wunder zu vollbringen. Jesus aber antwortet ihm nicht. Daraufhin verspottet Herodes ihn als Narren und Verrückten und schickt ihn zurück zu Pilatus.

Noch einmal versucht Pilatus die Rettung Jesu, indem er seine Amnestie als Geschenk der römischen Obrigkeit an die jüdische Bevölkerung zum Pessachfest anbietet. »Nicht diesen, nicht diesen, sondern Barabbam«, lautet die überlieferte Antwort, die Johann Sebastian Bach in seiner *Matthäuspassion* zur Explosion einer rasenden Volksmenge gesteigert hat: »Barabbam!«

Pilatus, der Menge gehorchend, lässt Barabbas frei, den Führer eines niedergeschlagenen Aufstandes gegen die Römer. Barrabas ist wie Jesus eine messianische Gestalt in Judäa, anders als Jesus aber, dessen Reich ausdrücklich nicht von dieser Welt ist, sucht Barabbas den messianischen Gedanken auf der politischen Ebene zu verwirklichen. Die Menge entscheidet sich einstimmig für ihn.

Jesus wird den römischen Soldaten überstellt, die ihn geißeln, einen Dornenkranz binden und ihm einen Purpurmantel umlegen. Nach einem letzten Versuch, Jesus zu retten, indem er ihn zum König der Juden proklamiert, wäscht Pilatus schließlich seine Hände in Unschuld und liefert ihn zur Kreuzigung aus.

Durch die engen und steilen Gassen Jerusalems führt der mühselige Weg des Verurteilten bis hinauf nach Golgatha. Unter dem Gespött und Gelächter der Menge schleppt der Messias sein Kreuz aus rohem Holz, grob und schlecht geschlagen, mit Blut und Schweiß verklebt.

Die Stationen des Kreuzweges werden seit Jahrhunderten von gläubigen Christen immer wieder nachvollzogen. Bis heute windet sich die »Via Dolorosa« durch das alte Jerusalem, vorbei an orientalischen Basaren und Buden mit religiösen Devotionalien, mit Holzkreuzen, Rosenkränzen, Dornenkronen und Heiligenbildern. Der aktuelle Verlauf der Via Dolorosa wird zwar erst im 16. Jahrhundert festgelegt und ist weder historisch noch archäologisch gesichert, doch bis heute ziehen die christlichen Pilger an jedem Freitag diesen Weg.

Am Karfreitag wird das Kreuz auf Golgatha – dem Ort der Schädel – aufgerichtet. Nach einer außerbiblischen Legende ist Golgatha der Ort, an dem die Erde sich öffnet und die Gebeine des alten Adam freigibt.

Der erste Adam, so heißt es, wird durch den zweiten Adam erlöst. »Da durch *einen* Menschen der Tod gekommen ist, so kommt auch durch *einen* Menschen die Auferstehung«, schreibt Paulus in seinem ersten Brief an die Korinther (15,22): »Denn wie in Adam alle sterben, so werden in Christus auch alle lebendig gemacht.«

Arthur Schopenhauer greift den Gedanken im 19. Jahrhundert noch einmal auf: »Was ein einziger Mensch tut, das ist allen Menschen getan, denn jeder Mensch ist alle Menschen.« Und der argentinische Schriftsteller Jorge Luis Borges ergänzt im 20. Jahrhundert: »Was ein Mensch tut, ist so, als ob es alle Menschen täten. Deswegen ist es nicht ungerecht, dass der Ungehorsam in einem Garten das ganze Menschengeschlecht befleckt; deswegen ist es nicht ungerecht, dass die Kreuzigung eines einzigen Juden genügt, es zu erlösen.«

Der ans Kreuz geschlagene Christus ist das zentrale Motiv der christlichen Religion – und auch der europäischen Kunst. Die großen Bilder des gekreuzigten Erlösers stammen aus allen Epochen und allen Ländern Europas: Im 15. Jahrhundert etwa von Jan van Eyck, Fra Angelico und Hieronymus Bosch, im 16. Jahrhundert von Albrecht Altdorfer, Tintoretto und El Greco, im 17. Jahrhundert von Rembrandt und Diego Velázques und im 19. Jahrhundert von Eugène Delacroix – um nur einige berühmte Beispiele zu nennen.

Über Jahrhunderte hat die europäische Kunst die grausame Darstellung des Gekreuzigten nicht gescheut: »O Haupt voll Blut und Wunden, voll Schmerz und voller Hohn«, so beginnt der

Passionschoral des evangelischen Theologen und Kirchenlied-dichters Paul Gerhardt, das *Salve caput cruentatum* des belgi-schen Zisterziensermönches Arnulf von Löwen aus dem 13. Jahr-hundert.

Unerbittlich und ungeschönt hat die Passionsfrömmigkeit die Kreuzigung als jenen unerhört brutalen Akt dargestellt, der er realiter ist – mit blutig gegeißeltem Fleisch, zerschlagenen Augen und entstelltem Gesicht. Mathis Gothart Grünewald malt den Gekreuzigten im 16. Jahrhundert auf seinem *Isenhei-mer Altar* mit so qualvoll verrenkten und festgenagelten Füßen, mit so verkrampften und verdrehten Fingern, mit so grässlich aufgequollener Zunge und mit so vielen Dornensplittern im grün verfärbten Leib, dass es selbst dem heutigen Betrachter ge-radezu körperlich wehtut.

Die alten Bilder der Kreuzigung zeigen Folter und Schmerz, aber auch Häme und Niedertracht und die Lust an der Demüti-gung als unausrottbare Bestandteile der *conditio humana*.

Das Symbol des Kreuzes

Das Kreuz zählt zu den ältesten religiösen Symbolen überhaupt. Bereits in den frühesten Kulturen wird durch die Kreuzung zweier gerader Linien die Form eines Kreuzes geschaffen, dessen Schnittpunkt als das Zentrum des Universums gilt. »Im Symbol des Kreuzes schafft sich«, so hat der Philosoph Ernst Cassirer er-klärt, »das religiöse Denken sein erstes grundlegendes Koordina-tensystem, dessen Schema sich vom religiösen auf alle anderen Teile des Lebens überträgt, auf das rechtliche, das soziale oder das staatliche.«

Die vier Enden des Kreuzes symbolisieren seit frühester Zeit die vier Himmelsrichtungen, die vier Elemente und die vier Ecken der Welt. Das einfache Kreuz mit den vier gleich langen Seiten, auch griechisches Kreuz genannt, ist ein Bild für die Na-tur und die sich vierfach entfaltende Schöpfung: Aus den vier

Winden, den vier Weltgegenden und den vier Flüssen des Paradieses baut Gott die Welt.

In den beiden Balken des Kreuzes aber schneiden sich das Obere und das Untere, der Himmel und die Erde. Die beiden Balken verweisen auf alle Dualismen und Polaritäten, die man sich nur denken kann. Vor allem aber verweisen sie auf die Dimensionen von Raum und Zeit. Raum und Zeit, so wird behauptet, sind die beiden großen Täuschungen, denen der Mensch in dieser Welt unterliegt. Raum und Zeit sind die beiden wesentlichen Merkmale einer Welt, in der nun mal nicht alles in eins und auf einmal möglich ist.

Das Symbol des Kreuzes ist universell und findet sich auf babylonischen Urkunden, byzantinischen Münzen und heidnischen Amuletten. Es steht als keltisches Ringkreuz auf den Ebenen Schottlands und Irlands, ziert als Tatzenkreuz das Wappen der Templer und als schwarzes Balkenkreuz die Banner des Deutschen Ordens. Als Swastika, als Sonnen- oder Hakenkreuz, findet es sich auf Keramiken der bronzezeitlichen Indus-Kultur aus den Gebieten des heutigen Pakistan und Nordindien, auf mehr als 10 000 Jahre alten Mammutknochen aus dem Gebiet der heutigen Ukraine, auf kretischen Vasen, römischen Mosaiken und auf der Brust des Buddha – hier symbolisiert es das Rad des Lebens.

Dass ausgerechnet dieses Kreuz, nach rechts gedreht und schräg gestellt, zum Bild der nationalsozialistischen Bewegung und zum Parteiabzeichen der NSDAP wird, hat nicht nur mit der hemmungslosen Begeisterung Heinrich Himmlers für Okkultismus und Schwarze Magie und mit der »Blut und Boden«-Propaganda zu tun, die das Hakenkreuz zur altgermanischen Rune, zum führenden arischen Sonnenzeichen und zum Symbol der »völkischen Einheit« erklärt. Im ursprünglichen Sinn bedeutet die Swastika »Glück«, »Heil« oder »Segen« und eignet sich damit perfekt als Kultobjekt einer quasireligiösen politischen Bewegung mit Allmachtsanspruch.

Das Kreuz ist das zentrale Symbol des Christentums. Im April des Jahres 30, so weiß die historische Forschung, wird Jeschua Ben Josef, Wanderprediger und religiöser Rebell aus Nazareth, ans Kreuz geschlagen – wie ungezählte Menschen vor ihm und nach ihm. Die Kreuzigung ist eine im Alten Orient weit verbreitete Hinrichtungsart und bereits im 1. vorchristlichen Jahrtausend beliebt. Gekreuzigt wird in Phönizien, Assyrien und Persien, im antiken Griechenland und im Königreich Makedonien. Das alte Judentum kennt die Kreuzigung als Vergeltung für so schwere Vergehen wie Gotteslästerung, im Römischen Reich wird sie als Abschreckungsmaßnahme an Sklaven und Aufständischen aus den unterworfenen Provinzen vollzogen.

Der Kreuzigungstod ist ein schändlicher, schmählicher und ehrloser Tod. Der Verurteilte wird an das Kreuz gefesselt oder genagelt und erleidet ein Martyrium, das sich über Tage ziehen kann. Er sucht sich mit den festgenagelten Beinen irgendwie aufzustützen, um nicht abzusacken und zu ersticken. Gelegentlich wird ihm mit einem Schwamm ein Minimum an Wasser oder Weinessig verabreicht, damit er nicht vorzeitig verdurstet und seine Qualen nicht so schnell enden. Wenn die Kriegsknechte, des Wartens und Würfelns überdrüssig, dem Gekreuzigten schließlich die Beinknochen zerschlagen, ist dies ein Akt der Gnade.

In der alten Welt gilt das Kreuz als ein Schandpfahl und Folterinstrument. Die bildliche Gestaltung des gekreuzigten Christus beginnt denn auch erst im 4. Jahrhundert, als Kaiser Konstantin die Christenverfolgung im Reich einstellt und die Kreuzigung als Strafe abschafft. Die erste Darstellung findet sich an der Wand einer römischen Sklavenunterkunft und ist reiner Hohn – der Gekreuzigte hat einen Pferdekopf, und unter dem Graffiti steht: »Alexamenos betet seinen Gott an.« Erst mit dem Konzil von Ephesos im Jahre 431 wird das Kreuz zum wichtigsten Symbol des Christentums.

Bis in die karolingische Zeit wird das Kreuz auch auf christlichen Bildnissen noch als griechisches Kreuz dargestellt, erst später verschiebt sich das Kreuzzentrum nach oben – das lateinische Kreuz oder Passionskreuz mit den zwei unterschiedlich langen Balken ist ein Opferkreuz und ein Symbol für Leid, Tod und Auferstehung.

Ein gekreuzigter Messias ist eigentlich unmöglich. Den ersten Jahrhunderten ist das Bildnis des nackten, hinfälligen und ohnmächtigen Gottes, der am Kreuze gehenkt wird, denn auch ein Tabu – den Juden ein Ärgernis, den Griechen und den Gebildeten eine Torheit und ein Gräuel. Eine Kreuzigung als Heilsgeschehen, das gilt den Kritikern des Christentums von Anfang an als ungesittet und barbarisch. Eine Religion, die ausgerechnet das Martyrium und die Demütigung einer Kreuzigung zum Mittel der Welterlösung macht, scheint vielen Zeitgenossen grobschlächtig und gnadenlos.

Im Christentum aber ist der Gekreuzigte nicht nur das Symbol der Erlösung, sondern auch des menschlichen Leidens, das der Messias freiwillig auf sich nimmt, um die ganze Menschheit zu entsühnen. Der Mensch ist in seiner irdischen Existenz an das Kreuz dieser Welt genagelt – an Elend, Schmerz und Tod. In diesem Sinne ist das Bild des Gekreuzigten auch ein Bild des Menschen, der ausgeliefert und sterblich ist.

Papst Benedikt XVI. hat es einmal so erklärt: »Christus lässt sich ausspannen in die vier Richtungen des Kreuzes als ein Ausdruck der grundsätzlichen Zerrissenheit des Menschen – er streckt sich bis zur äußersten Grenze allen menschlichen Elends, er trägt die Trennung des dualen Daseins in sich, und er hebt sie gleichzeitig auf. Wer seine Existenz so ausgestreckt hat, dass er gleichzeitig in Gott eingetaucht ist und eingetaucht in die Tiefe des gottverlassenen Geschöpfes, der muss gleichsam auseinanderreißen – der ist wirklich gekreuzigt.«

Karsamstag – Gott ist tot

Im Römischen Imperium bleiben die Gekreuzigten gewöhnlich hängen – den Raben zum Fraß, den Rebellen zur Abschreckung. In Judäa jedoch gilt der unbestattete Leichnam, zumal am Vorabend des Schabbat, als Verletzung der kultischen Reinheit des Landes. Noch am Abend bittet daher Josef von Arimathäa, ein frommer und wohlhabender Jude, um die Erlaubnis, den Leichnam Christi vom Kreuz zu nehmen. Er salbt ihn mit Öl, bindet ihn in leinene Tücher und legt ihn in ein Felsengrab, das er mit einem Stein verschließt.

Die außerbiblischen Erzählungen spannen einen weiten Bogen vom Alten Testament zum Christentum, wenn sie von einem geheimnisvollen Kelch erzählen, der gefertigt ist aus einem Stein in Satans Krone, den dieser bei seinem Himmelssturz verliert. Über die Zeiten gelangt dieser Kelch angeblich zu Jesus, der ihn beim Abschiedsmahl seinen Jüngern reicht. In diesem Kelch wird auch das Blut Jesu aufgefangen, das aus der Seitenwunde nach dem Lanzenstich fließt.

Der Legende nach kommt dieser Kelch später nach Britannien und wird dort zum Heiligen Gral, zu jener sagenumwobenen Reliquie, die ewiges Leben verspricht. In den Grals-Geschichten, die seit dem 12. Jahrhundert im Umkreis der Artussage entstehen und sich in ganz Europa verbreiten, vermengen sich christliche und keltische Symbolik: Der christliche Kelch vermischt sich mit jenem wundersamen Kessel, der im keltischen Toten- und Opferkult eine wichtige Rolle spielt. Der Heilige Gral aber bleibt bis in die Gegenwart ein hartnäckiges Gerücht.

Der Karsamstag ist der Tag des Grabes. »Gott ist tot! Gott bleibt tot! Und wir haben ihn getötet!«, schreibt Nietzsche in *Die fröhliche Wissenschaft*. Damit drückt er den eigentlichen Gehalt des Karsamstags aus: die Erfahrung, dass Gott abwesend ist, dass er nicht mehr spricht.

Das aber ist eine zentrale Erfahrung des Menschen. Gott

schweigt, wie er immer geschwiegen hat – Gott ist das Schweigen selbst, und alles Gerede der Jahrhunderte hat ihn nicht nähergebracht.

Die Auferstehung

Ostern ist das höchste Fest des Christentums. Die große Liturgie in der Nacht zum Ostersonntag feiert die Auferstehung Christi und ist der Höhepunkt des kirchlichen Jahres.

Im Mittelpunkt steht der Einzug des Lichtes in die dunkle Kirche – in Grabesdunkel und Daseinsdunkel. Das göttliche Licht hat die Finsternis besiegt. Das Osterfeuer, das vor den Kirchen entfacht und an dem die Osterkerze entzündet wird, ist ein Abglanz dieses unvergänglichen Lichts, das den Menschen erleuchten und ihn aus jenem Dunkel führen soll, in dem er gewöhnlich umherirrt.

»Am dritten Tage auferstanden von den Toten ...«, so heißt es im christlichen Credo. Am frühen Morgen des dritten Tages, noch vor Sonnenaufgang, entdecken die Frauen das leere Grab. Es sind die Frauen, die den Gang zum Grab des hingerichteten Rebellen wagen, darunter Maria Magdalena, die zur ersten Zeugin wird. Ihr erscheint der Auferstandene als Erste – in einem Gärtner, wie sie meint. Das Zeugnis von Frauen indes gilt wenig in Judäa. Die Apostel glauben ihr zunächst nicht und halten alles für Weibergeschwätz.

Am Ostersonntag wird die Geschichte vom leeren Grab gelesen. Die Evangelisten berichten, wie die Jünger den Stein vom Grab hinweggewälzt und im Inneren die Leinenbinden finden und wie zwei Engel in leuchtenden Gewändern zu ihnen sagen: »Was sucht ihr den Lebenden bei den Toten? Er ist nicht hier, sondern er ist auferstanden.«

Der Glaube an die Auferstehung ist der Kern und die eigentliche Botschaft der christlichen Religion. Im ersten Brief an die Korinther (15,13–14) betont der Apostel Paulus nachdrücklich:

»Wenn es keine Auferstehung der Toten gibt, ist auch Christus nicht auferweckt worden. Ist aber Christus nicht auferweckt worden, dann ist unsere Verkündigung leer und unser Glaube sinnlos.«

Wenn Christus nicht auferstanden ist, wenn selbst dieses große und wertvolle Wesen drüben nichts findet als den Tod, wenn der Maler Hans Holbein recht hat und *Der Tote Christus im Grabe* wie auf seinem berühmten Gemälde nichts ist als ein gemordeter und grässlich entstellter Leichnam, bei dessen Anblick keine Hoffnung auf Unsterblichkeit übrig bleibt, dann gibt es keinen christlichen Glauben.

Der Glaube an eine Auferstehung allerdings ist weit älter als das Christentum selbst. In vielen antiken Mysterienreligionen spielt der Typus des leidenden, sterbenden und auferstehenden Gottes eine zentrale Rolle. Tod und Wiederauferstehung sind wesentliche Merkmale des ägyptischen Osiris oder des persisch-römischen Mithras, der von einem Vatergott ausgeschickt wird, um die Welt zu retten. All diese Götter werden getötet und überwinden den Tod. Auch der griechische Dionysos ist ein zerrissener und wiedererstehender Gott, und sein Bildnis hat nicht nur die deutschen Romantiker an das Bild des gekreuzigten und auferstandenen Christus erinnert.

Im Christentum aber ist der Messias keine mythologische Gestalt, sondern der leibhaftige Gott. Seine Auferstehung ist keine alte Geschichte, sondern ein tatsächliches und konkretes Ereignis. »Christ ist erstanden!«, so lautet der dreifache Ruf in der Messe zum Ostersonntag: »Christus ist wirklich auferstanden!«

In den europäischen Osterbräuchen aber vermischen sich heidnische und christliche Symbole auf innige Weise. Der Hase etwa, der heute von der Süßwarenindustrie zur Osterzeit millionenfach produziert wird, ist im germanischen Kult ein reines Fruchtbarkeitssymbol – die Fruchtbarkeit von Feldhasen und Kaninchen ist geradezu sprichwörtlich. Im Christentum hingegen wird das Tier, das fast keine Augenlider hat und deshalb scheinbar nie schläft, zu einem Symbol Christi, der auch im Tode nicht entschläft.

Auch das österliche Ei ist ein Symbol der fruchtbaren Natur, das zur heidnischen Frühlingsfeier gehört und sich ins Christentum gerettet hat. Hier wird es neu gedeutet: »Wie das Küken aus dem Ei gebrochen, so hat Christus einst das Grab zerbrochen«, lautet ein alter Spruch auf Ostereiern.

Der Osterspaziergang hingegen, der in jedem Jahr wieder unternommen wird, geht zurück auf Goethe, der den Brauch zur Dichtung erhoben hat. Goethes »geputzte Menschen« feiern nicht nur die Auferstehung des Herrn, sondern auch die eigene Auferstehung aus dunklen Tagen und dumpfen Winterstuben: »Vom Eise befreit sind Strom und Bäche / Durch des Frühlings holden, belebenden Blick.«

Über Erlösung

An Ostern ist der europäische Mensch erlöst vom Winter, von Kälte und Dunkelheit. Die christliche Erlösung aber geht weit über die jahreszeitliche Erlösung hinaus und verspricht die Erlösung des Menschen von der Sünde und vom Tod.

Die Idee der Erlösung ist nur im Kontext der hebräischen Überlieferung verständlich. Nur in der biblischen Tradition hat der Mensch sein angestammtes Geburtsrecht durch seine erste Sünde verloren. In der christlichen Theologie ist der Tod Christi eine Ablöse von der Erbsünde und damit von der Sünde schlechthin. Christus nimmt die Sünden der Menschen auf sich und errettet sie durch einen groß angelegten Tausch. »Der Menschensohn ist gekommen, um sein Leben als Lösegeld für viele zu geben«, so steht es im Markusevangelium (10,45).

In der christlichen Lehre ist der Messias in Christus bereits erschienen und hat die Welt erlöst. Diese Erlösung aber ist eine rein innerliche und jenseitige Erlösung, die keinerlei äußerliche

Entsprechung in der Welt hat. Sie ist eine Erlösung innerhalb einer unerlösten Welt – und dem Judentum immer unbegreiflich geblieben.

Im Judentum wird die Erlösung bis heute als ein öffentlicher Vorgang aufgefasst, der sich in der Geschichte und in der sichtbaren Welt vollziehen muss. Im jüdischen Denken ist ein Messias, der nicht auch die Welt erlöst, kein wirklicher Messias.

Die Welt aber ist ganz offensichtlich nicht erlöst. Sie hat sich in den vergangenen 2000 Jahren nicht verändert und ist so ungerecht, grausam und brutal wie eh und je.

Die christlichen Gnostiker haben denn auch schon früh ein deutlich anderes Verständnis von Erlösung formuliert. Der leidende Christus am Kreuz gilt ihnen als ein symbolischer Ausdruck für die allgemeine Kreuzigung und Verlorenheit des göttlichen Lichts in der Welt. Die gnostische Erlösung bezieht sich nicht auf die Sünde und auch nicht auf die Welt. Der gnostische Mensch ist nicht sündig, sondern bloß unwissend. Die Welt aber kann und muss nicht erlöst werden – die Welt war immer und wird immer so sein, wie sie ist.

Für die Gnostiker ist Christus nicht der Erlöser, sondern das Vorbild, dessen Lehre der Liebe zur Erlösung führt. Christus zeigt, wie der Mensch durch diese Welt gehen muss, wie er leben und wie er sterben muss, um erlöst zu werden. Dieser Weg ist der Weg einer bedingungslosen Liebe. Wer ihn geht, so der gnostische Ansatz, braucht keinen Priester, keinen Papst und keine Kirche.

Auch für Nietzsche, den erbitterten Gegner der christlichen Kirche, ist Christus das Vorbild für ein »Leben in der Liebe«. Die Lehre Christi ist kein Glaube, sondern eine Praxis der Liebe, welche »niemandem mehr, weder dem Übel noch dem Bösen, Widerstand zu leisten« vermag. Allein in dieser Liebe liegt die Erlösung.

In seiner Schrift *Der Antichrist* schreibt Nietzsche 1888: »Dieser ›frohe Botschafter‹ starb, wie er lebte, wie er lehrte – Die

Praktik ist es, welche er der Menschheit hinterließ: sein Verhalten vor den Richtern, vor den Häschern, vor den Anklägern und aller Art Verleumdung und Hohn – sein Verhalten am Kreuz. Er widersteht nicht, er vertheidigt nicht sein Recht, er thut keinen Schritt, der das Äußerste von ihm abwehrt, mehr noch, er fordert es heraus ... Und er bittet, er leidet, er liebt mit Denen, in Denen, die ihm Böses thun ...«

Wer aber kann, bei halbwegs aufrichtiger Prüfung, mit Gewissheit von sich sagen, dass er ein liebender Christus ist und nicht im Gegenteil ein Teil jener Menge, die da schreit: Kreuzige ihn? Wer kann von sich behaupten, dass er Gott, wenn dieser in der ärmlichsten und elendsten menschlichen Gestalt erschiene, nicht schon verleugnen würde, ehe überhaupt ein Hahn kräht?

Das eigene Leben – wie Christus – in bedingungsloser Liebe zu leben ist eine gewaltige Aufgabe. Eine Aufgabe für Titanen. Nicht zürnen, nicht tadeln, nicht geringschätzen, nicht verurteilen, nicht ablehnen und nicht ausgrenzen – nach den Maßstäben der Welt sind das keine attraktiven Tugenden. In dieser Welt ist Erlösung kein erstrebenswertes Gut, und der Gottsucher scheint immer ein wenig lächerlich, scheint immer ein Narr oder ein Gescheiterter.

»In dieser Welt«, so hat bereits Platon in seiner *Politeia* behauptet, »ist der wahrhaft Gerechte immer ein Verfolgter und Verkannter. Immer wird er, unter den Umständen dieser Welt, gegeißelt, gefoltert und gebunden werden, werden ihm die Augen ausgebrannt und wird er zuletzt nach allen Misshandlungen gekreuzigt werden.«

Der gekreuzigte Christus ist das Symbol einer radikalen und bedingungslosen Liebe, die zur Erlösung führt. Wer also – wie Christus – diesen Weg der bedingungslosen Liebe geht, der ist erlöst. Hier und jetzt.

MAI

Manchmal, angesichts neuer Bekanntschaft / Mit üppiger
Flora, – glad to see / Sehnt sichs in mir nach magerer
Landschaft / Sandiger Kiefer, weißnichtwie. / Was wissen
Primeln und Geranien / Von Rassenkunde und Medizin ... /
Ob Ecke Uhland die Kastanien / Wohl blühn!

Mascha Kaléko, Galizien/Österreich/Deutschland/USA
Sozusagen ein Mailied, 1945

Der Mai ist gekommen. Plötzlich sind die Schatten belaubt. Von den Mauern stürzt der Flieder, an den Wegen schäumt der Weißdorn, die Wiesen schimmern weiß und gold. Am Abend blühen Wolken an einem weiten glänzenden Himmel, und unter den Dächern haben die Schwalben ihre Nester gebaut. »Ein Maitag ist ein kategorischer Imperativ der Freude«, notiert der Lyriker Friedrich Hebbel im Mai 1838 in seinem Tagebuch.

Der Mai ist ein einziges Fest. »Eine wunderbare Heiterkeit hat meine ganze Seele eingenommen«, schreibt Goethes *Werther* im Mai 1771 an seinen Freund Wilhelm. »Ich bin so glücklich, mein Bester, so ganz in dem Gefühle von ruhigem Dasein versunken, daß meine Kunst darunter leidet. Ich könnte jetzt nicht zeichnen, nicht einen Strich, und bin nie ein größerer Maler gewesen als in diesen Augenblicken.«

Im Mai schwelgen die Dichter unbekümmert im Sentimentalen. Selbst der sonst so spöttische Dichter Heinrich Heine jubelt: »Wie ein Meer des Lebens ergießt sich der Frühling über die Erde, der weiße Blütenschaum bleibt an den Bäumen hängen, ein weiter, warmer Nebelglanz verbreitet sich überall ... Es ist noch früh am Tage, die Sonne hat kaum die Hälfte ihres Weges zurückgelegt, und mein Herz duftet schon so stark, daß es mir betäubend zu Kopfe steigt, daß ich nicht mehr weiß, wo die Ironie aufhört und der Himmel anfängt ...«

Marienmonat – die Madonna

Der Mai ist der alte Marienmonat. Die Andachten der katholischen Kirche gehören der Jungfrau Maria – ihr gehören die Lilie und das Maiglöckchen, »Lily of the valley«. Die frommen Gelehrten des Mittelalters schmücken die Marienaltäre Italiens und Spaniens mit Lilien, im Norden aber mit Maiglöckchen.

Kaum ein Bildnis hat die europäische Kultur stärker geprägt als die Gestalt Mariens. Die Madonna gehört über Jahrhunderte zu den großen Ikonen der christlichen Kunst. Die frühesten

Marienbilder stammen aus dem 2. Jahrhundert und ähneln noch den Darstellungen der ägyptisch-hellenistischen Göttin und Gottesmutter Isis, die ihren auf wundersame Weise empfangenen Sohn Horus im Arme hält und zu den beliebtesten Gottheiten im Römischen Reich gehört – bei vielen antiken Mutter-Kind-Darstellungen ist archäologisch bis heute nicht bestimmbar, ob es sich um Maria und Jesus oder um Isis und Horus handelt.

Mit dem generellen Verbot aller heidnischen Kulte durch den christlichen Kaiser Theodosius I. im Jahre 392 erlischt der Isis-Kult in Europa, gleichzeitig erreicht die Marienverehrung einen ersten Höhepunkt. Seitdem entstehen unzählige Gemälde und Skulpturen für Kirchen, Prozessionen und Pilgerstätten.

In der Volksfrömmigkeit spielt die Marienverehrung von Anfang an eine zentrale Rolle. Maria, die Mutter mit dem wunderbringenden Kind auf ihrem Arm, ist zu allen Zeiten und überall in Europa ein Symbol der Hoffnung. Marienbilder hängen nicht nur in den Kirchen, sondern auch, liebevoll mit Feldblumen geschmückt, an den Wänden von Strohhütten und dürftig verputzten bäuerlichen Katen.

Maria ist die Schutzheilige der Geächteten und Gestrauchelten, der Dirnen und aller Frauen, die nicht wissen, wie sie ihre Kinder durchbringen sollen. Sie ist die Schmerzensmutter, die *Mater Dolorosa* mit den sieben Schwertern im Herzen, die ohnmächtig zusehen muss, wie ihr Sohn zu Tode gemartert wird. In ihrem Bild erkennen sich über die Jahrhunderte ungezählte Mütter in der verzweifelten Trauer um ihre gequälten oder ermordeten Kinder.

Das *Ave Maria*, abgeleitet aus dem Gruß des Erzengels Gabriel an Marien bei der Verkündigung, gehört nach dem *Vaterunser* zu den meistgesprochenen Gebeten der Christenheit. Überhaupt wäre die Christianisierung Europas ohne Maria wohl nicht so rasch vorangeschritten. Die neue christliche Lehre wird vielerorts von den Frauen verbreitet, denen plötzlich eine in der Alten

Welt unübliche Menschenwürde und Gleichheit vor Gott zugebilligt wird.

Vor allem Frauen aus den unteren gesellschaftlichen Schich-
ten, zwangsverheiratete Ehefrauen, rechtlose Sklavinnen und
Witwen, die auf den Straßen ihr kümmerliches Leben fristen,
lassen sich oder ihre Kinder taufen – so wie die römische Gast-
wirtstochter Helena, die von Kaiser Flavius Valerius Constanti-
us geschwängert und verlassen wird und ihren Sohn Konstantin
zur neuen Religion bekehrt. Konstantin, nach dem Tod seines
Vaters zum Kaiser des Römischen Reiches ernannt, erklärt das
Christentum später zur Staatsreligion und den christlichen Gottesdienst zum öffentlichen Kult für Kaiser und Reich.

Maria ist die Gütige, die Barmherzige und Trostreiche, zu der
die Menschen in allen Ländern ihre Nöte tragen – Arme und
Alte zumeist, Kranke und Behinderte, die in der Anbetung der
Madonna eine Linderung ihrer Leiden suchen und die Hoffnung
auf ein wenig Glück. Millionen pilgern bis heute zu den Mari-
enbildern der großen europäischen Wallfahrtsorte: nach Lourdes
in Südfrankreich, nach dem spanischen Montserrat, nach Altöt-
ting in Oberbayern, nach Fátima in Portugal, nach Medjugorje in
Bosnien-Herzegowina oder nach Częstochowa in Polen.

Nicht nur die einfachen Pilger folgen der Madonna. Auch die
christlichen Kaiser und Könige Europas bemühen die Gottesmutter als Schutzheilige gegen ihre Feinde: Im Namen Mariens
führt Rudolf von Habsburg im 13. Jahrhundert seine Schlacht
gegen Ottokar von Böhmen, unter dem Bilde Mariens ziehen die
spanischen Könige im 15. Jahrhundert gegen die Mauren in den
Krieg, und Papst Innozenz XI. begründet im 17. Jahrhundert den
Gedenktag *Mariä Namen* als Dank für den Sieg der christlichen
Heere über die Türken vor Wien.

Der Seefahrer Christoph Kolumbus legt den Ausgang seiner
Entdeckungsreise in die Hand Mariens, der Ritter Ignatius von
Loyola legt vor dem Bildnis der Madonna seine Waffen ab, hüllt
sich in Lumpen und nimmt seinen Wanderstab. Auch Papst Jo-

hannes Paul II. gehört zu den bekennenden Marienverehrern. Ganz unter dem Schutz Mariens, so glaubt der Papst, hat er das Attentat von 1981 überlebt, und so lässt er die Kugel, die ihn beinahe getötet hätte, in die diamantbesetzte Krone der Muttergottes von Fátima einsetzen.

Maria ist der einzige Hort des Weiblichen in der christlichen Kirche. Zwar verkündet die katholische Kirche erst 1950 und nach jahrhundertelangem Zögern die Aufnahme Mariens in den christlichen Himmel und schließt Frauen bis heute von allen kirchlichen Ämtern aus, dennoch akzeptiert sie als einzige Kirche der monotheistischen Religionen überhaupt einen weiblichen Aspekt. In der jüdischen, der islamischen und übrigens auch der protestantischen Welt, in der die Marienverehrung verpönt ist, herrscht bis heute allein der Vater.

Das christliche Marienbild wird vor allem von dem Evangelisten Lukas geprägt, der um das Jahr 80 in Kleinasien mit seiner Niederschrift beginnt. Er ruft die Mutter Jesu als Kronzeugin einer Geschichte auf, die zurückreicht bis zur Verkündigung durch den Engel. Der Evangelist erfindet sich die Mutter zur Quelle, da er allein steht mit einer Erzählung, für die es naturgemäß keinen Zeugen gibt.

Das Christentum beginnt mit Maria. Die Geburt Christi nämlich, die erlösende Inkarnation der christlichen Lehre, ist an die Zustimmung Mariens gebunden. Ihre Einwilligung in die *dynamis hypsistou,* in die Überschattung durch die Kraft des Höchsten, ist die Voraussetzung für die Menschwerdung Gottes.

Im Christentum ist Maria die Glaubende schlechthin. In ihr gibt es nicht den Schatten eines Zweifels, und so wird sie zur *Mater credentium,* zur Mutter aller Gläubigen. In der katholischen wie auch in der orthodoxen Kirche ist Maria die Heiligste unter den Heiligen, da sie in vollendeter Weise den Menschen verkörpert, der das Wort Gottes glaubt und gehorcht.

In Europa wird Maria, das sei noch angemerkt, auch zum Urbild und Vorbild der Dame. Maria ist die Herrin und Königin, und das französische Wort *dame*, aus dem lateinischen *domina*, die Herrin, wird seit dem 16. Jahrhundert zu einer Bezeichnung für Frauen aus dem Adel, später auch für Frauen aus dem Bürgertum.

Die Jungfrau

Wild und üppig liegt die Maiwiese – weiß von Schaumkraut, Kerbel und Klee, gelb von Dotterblumen und Hahnenfuß, blau von Glockenblumen und Vergissmeinnicht.

»Die Wiese im Frühling braust, sie ist Tag und Nacht in Glut, der breite Schöpfungsmorgen des Mai steht hier«, schreibt Ernst Bloch in seiner *Lust der Frühlingswiese*. »Der Schoß der Erde gebiert der Sonne Kinder, ein frühreifes, wucherndes Leben in Masse, und die Blüte der Obstbäume geht mitten hindurch, weiß und betäubend zugleich, zweideutig wie eine Braut. Das ist der heidnische Blick. Er reißt ins Geschlecht und hat nicht nur sanfte Götter über sich.«

Die Jungfrau Maria aber, so will es die christliche Lehre, ist eine vollkommen sanfte und reine Göttin, die allem Geschlechtlichen ausdrücklich entrissen ist. Maria ist die unbefleckte und von aller körperlichen Empfängnis befreite Gottesgebärerin: »Empfangen durch den Heiligen Geist, geboren von der Jungfrau Maria …«, so heißt es seit dem 2. Jahrhundert im Credo.

Die Lehre von der Jungfrauengeburt geht zurück auf die frühen Kirchenväter. Der Bischof Ignatius von Antiochia ist der erste christliche Autor, der die Jungfrauengeburt ausdrücklich betont, und auch der christliche Theologe Origenes aus Alexandria behauptet die »unverletzte Jungfräulichkeit von Maria vor, in und nach Jesu Geburt«.

Bis heute gilt die Jungfrauengeburt als eines der großen kontroversen Themen der christlichen Religion. Auf der einen Seite steht das kirchliche Dogma, das die Jungfräulichkeit Mariens ausdrücklich biologisch deutet, auf der anderen Seite die aufge-

klärte Kritik, die eine jungfräuliche Geburt bestenfalls als Mythos, eher aber als Falschmeldung oder aber als simplen Überset-
zungsfehler deklariert.

Bereits der platonische Philosoph Celsus, ein erklärter Kritiker des Christentums, hat im 2. Jahrhundert behauptet, die Jungfräulichkeit sei von den Christen bloß erfunden worden, um die
abstoßenden Umstände einer unehelichen Geburt zu verschleiern. Die frühen Judenchristen erklären, in der hebräischen Bibel
sei nur von einer sehr jungen Frau die Rede, die den Messias
zur Welt bringen werde, und die *Septuaginta*, die altgriechische
Übersetzung des Textes, habe aus dieser eine Jungfrau gemacht.

Das Motiv einer wunderbaren Jungfrauengeburt aber ist deutlich älter als das Christentum – immer wieder werden Gottessöhne oder Heilsbringer von jungfräulichen Müttern geboren.
In der ägyptischen Mythologie wird die Göttin Isis durch den
Verzehr von Trauben schwanger und gebiert Horus, das göttliche Kind. Im griechischen Mythos empfängt die jungfräuliche
Danaë den Helden Perseus, nachdem sich Zeus in einen goldenen Regen verwandelt hat. Auch der persisch-römische Gott
Mithras wird von einer Jungfrau geboren.

Von der christlichen Kirche werden die mythologischen
Jungfrauengeburten ausdrücklich als Vorahnungen gelesen, die
sämtlich auf die jungfräuliche Empfängnis Jesu deuten. Auch
die altjüdische Prophezeiung aus dem Buch Jesaja (7,14) wird auf
Maria übertragen: »Seht, eine Jungfrau ist schwanger und wird
einen Sohn gebären ...«

Im 21. Jahrhundert ist das Dogma der biologischen Jungfrauengeburt für jeden Gläubigen eine echte Herausforderung. Papst
Benedikt XVI. hat in seiner *Einführung in das Christentum* denn
auch versucht, die kontroverse Diskussion als ein Missverständnis zu deklarieren und als eine Verwechslung von Physik und
Metaphysik.

Nach christlicher Auffassung, so der Papst, bestehe »ein zentraler Unterschied zwischen den Jungfrauengeburten der heid-

nischen Texte, in denen die Gottheit als physisch befruchtende Macht auftritt und das Retterkind als Halbgott geschlechtlich zeugt«, und der Jungfräulichkeit Mariens, in der sich die Gottessohnschaft nicht als ein »biologisches, sondern als ein ontologisches Faktum« manifestiere. Gott sei nicht der leibliche Vater Jesu, und die Geburt sei »kein Vorgang in der Zeit, sondern in der Ewigkeit«.

Die christlichen Gnostiker haben die Jungfrauengeburt von Anfang an bestritten. Aus ihrer Sicht ist die Jungfräulichkeit vor allem ein Symbol der Seele. Auch Philon von Alexandria, einer der bedeutendsten Denker des hellenistischen Judentums um die Zeitenwende, hat behauptet, die Seele des Menschen werde zur Jungfrau, wenn Gott sich ihr verbinde. Eine ähnliche Aussage findet sich bei Meister Eckhart: »Der Vater spricht das Wort in die Seele, und wenn der Sohn geboren ist, wird jede Seele Maria.«

Nach dieser Lesart ist die Jungfräulichkeit Mariens ein Symbol für die reine und unbefleckte menschliche Seele, die sich aus allen Verstrickungen der irdischen Welt befreit hat und bereit geworden ist, sich dem Göttlichen zu öffnen.

Die Mutter

Maßlos sind die Tage im Mai. In der Luft drängt ein süßer und schwerer Duft von Akazien und Jasmin. Im Mai ist die Erde wie eine Mutter, die aus einer dunklen Tiefe neues Leben gebiert.

Die Mutter ist das erste und ursprünglichste Bild. Die Mutter ist das, was in allen Fällen schon da ist. Die Mutter ist der Urgrund allen menschlichen Lebens und die Wurzel allen natürlichen Werdens. Sie kann so gütig und so grausam, so freundlich und so feindlich, so zärtlich und so zerstörerisch sein wie die Natur selbst. Jeder Mensch trägt sein eigenes Bild und seine eigene Erinnerung an die Mutter, und alles, was ein anderer dazu sagen kann, bleibt ungenügend.

Die früheste bekannte Darstellung der Mutter oder Mutter-göttin, die schwäbische Venus vom Hohlefels, ist nahezu 40000 Jahre alt und stammt aus dem Jungpaläolithikum, aus jener Zeit also, in der der moderne *Homo sapiens* nach Europa wandert. In den meisten frühgeschichtlichen Kulturen ist die Muttergöttin zugleich eine Erdmutter und Fruchtbarkeitsgöttin – sie hat die Macht über den Boden und alle seine pflanzlichen, tierischen und menschlichen Sprösslinge.

Die Mutter ist das Prinzip des Schöpferischen – alles Schöpferische entsteht, wie Goethe gesagt hat, aus dem »Reich der Mütter«. In den alten Kulturen wird das Mütterliche noch entsprechend verehrt und hat als Muttergöttin über die Zeiten viele Namen. In den sumerischen Stadtstaaten des 3. vorchristlichen Jahrtausends wird eine Göttin verehrt, die einfach Ama oder Amma, also Mutter heißt. In der altägyptischen Mythologie ist Hathor die wichtigste Muttergottheit, die später mit Isis verschmilzt, der Mutter des Horus. Der griechische Mythos kennt die Göttinnen Hera und Demeter, im kleinasiatischen Raum wird seit der Bronzezeit die *Magna Mater* Kybele verehrt, die große Göttermutter vom Berg Ida, deren Kult später auch im gesamten Römischen Reich verbreitet ist.

Die Mutter ist der Schoß, aus dem alle Wesen hervorgehen und in den alle Wesen zurückkehren müssen. Sie ist das Symbol für Anfang und Ende des menschlichen Seins, das Symbol des Lebens und auch des Todes. Sie ist Geburtsschoß und Grab zugleich.

Franz von Assisi lässt sich, so heißt es, in seiner Sterbestunde nackt auf die Erde legen, auf den Körper der Mutter, um seinen Leib zurückzugeben an die Natur. Noch im späten Mittelalter wird der Sterbende gelegentlich auf die Erde gelegt, um ihn mit dem Reich der Mütter zu verbinden.

Der Tod ist wie eine Mutter. Auch Goldmund, der Held in Hermann Hesses Erzählung *Narziß und Goldmund*, hofft am Ende seines Lebens auf die Mutter, die ihn wieder zu sich nimmt, und er glaubt, dass sein Leben wie sein Sterben ein Unterwegssein ist zur Mutter, dass es immer der Ruf der Mutter ist – in der Liebe, im Hunger und zuletzt im Tod.

Auf dem berühmten Bild *Madonna* des norwegischen Malers Edvard Munch von 1894 liegen Geburt und Tod ebenfalls nahe beieinander – schon in der Ekstase der Empfängnis verbirgt sich der Schmerz der Sterblichkeit. In einem Begleittext schreibt der Maler: »So streckt das Leben jetzt seine Hand dem Tod entgegen. Die Kette wird geschmiedet, welche die Tausende von Generationen, die gestorben sind, an die Tausende von Generationen bindet, die noch kommen werden.«

Mit dem Christentum verschwinden die heidnischen Muttergottheiten. Allein Maria, so will es die christliche Lehre, ist die wahre Mutter, die alle Großen Mütter ablöst – die christliche Theologie betont von Anfang an den Unterschied zwischen der *Magna Mater* der Heiden und der *Magna Mater Maria*.

Da ein großer Teil des einfachen Volkes nicht gewillt ist, seine vielgeliebten Göttinnen preiszugeben, werden viele Bilder umgedeutet und zu Bildern der christlichen Muttergottes erklärt. Die christliche Marienverehrung ist durchaus ein Ersatz für die verbotenen alten Kulte. Nestorius, der Patriarch von Konstantinopel, erklärt im 5. Jahrhundert denn auch unmissverständlich, die Gottesmutter Maria sei nichts anderes als eine heidnische Muttergöttin. Heute ist die Tatsache, dass zahlreiche Symbole der alten Gottheiten – Sternenmantel, Mondsichel oder Himmelskrone – im Lauf der Christianisierung auf das Bild Mariens übergehen, ja längst bekannt.

Symbole des Weiblichen – die Erde

Die Erde ist die jungfräuliche Mutter. Die Vorstellung einer Mutter Erde gehört zu den universalen Bildern der Menschheit. Die Erde gilt als die Gebärerin und Ernährerin, und ihre unerschöpfliche Fruchtbarkeit erwächst aus der immerwährenden himmlischen Besamung durch Tau und Regen, Wolken und Wind.

Die Erde ist die Mutter selbst und eine der frühesten Gottheiten überhaupt. In der griechischen Mythologie heißt sie Gaia, die jungfräuliche Urmutter und Gebärerin, die aus dem Chaos entsteht und den Himmelsgott Uranos hervorbringt. In der römischen Mythologie heißt sie später Tellus und im sumerischen Mythos Uraš – die Erde.

In der germanischen Welt wird die mütterliche Erde unter dem Namen Nerthus verehrt, in der slawischen Welt unter dem Namen Mokuscha, und in der nordischen Mythologie wird sie Jörd genannt. In Richard Wagners *Ring des Nibelungen* heißt die Göttin schlicht Erda, und sie ist die, die vor allem Anfang schon da ist. Der Komponist und Dichter lässt sie sagen: »Wie alles war, weiß ich; wie alles sein wird, seh ich auch.« Mit der Götterdämmerung aber geht auch Erda unter und versinkt in einen tiefen Schlaf.

Im biblischen Schöpfungsbericht wird Adam von Gott aus Erde geschaffen, und der Name Adam ist abgeleitet vom hebräischen ›*adamah* und bedeutet Erdling oder Erdboden. Adam ist eine Art beseelte Erde: Einerseits ist er nichts als ein Klumpen Lehm, andererseits ist er ein Ebenbild des Höchsten. Der hebräische Buchstabe *mem* meint das Wesen der mütterlichen Erde, und auch das hebräische Wort für Tod *mawet* beginnt mit diesem Buchstaben – von der Erde ist der Mensch genommen, zu Erde soll er wieder werden.

Die Erde steht am Anfang und auch am Ende des Menschen – sie ist die dunkle Pforte, die sich hinter ihm schließt. Seine sterblichen Überreste werden der Erde wiedergegeben, zerfallen und verwesen, und aus den vermoderten Leibern sprießen neue Pflanzen. Der Leichnam wandelt sich in Humus, und die Begriffe *humus* und *homo*, die Erde und der Mensch, sind etymologisch verwandt.

Die alten mythologischen Erdgöttinnen sind längst vergessen. Nur die griechische Gaia steht in der Mitte des 20. Jahrhunderts plötzlich wieder auf. Im Zuge der Ökologiebewegung entsteht ein moderner Gaia-Kult, der die Erde wieder als einen beseelten Organismus begreift und der – wie eine Göttin – belohnen oder bestrafen kann.

Der zeitgenössische Gaia-Kult geht zurück auf die sogenannte Gaia-Hypothese, die in den 1960er-Jahren von dem britischen Biophysiker James Lovelock und der amerikanischen Mikrobiologin Lynn Margulis entwickelt wird. Laut dieser Hypothese kann die Erde tatsächlich als ein Lebewesen betrachtet werden, als ein einziger lebender Organismus. Die Erde ist ein dynamisches System, das die Bedingungen des Lebens – Selbstorganisation, Entropie, Anpassung und Fortpflanzung – schafft und zugleich die Evolution komplexer Organismen ermöglicht.

Von der Vorstellung einer beseelten Erde oder einer bewusst handelnden Erdgottheit allerdings haben sich die beiden Wissenschaftler stets distanziert. James Lovelock schreibt unmissverständlich: »Wenn ich von einem lebendigen Planeten spreche, soll das keinen animistischen Beiklang haben; ich denke nicht an eine empfindungsfähige Erde oder an Steine, die sich nach eigenem Willen und eigener Zielsetzung bewegen. Ich denke mir alles, was die Erde tun mag, etwa die Klimasteuerung, als automatisch, nicht als Willensakt; vor allem denke ich mir nichts davon als außerhalb der strengen Grenzen der Naturwissenschaften ablaufend.«

Symbole des Weiblichen – der Mond

Fantastisch sind die Nächte im Mai, lieblich und verwirrend wie ein Traum. Verwunschen ist die Landschaft, der sanfte Schein des Mondes wirft seltsame Schatten. Im bläulichen Dämmer verketten sich wie durch Zauberkunst das Nahe und das Ferne. All die Grenzen, die im grellen Sonnenlicht unerbittlich hervortreten, verschwimmen – über die Gräben täuscht ein Mondstrahl hinweg.

Der Mond ist ein wandelbares Gestirn. Manchmal steht er

als helle Kugel am Himmel, manchmal als schmale Sichel, manchmal gar nicht. Er kommt, wird voll, nimmt ab und verschwindet wieder. Die rhythmische Periodizität des Mondes bestimmt schon in den frühesten Kulturen die Zeitrechnung und den Kalender, ist aber auch von Anfang an ein Symbol für das Weibliche.

Im griechischen Mythos wird der aufgehende Mond mit der Göttin Selene identifiziert und als ein jungfräuliches Mädchen dargestellt. Der strahlende Vollmond gehört der Göttin Artemis, die das Land fruchtbar macht und die Gebärenden beschützt. Der Neumond oder Schwarzmond aber heißt Hekate und hat die Gestalt einer dunklen Zauberin und Totengöttin, die alles Lebendige im Abgrund auflöst.

Einige paläolithische Venus-Figurinen, etwa die Venus von Laussel, tragen eine Art Füllhorn in ihrer Hand, das mit dreizehn Einkerbungen versehen ist und auf die dreizehn Monate des alten Mondjahres weist. Auch das Horn selbst ist ein Abbild der Mondsichel, des abnehmenden oder zunehmenden Mondes, der die kritischen Übergangsphasen von Geburt und Tod symbolisiert.

Die unwandelbare Sonne ist das Symbol des Lebens, unter dem wechselnden Mond aber herrscht der Tod. In einer der großen und bis heute gängigen Dichotomien des abendländischen Denkens ist die leuchtende Sonne das Symbol des Männlichen, der Mond aber, der nicht aus sich selbst heraus leuchtet, sondern sich das Licht der Sonne nur leiht, das Symbol des Weiblichen.

In diesem Dualismus gilt die Sonne als das männliche Prinzip des Lichts und des Logos, als ein Synonym für Vernunft und Bewusstsein, für Gott und für das Gute. Der Mond hingegen gilt als das weibliche Prinzip des Empfangens, als ein Synonym für das Reich der Natur und des Geschlechtlichen, des Triebhaften und des Unbewussten.

Dieser Dualismus ist bekanntlich kein wertfreies System bloßer Symbole oder Begrifflichkeiten, sondern hat über Jahrhunderte das Männliche zum höheren Prinzip erhoben, das Weibliche aber zum niederen Prinzip verdammt und aus dieser Definition die grundsätzliche Unterlegenheit und Nachgeordnetheit der Frauen abgeleitet.

Bereits in der jüdischen Tradition gilt der Mond als Symbol der ersten Eva, die die Sünde in die Welt bringt: Das Weibliche ist die Wurzel allen Übels. Der paradiesische Feigenbaum ist symbolisch ein Mondenbaum, und auch die Schlange, die sich am Baum herabwindet, ist mit dem Mond verschwistert. Die Schlange verführt das Weib zur Sünde: Seither ist das Weibliche sündig.

Das Christentum greift die Symbolik auf. Im apokryphen Evangelium nach Bartholomäus, das vermutlich im 3. Jahrhundert entsteht, heißt es: »Gott setzte Adam in den Osten, Eva aber in den Westen, und Er befahl den Gestirnen, so zu leuchten, dass die Sonne mit ihrem feurigen Glanz dem Adam den Osten erhellen solle, der Mond aber mit seinem milchigen Schimmer der Eva im Westen als Licht dienen solle. Die Sonne ist das Abbild Adams, und sie glänzt nach der Art Adams. Der Mond aber ist voller Schmutz, weil Eva das Gebot übertrat, und hat jeden Glanz verloren.«

Auch der Apostel Paulus schreibt in seinem Ersten Korintherbrief (11,7): Der Mann ist ein »Abbild und Abglanz Gottes«, die Frau »aber ist ein Abglanz des Mannes«. Der christliche Kirchenlehrer Thomas von Aquin ergänzt im 13. Jahrhundert: »Das Weib verhält sich zum Manne wie das Unvollkommene und Defekte zum Vollkommenen.« Und Johann Jakob Bachofen, der Schweizer Jurist und Altertumsforscher, behauptet noch 1861 in seinem berühmten Werk *Das Mutterrecht*, die Menschheit habe zunächst unter der Herrschaft des mondhaften Weiblich-Stofflichen gelebt, das dann aber – dem Gott sei Dank – durch das sonnige Männlich-Geistige abgelöst und überwunden worden sei.

Der Mond sei so körperlich, vergänglich und verweslich wie die Erde, die Sonne hingegen sei so geistig und rein wie Gott. Wörtlich heißt es in diesem Buch, das noch im 20. Jahrhundert

Schriftsteller wie Thomas Mann und Rainer Maria Rilke, aber auch den Psychoanalytiker Sigmund Freud beeinflusst: »Der Sonne folgt der Mond ewig nach, durch sich selbst leuchtet er nicht, all seinen Schein borgt er von dem höheren Gestirn. So die Frau von dem Manne. Denn stofflich, wie der Mond, ist die Frau; geistig, wie die Sonne, soll der Mann sein.«

Im Christentum wird der Mond der Heiligen Jungfrau Maria zugeordnet – das berühmte Titelblatt aus Albrecht Dürers *Marienleben* zeigt die Madonna auf einer Mondsichel sitzend. In Maria, so heißt es in den alten Texten, spiegele sich das Licht Christi wider wie das Licht der Sonne im Mondenlicht. Christus ist das aus dem Licht geborene Licht. Maria aber ist bloß die Empfängerin des Lichtes.

Lilith oder die Hure

Das große Gegenbild zur Heiligen ist die Hure. Die erste biblische Version der Hure ist *Lilith*, Adams erste Frau, die angeblich von Gott gemeinsam mit Adam aus Lehm erschaffen wird. Im Hebräischen bedeutet ihr Name die »Nächtliche«, und ob ihrer Unbotmäßigkeit wird sie verflucht und in einen geflügelten Dämon verwandelt.

Lilith nämlich, so heißt es, wird von Gott angehalten, Adam untertan zu sein. Das Weib aber weigert sich, pocht auf Gleichberechtigung, spricht zuletzt den verbotenen Gottesnamen aus, flieht aus dem Paradies und geht in die Wüste. Dort, zwischen Wildkatzen und Schakalen, setzt sie eine Heerschar von ziegenbärtigen Dämonen in die Welt.

Im Volksglauben gilt Lilith seit alters als die Gefährtin des Satans und wird auch die Schlange genannt oder das Hurenweib – rot ist ihr Haar, lieblich ihre Gestalt und verführerisch ihr Mund, doch ihre Zunge ist spitz wie ein Schwert. Ihr Leib ist abwärts ein infernalisches Feuer, und der Tor, der ihr nachirrt, geht direkt in die Hölle.

Lilith wird zum Inbegriff für das ausschweifende und tödliche Feuerwerk der Sinnlichkeit und der Versuchung. Sie ist ein dämonisches Wesen, das alles in die Tiefe reißt. Sie ist gefährlich und schrecklich wie eine Sphinx und blutsaugend wie ein Vampir. Sie ist vorwärts lieblich und verheißungsvoll, rückwärts aber aufgerissen vom Nacken bis zu den Fersen und voll von grauenhaften Spinnen, Maden und ekligem Ungeziefer. Eros und Tod wohnen in ihrem Schoß, aus dem der Gestank von Fäulnis und Verwesung dringt. Ihre betörende Schönheit ist nichts als die armselige Harlekinade einer Hure.

Das Bild der angeblich lüsternen weiblichen Geschlechtlichkeit findet sich über die Jahrhunderte im gesamten abendländischen Kulturkreis – weiß man doch seit den Tagen im Paradies, wer die Verführerin ist, und hat die Schuldfrage damit eindeutig beantwortet. Zwar siedeln die Dämonen, wie die altjüdische Überlieferung weiß, in den Lenden des Menschen, folglich also auch im Manne, doch ist das Weib das verwünschenswerte Instrument der Versuchung. So kommt auch die Begehrlichkeit des Mannes selbstredend auf ihr Konto. Das Weib ist die Inkarnation aller Fleischeslust auf Erden. Das Weib ist der vergiftete Pfeil des Eros und die Erzfeindin des Logos.

Mit dem Christentum wird das Weibliche, sofern es nicht demütig und duldend, keusch und rein ist wie die Gottesmutter Maria, endgültig zum Widerpart des Geistigen und Göttlichen. Allein in der Nachfolge der Mutter Jesu, so die christliche Theologie bis heute, kann das Weib sich erfüllen und vom Instrument des Versuchers zum Instrument der Heiligkeit werden. In jedem anderen Falle aber bleibt es der niederen Welt verhaftet, der tierischen und sündhaften Natur, bleibt es die Hure und die trügerische Herrin des Blutes.

In der Offenbarung des Johannes sitzt die große Hure, geschmückt mit Gold und Edelsteinen und betrunken vom Blut der Heiligen, auf einem scharlachroten Tier, das über und über mit gotteslästerlichen Namen beschrieben ist. Sie ist Babylon, die Mutter aller Huren und aller Abscheulichkeiten der Erde, und wenn das »Strafgericht über sie kommt, so wird man ihr alles nehmen, bis sie nackt ist, und wird ihr Fleisch im Feuer verbrennen«.

Über Hexen

Von der Hure führt ein kurzer Weg zur Hexe. »Die Hure, wenn sie ihre Schönheit verliert, wird zur Kupplerin und zur Hexe«, bekundet der spanische Jesuit Martin Antonio del Rio 1595 in seinem *Lehrbuch zu Hexerei und Magie*. Über Jahrhunderte wird das Bild der Hexe in Europa immer wieder neu gezeichnet.

Die Hexe, die Komplizin des Satans, die auf gewissen Tieren durch die Lüfte reitet, ist immer weiblich. Das Weib ist die »Einfallspforte des Teufels«, behauptet der christliche Schriftsteller Tertullian bereits im 2. Jahrhundert. Im 9. Jahrhundert versichert der Abt Regino von Prüm in einem Traktat, das Weib stehe mit dem Teufel auf vertrautem Fuße und folglich auch mit den scheußlichen Geistern, die den niederen Raum bevölkern. Im *Malleus Maleficarum* schließlich, dem *Hexenhammer* des Dominikaners Heinrich Kramer aus dem Jahre 1486, wird das Weib eine perfide Versuchung genannt, eine »begehrenswerte Katastrophe« und »unausweichliche Strafe«.

Das Weib, bereits bei der Schöpfung benachteiligt, weil Gott sie aus Adams Rippe geschaffen habe, sei zwar im Sexuellen unersättlich, im Geistigen aber eher minderbemittelt und somit anfällig für jede Form der Schwarzen Magie. Deshalb sei es stets des Verkehrs mit *Succubi* verdächtig, jenen lüsternen Dämonen, die dem Manne nächtens seinen Samen rauben. Die magischen Praktiken des Weibes, so fürchtet der Dominikaner, beziehen sich vor allem auf den Liebeszauber, der den Mann an seiner besten Kraft verhext.

Das Weibliche, in die Domäne des Geschlechtlichen verwiesen, gerät in den Geruch der Hexerei. Das Hexenhafte, so heißt es, sei nichts als die übersteigerte und auf die Spitze getriebene Weiblichkeit.

So ist auch der Körper der Hexe rein vom Geschlecht gebildet – mit gewaltigen Brüsten und Schenkeln, die sich an Besenstiele oder Ofengabeln klammern. Noch Thomas Mann erfindet sich in seiner Roman-Tetralogie *Joseph und seine Brüder* eine Hexengöttin, die man sich »gar nicht unflätig genug« vorstellen könne. Sie sei eine »Vettel« und ein schmutziges Scheusal, das sich im Unrat wälze. Als Opfer aber müsse man ihr mit blutverschmierten Händen und zu mitternächtlicher Stunde die abscheulichsten Dinge darbringen: faulendes Fleisch, Galgenholz, Körperabfälle, Bier, ein Stück Knorpel und das Gedärm eines frisch geschlachteten Hundes.

Das Weib, so die jahrhundertealte Überzeugung, steht der teuflischen Geisterwelt nahe. Der Glaube, dass vor allem Frauen mit den Mächten der Finsternis paktieren und dass sich die Dämonen der aufreizenden Schönheit einer Hure bedienen, um den Mann zu verführen und seine Seele zu fressen, wird in Europa und Amerika zum Hintergrund für einen mörderischen Hexenwahn.

Die religiös motivierte Hexenverfolgung, die sich bis ins 18. Jahrhundert wie eine Seuche ausbreitet und von katholischen Geistlichen ebenso exzessiv praktiziert wird wie von protestantischen Predigern, foltert und verbrennt alle unliebsamen Frauen, die für jedes Unglück verantwortlich gemacht werden. Die angeblich weibliche Kunst der Zauberei wird von der Kirche nicht nur verdammt, sondern auch mit brachialer Gewalt bekämpft – mit Daumenschrauben, Scheiterhaufen, Folterstühlen und Streckbänken. Hexen und Zauberinnen, so erklärt Martin Luther 1526 in einer Predigt, soll man »nicht leben lassen. Es ist ein gerechtes Gesetz, dass sie getötet werden, sie richten viel Schaden an.«

Die Hexe ist das dämonisierte Relikt eines heidnischen Zauberglaubens, der sich in Europa trotz aller Christianisierung hartnäckig hält. Der klerikale Krieg gegen die Hexen ist nicht nur ein Kampf gegen das angeblich frivole und wollüstige Weib, sondern auch ein Kampf gegen das alte magische Weltbild, aus dem sich die christliche Kirche mit dem Beginn der Neuzeit endgültig zu lösen wünscht.

Wer glaubt, die alten Bilder des Weiblichen seien – zumindest in der westlichen Welt – ein religiöser Anachronismus und längst überwunden, der sehe sich eine zeitgenössische Fernsehserie wie *Sex and the City* an und beobachte, wie die Protagonistinnen, die zum Kostümfest wollen, ratlos die im Supermarkt angebotenen Masken hin und her wenden und feststellen müssen, dass sie nur zwei Alternativen haben: Sexkätzchen oder alte Hexe.

In der westlichen Welt ist in der ersten Hälfte des 20. Jahrhunderts und im Zuge des Neopaganismus eine neue Hexenbewegung entstanden, die auf den alten europäischen Volksglauben zurückgreift – vor allem die angloamerikanische Wicca-Bewegung ist weithin verbreitet und ziemlich populär. Im zeitgenössischen Wicca-Kult erleben fast alle alten weiblichen Gottheiten eine Renaissance: die jungfräuliche Erdmutter, die Muttergöttin und auch die dreifache Mondgöttin. Die Gottheiten werden hier als Naturkräfte verehrt, die sich im Lauf des Jahres wandeln und erneuern.

In der Nacht zum 1. Mai, so will es der heimische Volksglaube, fliegen die Hexen auf Besen oder Ziegenböcken auf den Blocksberg, um sich mit dem Teufel zu vermählen. Unter einem roten Mond tanzt der wüste Haufen in der Walpurgisnacht um das Feuer, feiert orgiastische Riten und mischt jene Salbe aus Stechapfel, Tollkirsche und Schierling, die Rausch und Begierde verspricht.

In der Nacht zum 1. Mai wird nach dem alten irischen Kalender das Fest *Beltaine* gefeiert. Man entzündet Feuer und schmückt die Haine mit blühenden Birken. In dieser Nacht, so geht die Legende, fliegen Feen, Elfen und Zauberinnen aus dieser Welt in die andere Welt und wieder zurück und bringen Weisheit und Wissen mit.

Pfingsten

Der Mai feiert die Neugeburt der Natur. Die Dichter werden nicht müde, die Wunder des Wonnemonds zu besingen – von Glanz und goldenen Strahlen ist die Rede, von Weltverjüngung und Zauberklang. Aus den Wäldern ruft der Kuckuck und kündet mit kräftiger Stimme vom neuen Lebensjahr. Die Natur keimt und sprosst, grünt und blüht, und aus Wogen von Licht erneuert sich die Welt.

Im Mai, fünfzig Tage nach Pessach, feiert die jüdische Welt das Wochenfest Schawuot, das ursprünglich ein Naturfest zu Ehren der neuen Weizenernte ist. Später bringt das Judentum dieses Fest mit der Offenbarung der Tora und dem Bundesschluss zwischen Gott und seinem auserwählten Volk in Verbindung. Im Mai, fünfzig Tage nach Ostern, feiert die christliche Kirche ihr Pfingstfest. Das Christentum knüpft an die alte jüdische Symbolik an und interpretiert sie neu: Gefeiert werden die Offenbarung Gottes durch Jesus Christus und der Beginn des Neuen Bundes.

An Pfingsten, so glaubt und hofft die Gemeinde in jedem Jahr, wird sich der Heilige Geist als ein heftiges Brausen niedersenken wie einst auf die Jünger, die durch feurige Flammenzungen eine Art Erweiterung des Bewusstseins erfahren und plötzlich beginnen, in fremden Sprachen zu predigen. Die Bewohner Jerusalems, Juden und Ägypter, Römer und Kreter, fühlen sich in ihrer eigenen Muttersprache angeredet. Spötter allerdings meinen, die Apostel seien schlicht betrunken.

Mit der Ausgießung des Heiligen Geistes, die als krönender Abschluss der Heilstat Christi betrachtet wird, gründet sich die christliche Gemeinde und zieht hinaus in die Welt, um das Reich Gottes auf Erden zu bauen.

Der Heilige Geist aber ist ein höchst abstraktes und schwer begreifbares Prinzip, das zwar zum christlich trinitarischen Gottesbild des *tres personae* gehört, aber nie als eine Person dargestellt wird, sondern nur als eine Flamme, ein Auge oder eine Taube.

Im volksreligiösen Glauben wird der Heilige Geist schon früh durch die Gottesmutter Maria ersetzt. Diese Übertragung folgt einer jüdisch gnostischen Tradition, in der Maria auch als Heiliger Geist oder Weisheit personifiziert wird.

Im Hebräischen heißt der Heilige Geist *ruach ha-qodesh* und bedeutet wörtlich Heiliger Atem oder Wind. Der Begriff »ruach« ist weiblich und impliziert einen wie auch immer gearteten weiblichen Anteil am Schöpfungsprozess. Die jüdischen Kabbalisten jedenfalls haben eine göttliche Triade entworfen, in der auch eine weibliche Kraft existiert. In ihrem »Baum des Lebens« gibt es an höchster Stelle nicht nur einen Vater als ein zeugendes und männliches Prinzip, sondern auch eine Mutter als ein weiblich formgebendes Prinzip. Die Idee eines weiblichen Elementes in Gott aber, die seit dem 16. Jahrhundert in weiten Kreisen des jüdischen Volkes äußerst populär ist, trennt die Kabbalah von allen anderen religiösen Systemen des Abendlandes, auch vom rabbinischen Judentum, das diese Idee stets mit Argwohn betrachtet hat.

In der griechischen Übersetzung der hebräischen Texte wird der Begriff »ruach« zum *Pneuma*, der ebenfalls Atem, Geist oder Wind meint. Das *Hagion Pneuma* wird als Heiliger Geist übersetzt und im hellenistischen Judentum des 1. vorchristlichen Jahrhunderts mit einer weiblichen Gestalt gleichgesetzt, die *Sophia* – griechisch für Weisheit – genannt wird.

Bei den frühen judenchristlichen Theologen wird der Heilige Geist gelegentlich auch »Mutter« genannt, auch in den späteren Schriften der christlichen Mystiker wird der Heilige Geist manchmal als die Mutterseite Gottes bezeichnet. Für die Gnostiker ist Sophia, die Weisheit in Gestalt einer Taube, identisch mit dem Heiligen Geist.

Die christliche Kirche hat die rein männlich gedachte Trinität Gottes niemals infrage gestellt. Aber Pfingsten meint ja grundsätzlich das Neue, meint immer das, was es noch nicht gibt und was erst durch einen Schöpfungsakt des Geistes ins Dasein treten soll. Der Geist ist das Zukünftige an sich. Und er weht, wohin er will.

JUNI

GOD Almighty first planted a garden.
And indeed it is the purest of human pleasures.
It is the greatest refreshment to the spirits of man ...*

Francis Bacon, England
Of Gardens, 1625

Heiter und flüchtig, jung und schwerelos ist der Juni, im raschen Wechsel von Sonne und Schatten. Der Monat steht im Zeichen der Zwillinge und des Hermes, des geflügelten Götterboten, der zwischen den Welten eilt und sich nirgendwo niederlässt. Wie ein Falter ist der Juni, der durch den Garten flattert, wie ein plätschernder Brunnen, wie eine Musik. Er ist leicht wie die silberblonden Fäden des Löwenzahn, die der Wind vor sich herbläst und die im Lufthauch verwehen, er ist übermütig wie die Schwalben, die kopfüber in den hellen Abend stürzen. Menschen und Juniwind ändern sich geschwind, heißt ein alter Spruch.

Der Juni ist der Monat der Gärten. Ein Garten an einem Junitag ist wie ein frühes Versprechen, ist wie vergessene Heimat. »Ein Garten am heiteren Junimorgen«, hat Ernst Bloch einmal gesagt, »sieht so Jean-Paulhaft nach Jugend aus, als ob es nichts wie Blumen gäbe oder nichts als Klang übrig geblieben wäre.«

Ich habe keinen Garten. Mir geht es wie dem Dichter Rudolf Borchardt, der von all den Gärten, die er erträumt, keinen besitzt und dennoch ein leidenschaftlicher Gärtner ist. Ich weiß nicht, ob Gärten dazu da sind, dass man sie hat, oder dazu, dass man von ihnen träumt. Sind nicht alle Gärten seit Anbeginn ein einziger Traum? Ist nicht jeder Garten ein Traum vom verlorenen Paradies? Ich habe keinen Garten, doch wenn ich meine Augen schließe, ersteht mein Garten in all der Fülle und Gegenwart eines sonnig heiteren Junitages.

Hier sollten Rosen stehen. Märchenhafte Kletterrosen, die an verwitterten Steinbogen sich winden und niederstürzen, üppige Strauchrosen mit schweren Zweigen und gefüllte Hybriden, Damaszenerrosen und Hundsrosen, schmetterlingsgleiche chinesische Rosen und gestreifte Bourbonrosen. Duft wie dunkler Honig. Myriaden von Rosenblättern, die glühen, sich entzünden und wieder vergehen – scharlachrote und rahmfarbene, Blätter in sattem Purpur, in Pfirsich und Karmesin, in tiefem Rosa und blutigem Rot. »Ach«, ruft Gottfried Benn, »hinter Rosenblättern versinken die Wüsten, die Welt.«

Dort drüben, gegen den kleinen Pavillon, stünden die Päonien und am Ende des Weges, auf steinernem Podest, die Göttin Flora. Dort blühten im Frühling die Schneeglöckchen, später die Schlüsselblumen und noch später die Margeriten. Auch müsste es eine steinerne Bank geben mit Moosen und Flechten und Löwenfüßen unter einer alten Trauerweide. Gegen Abend fiele der Blick über blühende Hecken und weite Wiesen, die sanft hinabfallen bis zum See. Nachtklares Wasser, mächtige Kastanien, schon schwarzschattig, die am Ufer dämmern. Und zuletzt, wenn der Blick sich verliert, stünden die uralten Bäume, Eichen und Weiden, und der hohe Rhododendron zöge eine immergrüne Mauer.

Ohne Mauer oder Zaun gibt es keinen Garten. Der Garten ist der *Hortus conclusus,* ist das verschlossene und umfriedete Refugium – abgeschirmt gegen die bedrohliche Welt. Die Mauer bietet Schutz und Zuflucht. Schon der Urgarten, der paradiesische Garten, ist hermetisch umschlossen, und seine Grenzen garantieren Unschuld und Geborgenheit. Im Altpersischen bedeutet das Wort Paradies *pairi-dae'-za* nichts anderes als Umzäunung oder Umwallung.

Es gibt wirkliche Gärten, und es gibt erträumte. Und es ist ganz gleich, wie der österreichische Dichter Hugo von Hofmannsthal weiß, ob ein Garten klein oder groß ist: »Was die Möglichkeiten seiner Schönheit betrifft, so ist seine Ausdehnung so gleichgültig, wie es gleichgültig ist, ob ein Bild groß oder klein, ob ein Gedicht zehn oder hundert Zeilen lang ist. Die Möglichkeiten der Schönheit, die sich in einem Raum von fünfzehn Schritt im Geviert, umgeben von vier Mauern, entfalten können, sind einfach unmeßbar ... Ein einziger alter Ahorn adelt einen ganzen Garten, eine einzige majestätische Buche, eine einzige riesige Kastanie, die die halbe Nacht in ihrer Krone trägt.«

Die Geschichte des Gartens spiegelt die Kulturgeschichte des Menschen, spiegelt sein Verhältnis zur Natur und zu sich selbst. Die ersten Gärten kommen aus dem Mythos, aus dem ewigen menschlichen Traum vom Paradies. Das griechische Elysion etwa, die Insel der Seligen und der unsterblichen Helden, ist ein rosengeschmückter Garten, in dem himmlischer Nektar fließt und ewiger Frühling herrscht. Aus dem griechischen Mythos stammt auch der wundersame Garten der Hesperiden, den der Titan Atlas mit fester Mauer umfriedet. Aus diesem Garten raubt Herakles mit List und Gewalt die drei Äpfel, die Früchte der Venus und der Grazien, deren Genuss nicht Strafe und Vertreibung, sondern ewige Jugend und Unsterblichkeit zur Folge hat.

Gott der Herr, so heißt es in der Genesis, pflanzt einen Garten zur Seite des Morgens und setzt den Menschen hinein. Auch in der jüdisch-christlichen Geschichte spielt der Garten eine zentrale Rolle. Die jüdische Geschichte reicht von der Vertreibung aus dem Garten Eden am Anfang der Zeit bis zur ersehnten Rückkehr ins Paradies am Ende aller Zeiten, die christliche Geschichte geht vom Garten Eden bis hin zum Auferstehungsgarten der Evangelien. »In einem Garten ging die Welt verloren«, schreibt der französische Philosoph Blaise Pascal im 17. Jahrhundert, »in einem Garten ward die Welt erlöst.«

Die ersten christlichen Gärten sind Klostergärten. Der Abt des Klosters Reichenau, Walahfrid Strabo, verfasst zu Beginn des 9. Jahrhunderts den *Liber de cultura hortorum*, das Buch über die Gartenpflege, das zu den wegweisenden botanischen Werken des Mittelalters zählt. Mit religiöser Inbrunst und in lateinischen Hexametern huldigt der Abt den verschiedensten Pflanzen, dem Kürbis, dem Mohn und der Minze, dem Salbei, der Rose und dem Sellerie. Die klösterlichen Obst-, Gemüse- und Kräutergärten werden nach einer strengen Zahlensymbolik angelegt und spirituell überhöht, sie sollen Gotteslob und landwirtschaftliche Autarkie verbinden. Die frühen mittelalterlichen Gärten sind ein Sinnbild christlicher Tugenden und dienen der Belehrung und der Ermahnung. Vor allem die Mariengärten sind fromme und erbauliche Andachtsbilder mit Lilie und Rosenstock, Ölbaum und Zeder, mit Einhorn, Taube und musizierenden Engeln. Sie prägen die klerikale Vorstellung vom Paradies, zuerst in den Klöstern, später in der gesamten Kirche.

Einen ersten kulturellen Höhepunkt findet die Gartenkunst Europas in der Renaissance. Die Gärten um die Stadtvillen und Landhäuser des italienischen Adels setzen europäische Maßstäbe. Man erinnert sich der Antike, man liest Homers Beschreibung der lieblichen Gärten des Alkinoos, Vergils Schriften zum Landbau und die Briefe des Plinius. Berühmt werden die Gärten der Medici in Florenz mit ihren kunstvollen Terrassen, Treppen und Grotten, ihren Springbrunnen und Statuen, den Wasserspielen mit Nymphen und Flussgöttern, den Zypressenalleen und Zitrusgewächsen auf einem monumentalen Parterre.

Die französische Gartenkunst folgt dem italienischen Beispiel. In einem Feldzug nach Italien unterwirft König Karl VIII. 1494 zuerst Florenz, dann auch Rom und Neapel. Auf dem Rückweg wird der König von mehr als zwanzig italienischen Künstlern begleitet, von Architekten, Gärtnern, Tapezierern und Zeltmachern – der Feldzug gerät zur Geburtsstunde der französischen Renaissance. Der Garten des Schlosses Amboise, der noch mittelalterlich anmutet, wird als Erster erweitert und umgestaltet. Später, unter Ludwig XII., werden die prachtvollen Gärten von Blois und Gaillon angelegt, noch später die Renaissancegärten der Schlösser Chambord und Fontainebleau.

Auch nördlich der Alpen lässt der Adel prachtvolle Gärten nach italienischem Vorbild anlegen. Bemerkenswert ist der Garten, den der Kaiser des Heiligen Römischen Reiches Rudolf II. auf dem Hradschin in Prag errichten lässt – mit Hirschgraben, singender Fontäne, Orangerie und Paradiesgärtchen. Hier wachsen Granatäpfel, Zitronen und Pomeranzen, auch die erste Tulpe Europas blüht in diesem Garten.

Im Barock wird der Garten in die geometrische Ordnung gezwungen. Mit Beginn des 17. Jahrhunderts dominieren axiale Symmetrie, präzise Alleen, Quartiere und Arabesken: Der absolutistische Herrscher befiehlt selbst der Natur. Die Pflanzen werden gestutzt, geschnitten und gezüchtigt. Die barocken Gärten sind auf Repräsentation angelegt: Sie sind der Hintergrund für die prunkvollen Festlichkeiten der höfischen Gesellschaft, sind die Bühne für die obrigkeitliche Inszenierung. Die Blumen und Buchsbäumchen, zu Monogrammen und Wappen gepflanzt, verkünden die Herrlichkeit des Hausherrn.

Mit dem Niedergang des absolutistischen Regimes wird auch der Garten wieder von seiner Repräsentationspflicht befreit. Der barocke Hofgarten wird der Natur zurückgegeben, dem englischen »Trend« und dem rousseauschen »Zurück zur Natur« folgend. Im 18. Jahrhundert entstehen in ganz Europa Landschaftsgärten nach englischem Vorbild, idealisierte Bilder einer unberührten Natur, die die neuen Ideale – Freiheit, Einfachheit, ländliches Leben – in Gartenmode übersetzen.

In Wörlitz, am Ufer der Neiße, legt der Herzog Franz von Dessau ab 1769 einen »Englischen Garten« von nie gesehener Größe und Pracht an. Um einen See mit Buchten und Kanälen entstehen von Wasser umflossene Gärten mit dicht belaubten Bäumen, Brücken und Klippen, mit Pantheon und antikem Venustempel, mit einer Einsiedelei, einem Bauernhaus und einem künstlichen Vulkan. Gemäß dem neuen Bildungsauftrag der Herrscher gegenüber ihren Untertanen ist der Landschaftsgarten von Anfang an für jedermann zu besichtigen, ungeachtet des Standes oder der Klasse. Auch Goethe reist nach Wörlitz und erlaubt sich, den Herzog von Dessau, »dem die Götter erlaubt haben, einen Traum um sich herum zu schaffen«, sehr zu beneiden. Wörlitz ist das Vorbild für den Weimarer Park und die Kulisse der *Wahlverwandtschaften* – die Sichtachsen und Aussichtspunkte des Gartens bilden das glückliche Gegengewicht zum tragischen Geschick der Helden.

Im 19. Jahrhundert gewinnt neben den großen Parkanlagen des Adels auch die kleine Gartenwelt des Bürgertums an Bedeutung. Goethe bewundert zwar die Größe der Wörlitzer und Weimarer Gartenkunst, doch sein eigenes Gartenhäuschen bleibt bescheiden – einige Blumenbeete und Bäume, ein Laubengang. »Weit und schön ist die Welt«, schreibt der Dichter im Jahre 1827, »doch o wie dank ich dem Himmel, dass ein Gärtchen, beschränkt, zierlich, mein eigen gehört. Bringet mich wieder nach Hause! Was hat ein Gärtner zu reisen?« Der Garten wird zunehmend zu einem privaten Refugium, zu einem Ort des Rückzugs und der Häuslichkeit – durch die Hecken hindurch schimmert die Welt nur noch von ferne. Der Garten verwandelt sich in ein bürgerliches Paradies.

In der Romantik verwildert der Garten wieder und liegt seelenvoll im Mondenlicht – geheimnisvoll, märchenhaft und traumverloren. Der romantische Garten scheint immer beseelt. Versunken liegt man im Schoß der Haine und sehnt sich nach Schlaf und Tod, nach der Unendlichkeit und nach der wundersamen blauen Blume.

Noch gegen die entzauberte Welt der Moderne steht der Zauber der Gärten. Auch inmitten der Großstadt bleibt der Garten ein Abglanz vom Paradies. Die jüdische Dichterin Else Lasker-Schüler schreibt im 20. Jahrhundert: »Ich habe immer Gärten geliebt und ihr Rosengeschmeide und beseeligte mich, kam am Abend der Komet in langer Sternenschleppe, ein Pfau, oben durch den Himmelspark gewandelt, am Saume im Blumentraume der Gärten. Ich fühlte mich so eins mit der Welt.«

Gärten sind das letzte Refugium gegen die erkaltete Welt. Gärten sind die letzten Idyllen der stadtmüden Künstler, der englischen Schriftstellerin Vita Sackville-West in Sissinghurst Castle, des Malers Claude Monet in Giverny oder Max Liebermanns Garten am Wannsee in Berlin – lichtdurchflutete Paradiese mit hohen Hecken und Bäumen, mit blassvioletten Glyzinen, Clematis und dem Seerosenteich, in dem sich Wolken und

Himmelsbläue spiegeln. Eine makellose Oberfläche, ein geformter Traum. Doch der Traum währt nicht.

Nur eine Rose als Stütze hat die jüdische Lyrikerin Hilde Domin, keinen Garten, keinen Baum und keinen »Stuhl, in seinen wachsenden Schatten zu stellen«, und »der Pfosten der Tür« ist verbrannt, »an dem die Jahre der Kindheit Zentimeter für Zentimeter eingetragen waren«. Die Rosen Ingeborg Bachmanns werfen ihre Schatten unter einem fremden Himmel auf eine fremde Erde, und bei Marie Luise Kaschnitz »fällt die Nacht wie ein Stein vom Himmel, schlägt dem Putto ins breite Gesicht und reißt ihm die Locken herunter«.

Die Sehnsucht nach einem Garten, nach einem winzigen Stück Natur inmitten der fortschreitenden Urbanisierung, ist bis heute ungebrochen. Wer einen Garten hat, der kann ein kleines Stück Erde, einige Quadratmeter nackten Bodens zwischen Stadt und Steinen, zu seinem eigenen Paradies machen.

Wo können wir heute noch niederknien und uns dreckig machen? Wo können wir die Natur und den Kreislauf des Lebens noch mit den Händen fassen? Wo den Geruch von Blühen, Verwelken und Sterben wahrnehmen? Wo können wir uns aus der zerstreuten Zeit lösen und in zeitlosen Zyklen leben? Im Garten! Daran hat die Gegenwart nichts geändert, auch wenn heute, wie in Hans Magnus Enzensbergers Gedicht *fremder garten*, das Gift in den Tomaten kocht.

Der Baum

In der Mitte des Gartens steht der Weltenbaum oder der Baum des Lebens, dessen Wurzeln tief in die Erde reichen und dessen Wipfel den Himmel berührt.

In der altbabylonischen Mythologie wächst in der Mitte des ersten Gartens der heilige Baum von Eridu, dessen Wurzeln bis in die Unterwelt ragen und dessen Krone die Sonne trägt. Ein sumerischer Mythos aus dem 3. vorchristlichen Jahrtausend berichtet, wie die Himmelsgöttin Inanna einen Weltenbaum pflanzt im heiligen Garten in Uruk, dessen Äste bis zu den Sternen ragen. In seinen Stamm aber baut die dunkle Göttin Lilith ihr Haus, und in seinen Wurzeln siedelt die Schlange, die den Tod bringt und die durch keinerlei Zauber zu bezwingen ist. Auch in der jüdischen Überlieferung steht der Lebensbaum in der Mitte des ersten Gartens, gleich daneben aber steht der Baum der Erkenntnis, an dessen Stamm die Schlange züngelt, die die Sünde bringt und den Tod.

Der Weltenbaum der nordischen Mythologie heißt Yggdrasil und steht in der Mitte des ganzen Universums. Die Weltenesche ist der erste Baum im Kosmos, sie reicht vom Sternenzelt bis in die Unterwelt. Ihre Krone stützt das Himmelsgewölbe, und ihre Äste erstrecken sich über alle neun Welten.

In seinen höchsten Zweigen liegt Asgard, das Land der Götter und der Lichtalben. Die mächtigen Wurzeln des Baumes führen hinab bis nach Niflheim, das Reich des Nebels und der Finsternis, in dem die zwei Schlangen Goin und Moin an der Wurzel des Baumes nagen, führen hinab bis nach Helheim, dem Totenreich. In der Mitte des Baumes aber liegt Midgard, die Heimat der Menschen. Und am Stamm lehnt die Zeit in Gestalt der drei Nornen Urd, Verdandi und Skuld – das Gewordene, das Werdende und das, was noch kommen soll.

Der Baum, dessen Wurzeln in den Boden dringen und dessen Krone in den Himmel weist, ist in den alten Kulturen ein Symbol für das Universum als einem großen Kosmos und zugleich ein Sinnbild für den Menschen als einem kleinen Kosmos. Auch der Mensch steht mit seinen Füßen auf der Erde – ein vergängliches Geschöpf der Natur, das der Unterwelt angehört und dem Reich der Toten. Zugleich aber strebt er mit seinem Geist zu den Sternen – ein Kind der unsterblichen Götter.

Im jährlichen Zyklus von Blüte zu welkenden Blättern symbolisiert der Baum auch den Lebensweg des Menschen vom Jüngling zum Greis. Der blühende Baum ist ein Bild des Lebens, und nicht zufällig ist der Brauch, bei der Geburt eines Kindes einen Baum zu pflanzen, weitverbreitet. Der kahle oder verdorrte Baum aber ist ein Bild des Todes und der immergrüne Baum – die Pinie, Zypresse oder Tanne – ein Symbol der Ewigkeit.

Park und Weg

Weitläufig ist der Park, von den alten Bäumen tröpfelt ein sanfter Regen aus hellgrauem Junihimmel und fällt auf schmale Wege. Die Wiesen riechen nach nassem Heu.

Wir gehen täglich durch den Park in Potsdam, mein Kind und ich, vorbei am See mit den schattigen Kastanien und an der Pyramide, die der preußische König Friedrich Wilhelm II., ein Anhänger der Freimaurerei, am Ende des 18. Jahrhunderts errichten lässt, vorbei an der Orangerie mit der steinernen Sphinx. Wir spielen – die Idee des Kindes –, wir seien Wanderer, die ihre Heimat verloren haben, die ins Exil vertrieben und seit Ewigkeiten unterwegs sind, die einen Ausgang suchen oder ein Tor, das hinausführt aus der endlosen Landschaft, und die nach einer Unterkunft suchen für einige Tage oder eine Nacht. Wir probieren Wege, versuchen Richtungen und gehen im Kreis, bis wir schließlich hinausgelangen, zu einem ockergelben Haus mit grün gestrichenen Fensterläden, das uns aufnimmt für eine Weile. Dort angekommen, ist das Spiel vergessen, doch am nächsten Tag, im Park, wird es aufgenommen, als sei es nie unterbrochen gewesen.

Täglich geht Max Beckmann durch den Park, durch den Berliner Tierpark oder den Pariser Bois de Boulogne, durch den nächtlichen Park in Baden-Baden oder durch den Central Park in New York, und immer gerät sein Spaziergang zum Symbol seines Lebensweges. Der Weg durch den Park wird ihm zu einem Gleichnis für das archetypische Unterwegssein des Menschen, dem auf Erden, wie es biblisch heißt, keine dauerhafte Bleibe beschieden ist, und der, wie sesshaft er sich auch immer installieren mag, doch bloß ein Vorübergehender bleibt.

Alle Wege weisen in eine Ferne und Fremde. Alle Wege sind eine Metapher für die existenzielle Unbehaustheit und Heimatlosigkeit des Menschen. Unterwegssein ist das Schicksal des Menschen.

Heute ist das Wandern auf Wegen, etwa auf den großen europäischen Pilgerwegen, wieder in Mode gekommen. Die Idee aber ist Jahrtausende alt. Wenn sich der biblische Abraham auf Geheiß seines Gottes auf eine unbestimmte Wanderschaft begibt und wenn dieser Gott zu ihm sagt: *Lech l'cha*, so lässt sich dieses Wort nicht nur als ein »Ziehe hinaus« lesen, sondern auch als »Gehe zu dir« und damit auch als eine Aufforderung, im Wandern zu sich selbst zu kommen.

Der Mensch ist immer unterwegs – mit unbekanntem Ziel und auf labyrinthischen Wegen, auf denen er sich verläuft oder im Kreise dreht. Selten erweist sich die Gerade als die kürzeste Verbindung oder gar als der richtige Weg. Der Mensch ist immer ein Wanderer, und glücklich ist er, wenn er das nicht vergisst.

Unter der Rose

Der Juni ist der alte »Rosenmond«. Rosen blühen in Gärten und Parkanlagen, blühen auf den Fenstern gotischer Kathedralen und zu Füßen der Madonna, blühen in Dantes himmlischem Paradies und auf dem Wappen der Ritter vom Rosenkreuz. Rosen schweben über jenem sagenhaften Vogel, den ein Funke vom Flammenschwert des strafenden Engels trifft. Der Vogel stirbt, doch aus der Asche fliegt ein neuer Vogel empor. Alle hundert Jahre gibt er sich selbst den Tod, um wieder zu erstehen: Phönix, der Seelenvogel, der Vogel der Auferstehung und der Poesie.

Im griechischen Mythos entspringt die Rose aus dem Blut des Adonis, der von dem eifersüchtigen Kriegsgott Ares in Gestalt eines wilden Ebers zerrissen wird, während er bei seiner Geliebten Aphrodite weilt. So gilt die Rose in der Antike als das Symbol der heidnischen Liebesgöttin, als ein Sinnbild für ihre Schönheit und Sinnlichkeit. Die olympische Göttin Aphrodite ist zwar eine gelegentlich treulose und sogar grausame, aber immer verliebte Göttin, die das steinige Land in einen blühenden Garten verwandelt. Im römischen Mythos heißt sie Venus, die Graziöse und Liebreiche.

Auf Botticellis berühmtem Gemälde *Die Geburt der Venus* steigt die Göttin nackt und in vollendeter Schönheit aus Meerschaum und Muschel. Rosen regnen vom Himmel, und Flora eilt herbei, ihr das rosenbestickte Gewand zu reichen. Auf Tizians Gemälde *Venus von Urbino* ruht sie nackt und üppig auf dunkelroten Kissen, einen Strauß von Rosenblüten in ihrer Hand. Auf den Bildern der Präraffaeliten trägt die Göttin eine Fülle dunkelroter Locken, und ihr sinnlicher Mund glüht so rot wie die abgerissenen Rosenblätter zu ihren Füßen.

Im nordischen Mythos heißt die Göttin Freya, und ihr heiliger Hain ist von der Hundsrose umschlossen, die ihre hellen Blüten für ein paar kurze Juniwochen über die Hecken spannt.

Das Christentum hat die Rose als Sinnbild der heidnischen Göttinnen zunächst kategorisch abgelehnt. Erst im frühen Mittelalter wird die Rose zu einem Symbol der Liebe, allerdings nur der reinen und göttlichen Liebe. Die Jungfrau Maria wird zur *Rosa Mystica*, zur Rose ohne Dornen.

Seit alters ist die Rose auch ein Symbol des Todes. Auf etruskischen Sarkophagen, auf griechischen Gräbern und im altrömischen Totenkult steht die Rose für das Jenseits und für ein Weiterleben nach dem Tod. Das griechische Elysion ist mit Rosen geschmückt, die christlichen Grabnischen in den Katakomben sind mit Rosenranken verziert. Auf alten Illustrationen trägt der Tod einen Kranz von Rosen auf seinem bleichen Schädel, manchmal hält er auch ein schwarzes Banner, auf dem eine weiße Rose prangt. Und auf dem Grabstein Rilkes bei der Kirche in

Raron steht geschrieben: »Rose, oh reiner Widerspruch, Lust /
Niemandes Schlaf zu sein / unter soviel Lidern.«

Die Rose ist auch ein Zeichen der Verschwiegenheit. Im
griechischen Dionysoskult werden die Bacchanten mit Rosen
bekränzt, um sie daran zu hindern, heilige Geheimnisse aus-
zuplaudern. Bei den festlichen Trinkgelagen am Hofe der römischen Kaiser werden Rosen um die Becher gewunden, um die
berauschten Zecher vor der Preisgabe von politischen Geheimnissen zu bewahren. Auch auf den christlichen Beichtstühlen
steht die Rose später als ein Siegel der Verschwiegenheit: *sub
rosa* – unter der Rose gesagt.

Die Natur ist der Garten Gottes

Im Juni beginnt das Grün zu dunkeln, und in seiner Tiefe wohnen namenlose Glücksgeister. Das Schönwetterlicht wirft
freundliche Schatten, und die schrägen Sonnenstrahlen zaubern
Wellen auf die Blätter. Das Blesshuhnnest ist leer und treibt auf-
gelöst den Kanal hinunter. Am rostigen Zaun schlängeln sich
die Wicken in Purpur und Rosarot, auf den Beeten blühen Hibis-
cus, Passionsblumen und Malven – nur den Rittersporn haben
die Schnecken gefressen.

Die Natur ist ein von Gott geschriebenes Buch. Dieser Gedanke wird durch die Jahrhunderte hindurch immer wieder formuliert. Für Augustinus ist die Natur wie ein Buch, das dem
Menschen den Willen Gottes zu zeigen vermag. Wer im Buch der
Natur lesen kann, der kann auch das Buch der Schöpfung lesen.
Auch die Scholastik des Mittelalters liest die Natur wie eine
göttliche Schrift, um über die sichtbaren Buchstaben der Natur
zum unsichtbaren Geheimnis der Schöpfung durchzudringen.
Wer die kleinste und bescheidenste Blume am Wegesrand verstanden hat, der hat Gott und die ganze Welt verstanden.

Der englische Philosoph und Naturforscher Francis Bacon
schreibt im 16. Jahrhundert in seinem *Advancement of Lear-*

ning: »Gott bietet zwei Bücher dar, damit der Mensch nicht in Irrtum verfalle: Das erste ist das Buch der Heiligen Schrift, das Seinen Willen offenbart; das zweite ist das Buch der Geschöpfe, das Seine Herrschaft offenbart und der Schlüssel zum ersten ist.«

Thomas Browne ergänzt einige Jahrzehnte später: »Es sind zwei Bücher, aus denen ich meine Erkenntnis Gottes nehme – die Heilige Schrift, die Gott selbst gegeben hat, und das Buch der Natur, das als ein universales und allen Menschen zugängliches Manuskript vor den Augen aller ausgebreitet liegt. Diejenigen, die Ihn nicht in dem einen gesehen haben, haben Ihn in dem anderen entdeckt.«

Gott ist der große Architekt der Natur, und in der Natur liegt seine ewige Wahrheit verborgen – man muss sie nur erkennen. In Gestirnen und Elementen, in Pflanzen und Tieren, in Farben und Formen ist Gott zugleich verborgen und gegenwärtig. Der heilige Franz von Assisi begrüßt jeden Grashalm, jeden Vogel und jeden Fisch als brüderliche Gottesgeschöpfe – die Natur ist der ewige Eine, der sich vielfach offenbart. Die Natur ist nichts anderes als »Gott in den Dingen«, behauptet auch der im Jahr 1600 wegen Ketzerei auf dem Scheiterhaufen verbrannte italienische Dichter Giordano Bruno.

Im 20. Jahrhundert greift Hesse in *Narziß und Goldmund* den Gedanken noch einmal auf: »Ich glaube, daß ein Blumenblatt oder ein kleiner Wurm auf dem Wege viel mehr sagt und enthält als alle Bücher der ganzen Bibliothek. Mit Buchstaben und mit Worten kann man nichts sagen. Manchmal schreibe ich irgendeinen griechischen Buchstaben, ein Theta oder Omega, und indem ich die Feder ein klein wenig drehe, schwänzelt der Buchstabe und ist ein Fisch und erinnert in einer Sekunde an alle Bäche und Ströme der Welt, an alles Kühle und Feuchte, an den Ozean Homers und an das Wasser, auf dem Petrus wandelte.« Mit solchen Buchstaben »schrieb Gott die Welt«.

Die Natur ist der Garten Gottes. In den alten pantheistischen Naturreligionen sind Gott und Natur noch unlösbar miteinander verflochten. Gott ist identisch mit dem ganzen Kosmos – Gott ist alles, alles ist Gott. Die Natur ist grundsätzlich göttlich: In jeder Quelle, jedem Hain, auf jedem Berg und in jedem Baum atmet eine Gottheit. Der heidnische Mensch liest im Buch der Natur und deutet die Schöpfung als göttliches und prophetisches Zeichen. Er fühlt sich angesprochen durch Stein und Stern, durch Wolken und Wind, durch Vogelflug und Hagelsturm – und bemüht sich um eine Antwort.

Erst in der antiken Philosophie und Aufklärung werden Gott und Natur getrennt. Platon unterscheidet zwischen der göttlichen Ur-Idee und der Natur, die nur ein Abbild dieser Idee ist. Aus der unsichtbaren Ur-Idee entspringt die sichtbare *phýsis*, die in der lateinischen Übersetzung zur *natura* wird. Die göttlich vollkommene, unvergängliche und formlose Idee gestaltet aus sich heraus die vergänglichen Formen der Natur. Die Natur strebt zwar stets danach, so vollkommen zu sein wie die Idee, doch immer bleibt sie dahinter zurück.

Der spätantike Philosoph Plotin, der sich auf Platon beruft, definiert die Natur als eine Emanation – von lateinisch *emanatio* für Ausfluss – des höheren Einen. Die Schönheit der Natur spiegelt zwar noch die Schönheit des Einen, doch ist sie, da aus Materie erschaffen, nur noch ein niederes und unvollkommenes Abbild. Die Natur ist zwar eine Erscheinungsform des Geistes, doch die Schönheit des Geistes steht himmelweit über der Schönheit der Natur.

Plotin selbst, so wird berichtet, sei geradezu beschämt darüber gewesen, in einem Körper zu wohnen, und habe die Bitte eine Freundes, sich malen zu lassen, mit den Worten abgelehnt: »Es kostet mich Mühe genug, dieses Trugbild mit mir herumzuschleppen, in das die Natur mich eingekerkert hat. Soll ich überdies zulassen, dass das Bild dieses Bildes verewigt wird?«

Das Christentum setzt die Trennung von Geist und Natur fort. Gott ist der Schöpfer, die Natur ist seine Schöpfung. Gott ist nicht *in* der Natur, sondern *über* der Natur. »Gott geht der

Natur voraus und geht über die Natur hinaus, er ist nur noch denkend in der Natur erkennbar«, erklärt Kardinal Joseph Ratzinger in einem Vortrag an der Pariser Sorbonne. »Nicht alles, was Natur ist, ist Gott. Gott ist seiner Natur nach Gott, aber nicht die Natur als solche ist Gott.«

Der christliche Gott ist ein von aller Natur gereinigtes Wesen, das nur noch im Geiste ergriffen werden kann. Die Natur aber wird geradezu verteufelt. Der Apostel Paulus befürchtet, die Natur sei, analog dem Sündenfall, ebenfalls gefallen und folglich erlösungsbedürftig. Die Natur gilt als schwül und giftig, als unanständig und dumpf – die Natur wird dem Prinzip des Weiblichen zugeordnet und steht in scharfem Gegensatz zum männlichen Geist. Gott ist Geist, und die Natur ist seine Magd und Dienerin. Die Natur ist das Niedere und Nachgeordnete, und Martin Luther wettert hemdsärmelig: »Die Natur, Frau Hulda mit der Potznasen, tritt hervor und darf ihrem Gotte widerbellen.«

Die unversöhnliche Trennung von Geist und Natur bestimmt die christliche Lehre bis in die Gegenwart. Der Philosoph Ludwig Feuerbach hat den Dualismus 1833 in seiner *Geschichte der neueren Philosophie* scharf kritisiert: »Die Natur, deren wesentliche Form die Sinnlichkeit ist», fasst der Christ als »das zu Verneinende, als das vom Göttlichen Abziehende« auf. Sie hat für ihn nur »die Bedeutung eines Endlichen, Eitlen, Wesenlosen«. Warum soll er »die zeitliche Kreatur, das elende Geschöpf« erkennen, wenn er »den Schöpfer kennt? Wie kann der, der im vertrauten Umgange mit dem Herrn lebt, sich so herabwürdigen, in dasselbe Verhältnis zu seiner Dienstmagd zu treten?«

Romantische Natur, zerstörte Natur

Mit der Neuzeit, mit Forschung und Wissenschaft, Entdeckungen und Expeditionen, tritt der Mensch in ein neues Verhältnis zur Natur. Die Natur wird verfügbar. Sie wird zum Gegenstand naturwissenschaftlicher Analyse und zerfällt zunehmend in ihre Einzelteile. Sie wird vermessen, gezählt, geordnet, klassifiziert und katalogisiert.

Seit dem 18. Jahrhundert denkt der westliche Mensch mathematische Strukturen und analytische Nomenklaturen in die Natur hinein. In seinem Hauptwerk *Systema Naturae* sucht der schwedische Naturforscher Carl von Linné nach Gerüsten von Gleichheiten und Ähnlichkeiten und differenziert die Natur nach Klassen und Gattungen, nach Stämmen und Arten. In der Nachfolge des Linnéschen Systems legt man botanische und zoologische Gärten an, in denen die Fauna und Flora vom Nordpol bis zu den Tropen gesammelt wird. Man richtet Mikroskope auf Pockenblasen und Teleskope zum gestirnten Himmel, man misst die Entfernung der Sterne zur Sonne und die rückläufige Bewegung der Uranusmonde, man misst die Höhe des Polarlichts und den Salzgehalt des Meeres, man schlägt Funken aus Bernstein und verwandelt Dampfkraft in maschinelle Energie.

Der deutsche Universalgelehrte Alexander von Humboldt unternimmt 1796 den Entwurf einer großen Weltbeschreibung und legt am Ende seines Lebens die fünf Bände seines *Kosmos* vor: »Ich habe den tollen Einfall«, schreibt Humboldt an Karl August Varnhagen von Ense, »die ganze materielle Welt, alles, was wir heute von den Erscheinungen der Himmelsräume und des Erdenlebens, von den Nebelsternen bis zur Geographie der Moose auf den Granitfelsen wissen, alles in Einem Werke darzustellen.«

Die ganze Welt in einem Buch – das ist der Traum des Gelehrten und Entdeckungsreisenden, für den er sich in die Steppen Venezuelas begibt und in die Einöden peruanischer Gebirge, für den er Berge besteigt und in einer eisernen Glocke bis auf den Grund der Themse taucht. Ein »Naturgemälde«, so nennt Humboldt sein Werk, ein Gemälde der Welt, in dem die Planeten und Sternschnuppen ebenso beschrieben sind wie die Erde, die Pflanzen, die Tiere und die Menschenrassen, inklusive der nackten Wilden.

Humboldt sucht noch zu beweisen, dass die sinnliche Erfahrung der Natur und ihre wissenschaftliche Erkenntnis kein Widerspruch sein müssen. Er beschwört die Natur noch als ein bewegtes Ganzes, weiß aber bereits um den Verlust dieser Vorstellung. Enzensberger hat Humboldt einen »uneigennützigen Boten der Plünderung« genannt, einen »Kurier, der nicht wußte, daß er die Zerstörung dessen zu melden gekommen war, was er in seinen Naturgemälden, bis daß er neunzig war, liebevoll malte«.

Einen historischen Augenblick später füllt, um mit den Worten Enzensbergers fortzufahren, »das tierische Brüllen der Brokers die Börse« und jagt die »offene, unverschämte, direkte, dürre Ausbeutung über die ganze Erdkugel«. Mit der spanischen, portugiesischen, englischen und niederländischen Seefahrt beginnt ein weltweiter Handel mit den Rohstoffen der Natur – mit Tabak und Kakao, Kupfer und Zinn, Kautschuk und Kaffee, Erdgas und Öl.

Mit dem Handel und der zunehmenden technischen Entwicklung setzt ein Nützlichkeitsdenken ein, dem die Natur zum Opfer fällt. In der ökonomischen Aneignung wird die Natur zunehmend ausgebeutet und zerstört. Die Natur ist nicht länger ein Metaphysisches, sondern nur noch ein Mechanisches.

Im fortschreitenden Prozess der Rationalisierung aber verändert sich das Verhältnis von Mensch und Natur fundamental – das einstmals beidseitige Verhältnis wird zu einem extrem einseitigen Verkehr. Der Mensch zementiert zwar Felder und begradigt Flüsse, rodet Wälder und holt Kohle und Metalle aus den Tiefen, doch befällt ihn dabei das unbestimmte und ungute Gefühl, dass die Natur nichts davon weiß, dass sie keinerlei Notiz davon nimmt. Die Natur wird neutral und indifferent – eine vollkommen gleichgültige und gottverlassene Gegend, in der der Mensch fremd und verloren umherirrt.

Der vormoderne Mensch kann sich schlechterdings nicht vorstellen, aus der Natur herauszufallen. Immer bleibt die Natur ein Teil des göttlichen Universums und seines eigenen Daseins. Der moderne Mensch hingegen lebt in einer metaphysisch sinnlosen Natur. Über das moderne Verhältnis von Mensch und Natur schreibt der Philosoph Hans Jonas: »Daß die Natur sich nicht kümmert, daß nur der Mensch sich kümmert, in seiner Endlichkeit nichts als den Tod vor sich, allein mit seiner Zufälligkeit und der Sinnlosigkeit seiner Sinnentwürfe, das ist wahrlich eine präzedenzlose Lage.«

Als eine groß angelegte Offensive gegen die empirisch wissenschaftliche Aneignung der Natur entstehen am Ende des 18. Jahrhunderts die geistigen Strömungen des Deutschen Idealismus und der Romantik. Der Königsberger Philosoph Johann Georg Hamann etwa sucht wieder nach einer Weltanschauung, in der die Bilder der Natur als göttliche Offenbarung erkannt werden. Gott ist eine Art Schriftsteller, und seine Poesie offenbart sich im Buch der Natur. Hamann erklärt programmatisch: »Die Bilder der Natur tragen die Offenbarung Gottes in sich, Gott selbst indes bleibt ein Rätsel.«

Die Natur ist ein einziger großer und zusammenhängender Organismus, in dem Natur und Gott eine Einheit bilden, erklärt auch der Philosoph Friedrich Wilhelm Joseph von Schelling, einer der Hauptvertreter des Deutschen Idealismus. Die Natur, so Schelling, bezieht ihre Lebendigkeit nur aus der Verbindung mit dem Absoluten. Er wendet sich vehement gegen die nach seiner Auffassung blinde Art der empirisch-rationalen Naturforschung und fordert eine höhere Erkenntnis der Natur, die nicht nur die regulativen, sondern auch die metaphysischen Ideen berücksichtigt. Schellings Schrift *Ideen zu einer Philosophie der Natur* wird zu einem Fundament für das romantische Denken.

Von den Romantikern des 19. Jahrhunderts wird die durch den Rationalismus entzauberte Natur wieder ins Geheimnis gekleidet. Es geht darum, im Sichtbaren der Natur das unsichtbare Göttliche zu erkennen. Die Romantik macht die Natur wieder zu einem Sinnbild des Numinosen – in der Natur findet die Seele zu Gott und zu sich selbst.

Vor allem Caspar David Friedrich, der bedeutendste Maler der Frühromantik, sucht alles Wahrnehmbare zu göttlichen Gleichnissen zu vertiefen. Die Natur ist wie ein Kunstwerk, wie ein Gedicht oder ein Gemälde, das die Rätsel der Schöpfung in sich birgt. Bei Friedrich wird die Natur zu einem Ort der Andacht, der Erbauung und der Erhebung. Die Landschaft wird zu einem Sinnbild der Seele und des religiösen Gefühls. Dabei greift der Maler auf heidnisch-germanische Symbole wie Eiche, Hünengrab oder Rabe ebenso zurück wie auf christliche Symbole – ein Kreuz, eine Kirche oder die Ruine einer Abtei.

Vor dem Hintergrund der zunehmenden Technisierung und Mechanisierung der Welt wird die Natur zu einem letzten Zufluchtsort der Seele. Die Natur ist »die unendliche schöpferische Musik des Weltalls«, heißt es bei Novalis, das moderne Denken aber hat sie »zum einförmigen Klappern einer ungeheuren Mühle« degradiert.

Jedoch ist das romantische Naturgefühl bereits ein ganz und gar modernes Gefühl – erst auf dem Hintergrund der Industrialisierung, der wachsenden Städte und der Gleichförmigkeit der Landschaften, der Entzauberung und der Entwurzelung entsteht die romantische Naturverehrung. Die Romantik ist von Anfang an eine nostalgische Bewegung, die sich nach einer Natur zurücksehnt, die längst verloren ist.

Im 20. Jahrhundert verliert die Natur endgültig jede Verlässlichkeit. Die Anschauung der Natur und die in den wissenschaftlichen Laboratorien erarbeiteten Forschungsergebnisse fallen weit auseinander. Das scheinbar so Festgegründete löst sich auf in Bewegung, Energie und Relativität. Um die Mitte des Jahrhunderts beantwortet ein Physikstudent die Frage, wie ihm der Vortrag Albert Einsteins gefallen habe, angeblich mit dem Satz: »Es war großartig. Alles, was wir letzte Woche für die Wahrheit gehalten haben, ist jetzt nicht mehr wahr.«

Die Natur zerfällt in immer kleinere Bausteine, die sinnlich längst nicht mehr erfahrbar sind: In der Druckerschwärze im Punkt am Ende dieses Satzes finden sich angeblich mehr Atome als Sterne in der Milchstraße. Vielleicht sind alle Elementarteilchen im Universum, wie eine neuere physikalische Theorie behauptet, aus nur wenigen Grundbausteinen – aus Quarks und Teilchen – zusammengesetzt, vielleicht aber ist auch diese Theorie in der kommenden Woche bereits überholt.

Die vorläufig letzte und gründlichste Entzauberung der Natur durch die moderne Physik des vergangenen Jahrhunderts erschüttert den Menschen, vor allem den Künstler, noch schwer. Für den russischen Maler Wassily Kandinsky ist die erste Nachricht von der Spaltung des Atomkerns wie der Zerfall einer ganzen Welt, und Max Beckmann wird schwermütig angesichts der neuen Theorie, nach der die Erdatmosphäre mit einer Riesenschale aus gefrorenem Stickstoff umgeben ist.

Beckmann versucht ein letztes Mal, das Göttliche zu zeigen, das sich in der Natur verhüllt. »Was ich in meiner Arbeit zeigen will«, so notiert der Maler 1949, »ist die Idee, die sich hinter der sogenannten Wirklichkeit verbirgt. Ich suche nach der Brücke, die vom Sichtbaren ins Unsichtbare führt, wie der berühmte Kabbalist, der einmal sagte: Wenn man das Unsichtbare begreifen will, muss man so tief wie möglich ins Sichtbare vordringen.«

Das Grüne

Der moderne Mensch lebt längst in einer entgötterten Natur – in einer Schöpfung ohne Schöpfer. In der säkularisierten westlichen Zivilisation, die Gott aus dem Spiel genommen hat, weist die Natur nur noch auf sich selbst und bleibt als reiner Nutzwert übrig.

Selbst der Mensch gilt inzwischen als ein Produkt der Naturgeschichte oder als ein Zufall der Natur. Der Mensch ist nichts als die Summe seiner Gene oder seiner biochemischen Prozesse. Längst hat sich die Vorstellung durchgesetzt, die Natur sei nichts weiter als ein blinder und berechenbarer Mechanismus.

Dabei hat der heutige Mensch ein merkwürdig ambivalentes Verhältnis zur Natur. Auf der einen Seite hat er die Natur in einem nie bekannten Ausmaß vergewaltigt, verdreckt, ausgebeutet und zerstört. Er hat gigantische Waldgebiete abgeholzt, die Ozeane verschmutzt, das Wasser mit Stickstoff und Phosphor übersäuert, begrenzte Ressourcen verschwendet, die Ozonschicht durchlöchert, die globale Temperatur mit Treibhausgasen in beispiellose Höhen getrieben und ungezählte Tier- und Pflanzenarten aussterben lassen. Eine intakte und unberührte Natur gibt es heute fast nirgendwo mehr.

Auf der anderen Seite wird die Natur neuerdings überhöht. Je weniger Natur es gibt, desto stärker wird sie idealisiert und romantisiert. Die reine Natur, die nur noch Fiktion ist, wird plötzlich zu einem Synonym für Schönheit, Gesundheit und Glück. Die Natur ist zu einem Marketing-Begriff geworden: Es gibt natürliches Mineralwasser und naturbelassene Lebensmittel, Naturkosmetik und Naturheilkunde. Plötzlich will der Mensch wieder im Einklang mit der Natur leben. Plötzlich gilt wieder der alte Spruch von Goethe: »Alles ist gut, wie es aus den Händen der Natur kommt!«

Ein meisterhafter Ausdruck dieser neuen Naturromantik ist der Film *Avatar*, der 2009 in die Kinos kommt und in der westlichen Welt zu einem der erfolgreichsten Filme avanciert. Regisseur James Cameron bedient die Sehnsucht des modernen Menschen nach einer heilen, unverdorbenen und von keinem Plastikmüll verseuchten Natur vollkommen.

Auf der einen Seite steht ein gieriger und ausbeuterischer Konzern, der auf dem fernen Mond Pandora einen begehrten Rohstoff abbauen will und dabei keinerlei Rücksicht auf die indigene Bevölkerung und deren Lebensraum nimmt. Auf der anderen Seite stehen ebendiese Ureinwohner, die mit der Natur noch eng verbunden sind und aus Bäumen und Tieren ihre Identität und ihre spirituellen Kräfte schöpfen. Cameron spielt das Thema virtuos aus: Es gibt einen Helden, der die Seiten wechselt, und eine Liebe, die alle Grenzen überwindet. Zuletzt ist Pandora wieder ein naturreines und von keiner Zivilisation beflecktes Paradies – die edlen Wilden inklusive.

Im Zuge der Naturromantik ist auch eine neue Naturreligiosität entstanden – Neopaganismus, Heidentum, Tribalismus oder Schamanismus erleben plötzlich eine Renaissance. Auch das »Grüne« wird zu einer neuen Glaubenslehre. Dort, wo das traditionelle Christentum erodiert, gewinnt der Ökologismus zunehmend den Rang eines Bekenntnisses. Vor allem in Deutschland, dem Land der Bioläden, der Energiewende und des Dosenpfands, hat der Ökologismus beinahe den Rang einer Religion erobert.

»Der Ökologismus ist heute eine der einflussreichsten Religionen der westlichen Welt«, pointiert der amerikanische Filmemacher Michael Crichton: »Es scheint die bevorzugte Religion urbaner Atheisten geworden zu sein.« Tatsächlich hat sich die neue ökologische Naturromantik vor allem in den städtischen Ballungsgebieten etabliert, in denen es kaum noch Natur gibt und die Lebensmittel aus dem Biosupermarkt kommen – in ländlichen Gebieten, in denen man auch die Härte der Natur noch kennt, ist sie deutlich weniger verbreitet.

In einer seltsamen Umkehrung des alten Dualismus aber gilt heute die Maxime: Die Natur ist rein, unverdorben und gut – nur der Mensch ist schmutzig, sündig und schlecht. Überhaupt bleiben die alten religiösen Bilder im Ökologismus der Moderne erstaunlich lebendig. Die Farbe Grün ist seit alters ein Symbol der Natur, der Hoffnung, der Auferstehung und Erlösung. Auch die alte apokalyptische Endzeiterwartung ist ungebrochen. Zwar ist das moderne Katastrophenszenario rein naturwissenschaftlich mit Treibhauseffekt, globaler Erwärmung und Klimawandel begründet, doch die Visionen von Stürmen, Dürrekatastrophen und Hagel, von Hochwassern und vergifteten Meeren sind dieselben wie in der Offenbarung des Johannes.

Sommersonnenwende

Mitten im Juni beginnt der Abschied. Mitten im Sommer, auf der Höhe des Jahres, beginnt der Abstieg hin zum Tod. In der Mittagsstunde wird der Abend geboren.

An *Johanni*, dem christlichen Fest der Geburt Johannes des Täufers am 24. Juni, beginnt eine Umkehr. Das äußere Licht der Sonne, auf seinem höchsten Punkt angekommen, zieht sich zurück und verweist auf das innere Licht und die »Sonne Christus«, die an Weihnachten geboren werden soll. »Er muss wachsen, ich aber muss abnehmen«, so lauten die überlieferten Worte des Johannes (Joh 3,30).

Im Brauchtum zur Sommersonnenwende vermischen sich christliche und heidnische Traditionen. Das Johannisfeuer, das seit dem 14. Jahrhundert und bis heute vor allem in den nordeuropäischen Ländern entzündet wird, steht nicht nur für Christus und seinen Täufer, sondern auch für eine vorchristliche Sonnensymbolik – das Rad der Sonne ist ein Zeichen des Jahres, des Lebens und der Ewigkeit.

Mit der Sonnenwende des Jahres beginnt auch die Wende im Leben des Menschen. Auf dem Zenit seines Sommers fängt seine Jugend an zu altern, seine Schönheit zu welken, seine Wärme zu erkalten. Die erste Hälfte des Jahres – wie des menschlichen Lebens – ist ein stetiger Aufstieg, eine Ausdehnung und eine Entfaltung. Die zweite Hälfte des Jahres – und des Lebens – hingegen ist ein unaufhörlicher Abstieg, eine zunehmende Einschränkung und Verinnerlichung.

Die erste Hälfte des Lebens, so hat C.G. Jung erklärt, dient der Natur, dient der Entwicklung des Ich, dem Aufbau einer sozialen Existenz und einer Familie, dient dem Gelderwerb und auch dem Erfolg. Die zweite Hälfte des Lebens hingegen dient der Kultur, dient der inneren Entwicklung und der Erkenntnis. Die erste Lebenshälfte ist aktiv und richtet sich auf die Eroberung der Außenwelt, die zweite Lebenshälfte aber ist kontemplativ und zielt auf die Entdeckung der inneren Welten.

Der Nachmittag des menschlichen Lebens ist ebenso sinnreich wie der Vormittag – doch der Sinn ist ein vollkommen anderer. Die Jagd nach den äußeren Schätzen der Welt ist vorbei; jetzt beginnt die Suche nach jenen Schätzen, die nicht von Rost und Motten gefressen werden.

An Johanni blüht der Hollerbusch, der große Holunder, dem schon seit der Antike magische Kräfte zugeschrieben werden. Er gilt als ein Symbol für Umkehr und Katharsis. An Johanni blüht auch der Rainfarn mit seinen gelben Blüten, der Farn, der unsichtbar macht, wenn man ihn in die Schuhe streut – aber nur heute, nur an Johanni.

JULI

Wir schlafen, solange wir nicht lieben.
Wir sind Kinder des Staubs ... aber bist du verliebt,
bist du Gott, bist rein wie am ersten
Schöpfungstag ...

Lew Tolstoi, Russland
Krieg und Frieden, 1869

Die heißen Tage lodern wie Flammen, die glühenden Stunden sind flüchtig wie ein Rausch. Fantastisch glüht der Berg im Mittagslicht, flirrend stehen die Schatten auf dem brennenden Pflaster, tieffarbig leuchten die schweren Blüten – rot, purpur, scharlach, violett.

Ein sterbend heißer Nachmittag. Die Hitze hat, wenn sie aufkommt, etwas Reptilienhaftes. Wie eine Schlange, die an einem Baumstamm herabkriecht und in der Sonne züngelt. Zur Signatur des Julis gehören Leidenschaft und Übermut, brennende Landschaft und kochendes Blut. Im Kirchenkalender zählt der Juli, wie alle Sommermonate, zur sogenannten festlosen Zeit des Jahres – der Sommer aber feiert sich selbst. Der Juli ist ein einziges Fest. Ein Fest der Liebe.

Was wäre das Leben ohne die Liebe? Es wäre taub und stumm, steril und tot. Ohne Liebe könnte das Menschengeschlecht nicht einen einzigen Tag überleben. Ohne Liebe gäbe es uns nicht. Ohne Liebe wäre das Leben sinnlos und schal.

Was wäre das Leben ohne Liebesverhältnisse? Es wäre öde, langweilig, trostlos und leer. Was wäre das Leben ohne die leidenschaftlichen Amouren, die pikanten Affären oder die unglücklichen Mesalliancen, die wir so gern beobachten, von denen wir so gerne hören oder lesen?

Was wäre die Weltliteratur ohne Liebesromane? Von den unausweichlichen Verwicklungen der Liebe erzählt Goethe in seinen *Wahlverwandtschaften*, von der *Liebe in den Zeiten der Cholera* berichtet Gabriel García Márquez. Von Verführung und bedingungsloser sexuelle Begierde weiß Marguerite Duras in ihrem Roman *Der Liebhaber*, von der Kraft der Erotik erzählt Vladimir Nabokov in seinem Roman *Ada oder Das Verlangen*. Katastrophal ist die *Geschichte von Liebe und Finsternis* bei Amos Oz, *Unwiederbringlich* ist die Liebe bei Theodor Fontane.

Es scheint, als sei alles gesagt. Und dennoch ist nie genug gesagt von dem, was zu sagen gewesen wäre – nicht das einzig

Richtige vom Taumel oder vom einschlagenden Blitz. Und der englische Dichter Lord George Byron ruft denn auch: »Hinweg mit Romanen, hinweg mit Gedichten, / Sie weben uns doch nur betrüglichen Schein; / Ein Herz nur – sonst will ich auf alles verzichten.«

Verlangen und Einsamkeit

Wir alle wollen lieben und geliebt werden. Das menschliche Verlangen nach Liebe ist so alt wie das Menschengeschlecht selbst und geht weit über eine bloß animalische Begierde oder persönliche Bedürftigkeit hinaus. Das Verlangen nach Liebe ist so machtvoll wie das Verlangen nach Nahrung. Wir hungern sprichwörtlich nach Liebe.

Das Verlangen nach Liebe ist existenziell. Der Mensch nämlich ist, biblisch gesprochen, aus seinem einstigen Paradies und aus seiner vorzeitlichen Einheit herausgefallen, aus seinem Einssein mit der Natur, dem Kosmos und dem Gott. Seither ist er ein Einzelner und Einsamer in der Welt.

Die Frucht vom Baum der Erkenntnis schenkt dem Menschen das Bewusstsein seiner selbst und damit auch das Bewusstsein seiner Vereinzelung und seiner Sterblichkeit. Seither weiß er um die Kürze seiner Lebensspanne und um seine Einsamkeit. Er weiß, dass er allein sterben wird und getrennt von denen, die er liebt. So fühlt er sich hoffnungslos abgesondert und würde vermutlich dem Wahnsinn verfallen, wenn er nicht seine Hand ausstrecken könnte nach einem anderen Menschen. Sein Verlangen nach Liebe ist das verzweifelte Verlangen, seine Getrenntheit zu überwinden und sich aus dem unerträglichen Gefängnis seiner Einsamkeit zu befreien.

Es ist nicht gut, dass der Mensch allein sei, so heißt es schon in der Genesis. Deshalb gibt Gott dem Adam eine Gefährtin. Der einzelne Mensch, so weiß der biblische Mythos, ist unvollständig. Er ist bloß die eine Seite, die eine Hälfte des Ganzen.

Einen ähnlichen Gedanken formuliert Platon in seinem *Symposion*, in dem er die berühmte Idee des zweigeschlechtlichen Kugelmenschen entwickelt. Der Mensch, so heißt es hier, sei ursprünglich androgyn und kugelgestaltig gewesen, vollkommen und sich selbst genügend. Er sei kreisrund – nämlich ganz – gewesen und habe vier Hände und vier Füße gehabt, zwei Gesichter und zwei Geschlechter, aber nur einen Kopf, in dem er hochfahrende Gedanken entwickelt habe.

Dieser Hochmut aber habe ihn dazu verführt, sich mit den Göttern zu messen. Zeus, der die frevelhafte Überhebung nicht ungestraft hinnehmen mag, verfällt auf die Idee, den Kugelmenschen in zwei Hälften zu zerschneiden – mit zwei Armen und zwei Beinen, aber mit nur einem Geschlecht. Seitdem ist der Mensch zerschnitten und getrennt, und jeder Einzelne ist nur noch eine Hälfte, die sich immerfort nach ihrer anderen Hälfte sehnt. Seitdem tritt jeder Mensch voll Verlangen an einen anderen heran, und beide schlingen die Arme umeinander, um wieder zusammenzuwachsen und zur Ganzheit zu finden. Platon schreibt: »Liebe ist die Sehnsucht nach der Ganzheit, und das Streben nach der Ganzheit wird Liebe genannt.«

Seit je hat der Mensch nach Mitteln und Wegen gesucht, um dem Gefühl des Getrenntseins zu entrinnen. Uralt sind die Versuche, in verschiedenen orgiastischen Zuständen, in Rausch oder Trance, die Außenwelt vorübergehend zu vergessen und damit auch das Gefühl, von dieser abgesondert zu sein. Eng verwandt mit diesen Zuständen ist das sexuelle Erlebnis – auch der Orgasmus kann eine Empfindung der Einheit hervorrufen und die Kluft zwischen zwei getrennten menschlichen Wesen einen Moment lang überbrücken.

Nicht nur in den archaischen Gesellschaften werden rauschhafte und sexuelle Riten häufig miteinander verbunden – das Gefühl des Alleinseins wird einen Augenblick lang ausgelöscht. Steigern lässt sich das Erlebnis der Vereinigung noch, wenn es in der Gruppe geschieht – zu den Ritualen der frühen Stammesgesellschaften gehören vielerorts auch gemeinsame sexuelle Orgien.

Die Zugehörigkeit zu einer Gruppe – einem Stamm, einer Familie oder einer religiösen Glaubensgemeinschaft – ist für viele Menschen der einfachste und gebräuchlichste Weg, um ihr existenzielles Alleinsein zu vergessen. Die Funktion von Gruppen, so unterschiedlich sie auch sein mögen, ist immer dieselbe: Die Gemeinschaft der Gruppe erlöst den einzelnen Menschen von seiner unerträglichen Einsamkeit. In der Gruppe kann er sich aufgehoben und geborgen fühlen.

In der Gruppe sind idealerweise alle gleich – alle folgen denselben Konventionen und Kleidungsvorschriften, denselben Konsumgewohnheiten oder derselben Konfession. In der Gruppe wird die Verschiedenheit so weit wie möglich nivelliert. Je stärker sich die Mitglieder der Gruppe einander anpassen und angleichen, desto sicherer fühlen sie sich. Je dichter die Gruppe, desto eher schwindet die Furcht vor Berührung und Intimität. Die Gruppe wird wie der eigene Körper. In einer eng stehenden Gruppe drängt sich ein Körper an den anderen Körper, und man spürt sich selbst nicht mehr.

In den modernen westlichen Gesellschaften haben die alten Gruppen ihre verbindende Funktion weitgehend verloren – auf dem vorläufigen Höhepunkt der Individualisierung hat sich das selbstbewusste Ich von allen alten Bindungen gelöst, von Stamm und Volk und zuletzt auch von der Familie. Die westliche Welt sieht sich zunehmend konfrontiert mit der Einsamkeit von Menschen, die allein in großstädtischen Apartments hausen und denen nichts bleibt als der unerschütterliche Wunsch nach einer Liebe, die ihr Alleinsein beendet.

Romantische Liebe oder
der Traum vom großen Glück

Rosarote Wolken schwimmen wie Amoretten auf dem Abendhimmel, warm streicht der Wind durchs Haar. Wetterleuchten zuckt, Musik klingt von irgendwo her, Sommerfäden fliegen über das Land und knüpfen unsichtbare Bande.

Wenn wir von Liebe sprechen, so meinen wir zumeist die erotische Liebe zwischen den Geschlechtern – diese Liebe, die Sinne und Seele verzaubert. Diese Liebe ist das Wunder, ist Jubel und Seligkeit.

Diese Liebe ist die unerklärliche Macht, die sich aus den flüchtigsten Begegnungen und Blicken aufbaut und dann stärker wird als der Tod. Diese Liebe meinen wir, und auf diese Liebe warten wir – auf eine Liebe, die über uns hereinbricht wie ein sommerliches Gewitter, die uns überschwemmt mit einem Sturzbach der Gefühle, die daherkommt wie ein Blitz und unser Dasein vollkommen verwandelt. Manche von uns warten ein ganzes Leben lang.

Die Liebe, von der wir träumen, ist die romantische Liebe. All unsere Träume meinen eine leidenschaftliche, süße und verwirrenden Liebe, die unser Leben beglücken und erfüllen soll. Eine Liebe, in der wir einander ganz gehören – für immer und ewig. Unsere Vorstellung von Liebe ist geradezu märchenhaft. Wie im Märchen werden wir miteinander glücklich sein bis ans Ende unserer Tage.

Die romantische Idee der Liebe scheint unausrottbar, auch wenn wir nahezu täglich Zeuge ihres Scheiterns sind. Wir alle kennen die Trennungen, die Scheidungsgeschichten und die Zahlen. Wir wissen, dass die Liebenden oft nur kurz beisammen sind und dass ihre Trennung zumeist nur eine Frage der Zeit ist. Wir wissen, dass etwas an unserer romantischen Vorstellung von der Liebe nicht stimmt, und dennoch halten wir unbeirrbar an ihr fest.

Die Idee der romantischen Liebe, die im Augenblick des Verliebtseins entsteht und dann ein Leben lang währt, ist eine historisch eher junge Idee. Sie stammt aus dem späten 18. Jahrhundert, in dem die romantischen Dichter und Philosophen ein Konzept entwickeln, nach dem Liebe und Ehe zusammengehören. Vor allem der Schriftsteller und Kulturphilosoph Friedrich Schlegel fordert 1799 in seinem Roman *Lucinde* eine unauflösliche Einheit von wilder Leidenschaft und bürgerlichem Lebensbund und schreibt an seine fiktive Geliebte: »Unsere Ehe ist unsterblich wie unsere Liebe.«

Das romantische Konzept der Liebe meint die ewige Einheit und Verbindung zweier Menschen, die weit über dieses Leben und diese Welt hinausreichen. Es meint die Verschmelzung zweier Leiber und zweier Seelen als eine wundersame Vermählung, die bis ins Grab und darüber hinaus andauert.

Die Idee der romantischen Liebe stellt die bis dahin gängige Praxis der Ehe auf den Kopf. Bis in die Neuzeit nämlich ist nicht die Liebe, sondern die Ökonomie das entscheidende ehestiftende Moment. Die Ehe dient der Existenzsicherung und der Aufzucht der Nachkommenschaft. Man heiratet innerhalb fester Standesgrenzen, um die familiären Besitztümer und den sozialen Status zu sichern. Die Ehe ist kein amouröses Abenteuer, sondern eine Arbeitsgemeinschaft.

Bis heute ist diese Auffassung in weiten Teilen der Welt verbreitet. Ehen entspringen nicht den Wünschen eines verliebten Paares, sondern werden von Heiratsvermittlern oder von den Familien arrangiert. Häufig haben sich die künftigen Ehepartner nie zuvor gesehen – man erwartet, dass sich die Liebe im Lauf der Ehe schon einstellen wird.

Dem modernen Menschen scheint das anachronistisch, abseitig und geradezu unannehmbar. Er hält hartnäckig fest an seiner romantischen Idee von Liebe und Ehe – und scheitert im großen Stil.

Er ist hin- und hergerissen zwischen lauter Widersprüchen.

Einerseits träumt er von der ewigen Liebe, andererseits hält er die ewige Liebe für eine eher vergängliche Form der Ewigkeit und bewundert die Lässigkeit, mit der seine populären Idole ihre Lebensabschnittspartner wechseln. Einerseits schwört er Treue, andererseits findet er die monogame sexuelle Bindung fade und ist durchaus geneigt, sich gelegentlich durch einen Seitensprung zu stärken. Einerseits hält er die Liebe für eine Himmelsmacht, andererseits trägt er sie ungerührt zu Markte.

Scheinbar ist die Liebe ganz einfach – so einfach wie atmen oder essen. Tatsächlich gehört die Liebe zu den schwierigsten Aufgaben des Lebens. Liebe ist eine wahre Kunst.

In diesem Sinne hat der jüdische Philosoph und Psychologe Erich Fromm in den Fünfzigerjahren des 20. Jahrhunderts sein Buch *Die Kunst des Liebens* geschrieben. Unsere Vorstellung von der romantischen Liebe, so behauptet Fromm, unterliegt drei grundsätzlichen Irrtümern und scheitert deshalb aus drei Gründen.

Der Mensch glaubt erstens gern, er sei grundsätzlich zur Liebe fähig und es fehle ihm lediglich der richtige Partner, den er lieben könne und von dem er geliebt werde. »Viele Menschen meinen«, so Fromm, »zu *lieben* sei ganz einfach, schwierig sei es dagegen, den richtigen Partner zu finden.« Dieser Glaube hat sich allgemein durchgesetzt, und so sucht man heute vor allem nach dem passenden Objekt. Man sucht nach einem Partner, der einem selbst möglichst ähnlich ist und den eigenen Erwartungen entspricht – je ähnlicher der Partner, so glaubt man, desto höher die Chancen für die Liebe. Man folgt den Versicherungen der Partnervermittler und hält die Liebe für eine Frage der »matching points«, also der Übereinstimmungen von Aussehen, Ausbildung, Verdienst und Status. Man definiert seine persönliche Präferenzen, erstellt ein Profil und lässt sich von den Computern der Online-Dating-Börsen die dazupassenden Kandidaten aus der Kartei suchen. Man sucht die Liebe zu berechnen.

In Deutschland suchen heute mehr als zwei Millionen Alleinstehende online einen Partner. Die Auswahl ist also groß. Auf Wunsch wird nicht nur nach Alter und Größe gefiltert, sondern auch nach Lieblingssex und Lieblingsfilmen. Man sucht die Liebe zu finden, indem man die Unterschiede zwischen der eigenen Person und dem Partner so gering wie möglich hält. Das Motto lautet: Ich liebe dich, weil du mir gleichst. Man glaubt, das Scheitern einer Liebe sei eine Folge der falschen Partnerwahl, und nimmt sich vor, beim nächsten Mal noch sorgfältiger zu selektieren. Man spricht von Liebe, meint aber eigentlich einen »*égoïsme à deux*«.

Der Mensch glaubt zweitens gern, so heißt es bei Fromm, es komme nicht darauf an, dass man liebe, sondern darauf, geliebt zu werden: »Die meisten Menschen sehen das Problem der Liebe in erster Linie als das Problem, *selbst geliebt zu werden*, statt zu *lieben*.« Deshalb geht es ihnen vor allem darum, liebenswert zu sein oder zu erscheinen – Attraktivität ist das erste Gebot. Attraktivität aber ist eine Frage des Marktes. In den westlichen Gesellschaften ist die Liebe längst zu einer Ware geworden, die mit Jugend, Schönheit, Erfolg, Macht oder Reichtum bezahlt wird. Der Mensch wirft seine Werte auf den Markt und sucht den bestmöglichen Handel abzuschließen. Er sucht nach einem Objekt, das im Hinblick auf seinen eigenen Marktwert ein gutes Geschäft verspricht. Er verliebt sich, wenn er, wie Fromm sagt, das Gefühl hat, »das beste Objekt gefunden zu haben«, das für ihn »in Anbetracht des eigenen Tauschwertes auf dem Markt erschwinglich ist«. Der Mensch, dem es vor allem darum geht, geliebt zu werden, ist abhängig vom Markt. Immer muss er sich fragen, ob er die Konkurrenz noch aus dem Felde zu schlagen vermag. Immer hat er das leicht bittere Gefühl, austauschbar zu sein. Seine Liebe bleibt infantil und wurzelt in einem Defizit, einem Mangel oder einer Bedürftigkeit. Er will geliebt werden, weil ihm etwas fehlt und weil er etwas haben will. Das Motto lautet: Ich liebe dich, weil ich dich brauche.

Der dritte Irrtum, so hat Fromm erklärt, »beruht darauf, dass man das Anfangserlebnis, *sich zu verlieben,* mit dem permanenten Zustand *zu lieben* verwechselt«. Der Mensch glaubt gern, die Liebe sei ein Gefühl, das ihm wie Sterntaler in die Schürze fällt. Er verwechselt die Liebe mit dem rauschhaften Zustand des Verliebtseins, in dem man geradezu verrückt nacheinander ist.

Wir verlieben uns und teilen augenblicklich alles – die Bücher und die Musik, den Brotkorb und das Bett. Die ekstatische Selbstvergessenheit, die über uns kommt wie eine Flut, die schöne Aufregung, die noch die alltäglichsten Dinge verzaubert, die blauen Nächte, in denen wir unsere Leiber aneinanderschmiegen, die Sehnsucht, mit der wir uns in unendliche Höhen schwingen – im Taumel des Verliebtseins reichen wir uns die Hände und rennen die Mauern ein, die wir sonst so sorgsam errichten. Wir lassen uns fallen und wehren uns nicht.

Leider dauert der Zustand des Verliebtseins nicht an. Mit der Zeit verliert das Gefühl seine Frische und Intensität. Die Faszination des Fremden wird immer schwächer. Wir glauben, einander zu kennen, und haben keine Geheimnisse mehr. Der Rausch verfliegt. Enttäuschung breitet sich aus, Ernüchterung und Langeweile. Wir setzen die Brille der Verklärung ab und stürzen den Geliebten vom Sockel.

Den Menschen, den wir nun vor uns sehen, haben wir nicht gemeint. Das Wunder hat sich als Wahn entpuppt, der leuchtende Stern ist nur noch eine Sternschnuppe. Wir sind verstimmt und stochern in erkaltender Asche. Eines Tages müssen wir feststellen, dass uns die Verliebtheit abhandengekommen ist wie ein Handschuh oder ein Regenschirm. Und so mauern wir die Türen, die wir so hoffnungsfroh geöffnet haben, auf dem schnellsten Wege wieder zu.

Der Mensch, der auf Gefühle setzt, baut auf Sand. Gefühle ändern sich ständig – sie sind heute so und morgen anders. Gefühle kommen und gehen, und jeder, der auch nur einen flüchtigen Blick in seine eigene Gefühlswelt gewagt hat, weiß, dass selbst seine tiefsten Gefühle schwanken können und verschwinden. Auf Gefühle kann man sich nicht verlassen. In einem Augenblick empfindet man heiße Liebe, im nächsten ist man kalt wie Eis.

Überhaupt sind Gefühle eine leidige Angelegenheit. Große Gefühle wollen wir nur auf der Kinoleinwand oder in der Literatur. Im Alltag sind sie uns eher peinlich. Wir lieben lieber vorsichtig. Wir zahlen lieber mit kleiner Münze. Wir wollen uns nicht verschwenden und uns nicht verausgaben. Wir wollen keine wilden und unvernünftigen Gefühle, wir wollen uns nicht verzehren und nicht auf den Knien liegen – schließlich sind wir keine törichten Teenager.

Wir berechnen unsere Gefühle lieber wie Investments und gehen strategisch mit ihnen um. Wir sind zwar bereit, ein Gefühl zu geben, erwarten aber im Austausch ein adäquates Gegengefühl. Wir wollen nicht mehr investieren, als wir zurückbekommen, andernfalls fühlen wir uns betrogen. Unsere derart haushälterischen Liebesverhältnisse nennen wir richtig »Beziehungen« – ein Begriff, in dem das Bemühen um emotionale Sparsamkeit schön zum Ausdruck kommt.

Was also bleibt von unserer romantischen Liebe? Die Antwort ist ziemlich einfach: Der Schlüssel zur Liebe ist – die Liebe selbst. Liebe finden wir nur dort, wo wir selbst lieben.

Die Liebe ist keine Frage des Partners, sondern eine Frage der eigenen Liebesfähigkeit. Sie ist keine Frage des Gefühls, sondern eine Frage der Entscheidung. Sie ist keine Frage des Empfangens, sondern des Gebens. Liebe ist die Fähigkeit, so schreibt Fromm, etwas »vom Kostbarsten« zu geben, das man besitzt, »etwas von seinem eigenen Leben«. Liebe ist die Bereitschaft des Menschen, einem anderen von dem zu geben, was in ihm lebendig ist.

Der Schlüssel zur Liebe ist der Satz: Ich liebe. Wenn ich liebe, dann ist eigentlich alles gut. Wenn ich liebe, dann öffne ich meine Grenzen – allein in dieser Öffnung aber liegt alles Glück.

Wenn ich liebe, dann fühle ich mich eins mit der Welt. Wenn ich liebe, dann werde ich Gegenliebe hervorrufen. Mehr noch: Wenn ich liebe, dann wird die Frage nach Gegenliebe irrelevant.

Die Liebe ist kein Kinderspiel. Liebe ist eine Kunst und braucht, wie jede Kunst, ein Maß an Klugheit, Inspiration, Entschlossenheit, Willenskraft und Disziplin, das einem nicht so ohne Weiteres in den Schoß fällt.

Eros oder die geschlechtliche Liebe

Julitage. Die Luft steht wie Zuckersirup in Gläsern. In der schläfrigen Schwüle träumt Pan, der liebestrunkene Gott und Mittagsdämon, von einer raschen und heftigen Lust. Aus der Hitze flieht die Geliebte in Ovids Elegien ins Dämmerlicht der Schlafkammer zu einer kurzen und glühenden Stunde, die Lider schwer vom Mohn.

Nichts ist so allgegenwärtig, so verlockend und so beherrschend wie das Geschlecht. Nichts dringt tiefer in das Wesen des Menschen ein. Inmitten des Blutes steht das Geschlecht, dem man nicht entrinnen kann, es sei denn, man ist über das Blut hinaus. Das Geschlechtliche ist eine Lebensmacht – man entkommt ihm nicht und wird nie ganz mit ihm fertig.

Das geschlechtliche Verlangen, das den Menschen übermächtigt und ihm seinen Verstand raubt, haben die Griechen Eros genannt. Eros ist der Gott der Liebe, und in Hesiods *Theogonie* ist er, zusammen mit Gaia und dem Chaos, die schöpferische Kraft des Kosmos. Eros ist es, der alles begonnen, so heißt es in den griechischen Texten – Eros ist der Weltenschöpfer. Er schafft die Verbindung zwischen dem Urvater und der Urmutter, zwischen Himmel und Erde.

In den Mythen der alten Welt entsteht die Schöpfung aus der liebenden Vereinigung eines ersten Ur-Paares. Im ägyptischen Mythos vereinigt sich der männlich gedachte Erdgott Geb mit der weiblichen Himmelsgöttin Nut, der Sternenfrau, die sich mit ihrem Körper über ihn wölbt. Im griechischen Mythos vereinigt sich die Erde Gaia mit Uranos, dem Himmel, und aus der kosmischen Ehe entsteht das erste Göttergeschlecht, entstehen die Sonne und das Meer, die Ordnung und die Zeit.

In der griechischen Klassik ist Eros noch ein junger und schöner Zauberer und Jäger, der ein Netz oder eine Peitsche in den Händen hält. Im späteren Hellenismus hingegen ist er nur noch ein geflügelter Knabe mit Pfeil und Bogen, der launisch und unberechenbar die Pfeile aus seinem Köcher zieht und seine Opfer wahllos trifft. Einige Pfeile sind vergoldet und wecken in dem Getroffenen eine leidenschaftliche Begierde, andere Pfeile sind in Blei getaucht und sorgen dafür, dass die Liebenden sich voneinander abwenden.

Eros kann die Liebe entzünden, aber auch enttäuschen. Er kann den Menschen in den höchsten Himmel der Lust erheben, kann ihn aber auch im tiefsten Leid zerschmettern. Der geflügelte Gott ist wie eine Naturgewalt – wir können ihm nicht widerstehen. Wir glauben zu wollen und gehorchen doch bloß, wir glauben zu erobern und sind schon gefangen, wir glauben zu locken und sind längst verloren.

Das Geschlechtliche ist die Signatur allen irdischen Seins – im Gegensatz von Männlichem und Weiblichem zeigt sich der Kern der dualistischen Welt. Die geschlechtliche Liebe aber ist der Versuch, diese Gegensätze aufzuheben und, zumindest für einen kurzen Moment, in einen Zustand der Einheit zurückzukehren.

Die Liebe beginnt im Körperlichen. Wir erfahren die Getrenntheit in erster Linie als eine körperliche Getrenntheit – der Körper ist die Grenze. Die körperliche Vereinigung, die Verschmelzung zweier Leiber in der Ekstase, ist ein Versuch, jenes Glück der verlorenen Einheit wiederzufinden, nach der wir uns so verzweifelt sehnen. Im Orgasmus erfährt der Mensch einen kurzen Geschmack der Einheit und einen Bewusstseinszustand, der sich vollkommen unterscheidet von jenem Zustand, den er als seinen normalen ansieht und in dem er liest, arbeitet, sich die Zähne putzt oder seine Post erledigt.

Die jüdisch-christliche Kultur hat seit je ein höchst ambivalentes Verhältnis zum Körperlichen. Der Körper gilt als Instrument der zügellosen Sinneslust, die in den Staub sinkt und beschmutzt. Der Körper ist das Medium der Schuld und des Todes. Vor allem dem Christentum wird bis heute eine extreme Körperfeindlichkeit vorgeworfen. Das Christentum, so hat Nietzsche behauptet, habe dem Eros ein Gift zu trinken gegeben, das ihn zwar nicht getötet, wohl aber zum Laster degradiert habe.

Tatsächlich ist das Christentum in der Frage des Körperlichen bis ins Mittelalter völlig zerrissen – Körperfeindlichkeit und Körperbejahung stehen in stetiger Spannung. Der Körper wird, so hat der französische Historiker Jacques Le Goff nachgewiesen, zugleich glorifiziert und unterdrückt, gepriesen und gedemütigt. Einerseits ist der Körper »das abscheuliche Gewand der Seele«, wie Papst Gregor der Große erklärt, andererseits lehrt der scholastische Theologe Bonaventura im 13. Jahrhundert, die Geschlechtlichkeit des Körpers trage zur Vollkommenheit der menschlichen Natur bei. Einerseits ist der Körper der Pfuhl der Sünde, andererseits ist er das Gefäß des Heiligen Geistes.

»Seid fruchtbar und mehrt euch«, so steht es in der Genesis (1. Mose 9,7). Im alten Judentum ist die geschlechtliche Liebe nichts Schlechtes oder Böses – solange sie dem Zweck der Zeugung dient. Dort aber, wo sie bloß der Sinnlichkeit und dem Spiel der Triebe folgt, gilt sie als pervertiert. Nach jüdischer Lehre ist die rein sexuelle Lust die Brutstätte der Dämonen, die darauf lauern, den Menschen zu verderben. Sie nutzen seinen Geschlechtstrieb und schicken ihm jene feuchten Träume, denen er wehrlos ausgeliefert ist und gegen die er sich selbst durch strenge Askese, eiskalte Tauchbäder oder das unermüdliche Studium der Torah nicht schützen kann.

In den alten Religionen werden die Regeln und Normen der Sexualität von Gott gesetzt. Erst in dem Moment, in dem sich der Mensch von Gott befreit, befreit er sich auch von der sexuellen Norm. Wenn es aber keine Norm gibt, dann gibt es auch keine Abweichung von der Norm.

Seit Sigmund Freud, dem jüdisch-österreichischen Psychoanalytiker und erklärten Religionskritiker, gilt das Geschlechtliche nur noch als die primäre Antriebskraft des Menschen, der inmitten seiner Triebe steht, die er nicht zu kontrollieren und nicht zu beherrschen weiß. Die genitale Erotik ist der Mittelpunkt seines Lebens, und all seine Werke und Taten, seine Kreativität und sein Ehrgeiz, sind nichts als Sublimation. Seine Religion ist eine Form seiner Neurose, seine Sehnsucht gilt der Rückkehr in den Mutterschoß, und sein Gott ist die Projektion seines Vaters.

In der modernen westlichen Welt schließlich wird das Geschlechtliche systematisch enttabuisiert. Das Sexuelle wird zu einer Ware und zu einer effektiven Marketingstrategie, mit der man Strumpfhosen und Parfums verkauft, Zeitungen, Jeans, Bier und Automobile. Das Sexuelle ist überall. Eros ist der Gott des modernen massenhaften Konsums. »Sex sells.«

Caritas oder die Nächstenliebe

Kann es eine erotische Liebe geben ohne die Liebe zum Nächsten? Erich Fromm hat diese Frage vehement verneint. »Wenn ich einen Menschen wahrhaft liebe, so liebe ich alle Menschen, so liebe ich die Welt, so liebe ich das Leben.« Wenn jemand nur eine einzige Person liebt und ihm alle anderen Menschen gleichgültig sind, dann handelt es sich bei seiner Liebe nicht um Liebe, sondern um eine symbiotische Bindung oder um einen erweiterten Egoismus.

»Du sollst deinen Nächsten lieben wie dich selbst«, so steht es im alttestamentarischen Buch Levitikus (19,18), das Gott dem Mose übergibt. Du sollst deinen Nächsten nicht bestehlen und nicht betrügen, du sollst ihn nicht hassen, nicht anklagen, nicht verleumden und nicht verfluchen, du sollst ihn nicht ausbeuten, nicht misshandeln, nicht abweisen und nicht kalt zur Seite werfen – sondern lieben sollst du ihn.

Die Nächstenliebe ist eines der zentralen Gesetze der jüdischen Tora und nachfolgend auch die zentrale Botschaft des Christentums. Jesus, so berichtet der Evangelist Markus (12, 29–31), wird von einem der Pharisäer gefragt, welches Gebot das erste von allen sei, und Jesus antwortet, das erste Gebot sei die Gottesliebe, das zweite aber die Liebe zum Nächsten: »Kein anderes Gebot ist größer als diese beiden.«

Die frühchristliche Kirche bemüht sich denn auch, ihre gesamte Lebensführung in den Dienst Gottes und des Nächsten zu stellen. Die ersten christlichen Gemeinden kümmern sich um elternlose oder auf den Straßen und Müllhalden ausgesetzte Kinder, um Zwangsarbeiter und Häftlinge, um Aussätzige und Arme und um unbestattete Leichname. Sie verurteilen die im Römischen Reich weithin verbreiteten Praktiken des sexuellen Missbrauchs von Kindern, vor allem von versklavten Knaben, und verurteilen die Tötung von Neugeborenen, die häufig einfach in die Kanalisation geworfen werden. Sie legen den Kranken die Hände auf, suchen sie kraft ihres Glaubens gesund zu machen, und all ihre Angebote sind – im Gegensatz zu denen der heidnischen Kulte – vollkommen kostenlos.

Diese selbstlose Fürsorge erregt, wie der christliche Schriftsteller Tertullian im 2. Jahrhundert berichtet, das Staunen der Heiden und führt der jungen Gemeinde zahllose neue Mitglieder zu – vor allem aus den Reihen der rechtlosen Unterschicht. Ein weithin leuchtendes Beispiel für einen christlichen Lebensstil, der Gottsuche und Nächstenliebe auf leidenschaftliche Weise vereint, gibt im 4. Jahrhundert der Mönch Basilius von Caesarea, der seine ererbten Güter verkauft, um Suppenküchen, Spitäler und Altenheime zu errichten, der für sich selbst nur ein einfaches Gewand behält und sich von Wasser, Brot und Gemüse ernährt.

Aus dem christlichen Auftrag der Nächstenliebe entstehen die Bettelorden und die großen Hospize, die Kranken- und Armenhäuser. Das Mitleid mit den Kranken und Armen ist dem Mitleid mit dem leidenden Erlöser geschuldet, der sich selbst erniedrigt und Knechtsgestalt annimmt. Unterstützung der Notleidenden, Gerechtigkeit, kollektiver Besitz der Gemeinde und soziale Gleichheit – das sind die Ideale der frühen christlichen Gemeinschaften.

Ein bemerkenswertes Beispiel der christlichen Nächstenliebe liefert im 19. Jahrhundert der russische Dichter Lew Nikolajewitsch Tolstoi. Der Graf erbt nicht nur Güter und ausgedehnte Ländereien, sondern auch die dazugehörigen Dörfer samt den abhängigen Bauern und Leibeigenen. Er versucht, die Zustände auf dem Gut der Familie zu verbessern, und errichtet Dorfschulen, um seinen ungebildeten Bauern nicht nur das Alphabet, sondern auch einige grundlegende Werte beizubringen. In einem Brief an seine am Zarenhof lebende Verwandte schreibt er: »Wenn ich eine Schule betrete und diese Menge zerlumpter, schmutziger, ausgemergelter Kinder mit ihren leuchtenden Augen sehe, befällt mich Unruhe und Entsetzen, ähnlich wie ich es mehrmals beim Anblick Ertrinkender empfand. Großer Gott – wie kann ich sie nur herausziehen?«

Für Tolstoi ist die Nächstenliebe der erklärte Wille Gottes und die Essenz aller Religionen. In seiner 1907 publizierten Textsammlung *Für alle Tage* schreibt er: »Mögen die Parsen ihre Topis tragen, die Juden ihre Philalektere, die Christen ihr Kreuz, Muselmänner ihren Halbmond, aber mögen sie alle dessen eingedenk sein, dass dies nur Formen und Embleme sind, dass aber das Grundwesen aller Religionen – die Nächstenliebe – in gleicher Weise gefordert wird von Jesus, Paulus, Manu, Zoroaster, Buddha, Moses, Hillel, Sokrates und Mohammed.«

Tolstoi sucht die Botschaft der Bergpredigt zu verstehen und zu leben. Den himmelschreienden sozialen Missständen im zaristischen Russland sucht er mit tätiger Nächstenliebe zu begegnen. Grundbesitz hält er für eine moderne Form der Sklaverei, Geld für ein Mittel der Gewaltanwendung. Unerträglich scheint ihm die Tatsache, »dass im Herrenhaus viel Mühe auf exquisite und raffinierte Speisen verwendet wird, während ringsum bittere Armut und periodisch immer wieder Hunger herrschen«.

Unmoralisch scheint ihm die Jagd, die er für ein grausames Vergnügen hält, unmoralisch auch der Fleischkonsum, da das Leiden der Tiere furchtbar sei. Tolstoi erklärt, der Mensch müsse die Fleischnahrung aufgeben, wenn er sich moralisch weiterentwickeln wolle, und ernährt sich fortan nur noch vegetarisch. Seine Nächstenliebe ist zwar zutiefst christlich, den zeitgenössischen Patriarchen aber deutlich zu radikal. Da er zudem die institutionellen religiösen Dogmen öffentlich kritisiert, wird er von der russisch-orthodoxen Kirche schließlich exkommuniziert.

Liebe deinen Nächsten wie dich selbst. Der Satz ist verwickelter, als er scheint. Man weiß nicht recht, worauf man sein Augenmerk lenken soll – auf den Nächsten oder auf sich selbst. Setzt die Nächstenliebe eine gesteigerte Selbstliebe voraus, die dann auch irgendwie unserem Nächsten zugutekommt? Oder müssen wir erst, wie Nietzsche fordert, »uns selbst lieben lernen, dass wir es bei uns selber aushalten und nicht umherschweifen«? Solches Umherschweifen, so hat Nietzsche behauptet, taufe sich Nächstenliebe, und mit diesem Wort sei bisher am besten gelogen und geheuchelt worden.

Hermann Hesse hingegen hält die Nächstenliebe für den Inbegriff der Lebenskunst und schreibt 1923 in einem Brief: »Man kann den Nächsten weniger lieben als sich selbst – dann ist man der Egoist, der Raffer, der Kapitalist, der Bourgeois, und man kann zwar Geld und Macht sammeln, aber kein recht frohes Herz haben, und die feinsten und schmackhaftesten Freuden der Seele sind einem verschlossen. Oder man kann den Nächsten mehr lieben als sich selbst – dann ist man ein armer Teufel, voll von Minderwertigkeitsgefühlen, voll Verlangen, alles zu lieben, und doch voll Ranküne und Plagerei gegen sich selber und lebt in einer Hölle, die man sich täglich selber heizt. Dagegen das Gleichgewicht der Liebe, das Liebenkönnen, ohne hier oder dort schuldig zu bleiben, diese Liebe zu sich selbst, die doch niemandem gestohlen ist, diese Liebe zum andern, die das eigene Ich doch nicht verkürzt oder vergewaltigt: Das Geheimnis allen Glücks und aller Seligkeit ist in diesem Wort enthalten.«

Gemeinhin ist unsere Selbstliebe, wenn wir ehrlich sind, erheblich größer als unsere Nächstenliebe. Wir wissen zwar sehr wohl um unsere Fehler und Unvollkommenheiten, doch uns selbst gegenüber sind wir eher nachsichtig und vergeben uns gern. Mit den Fehlern unseres Nächsten hingegen gehen wir gewöhnlich streng ins Gericht – die Sünden des Nächsten wiegen deutlich schwerer als unsere eigenen. Der Buddha Siddhartha Gautama erklärt im 6. vorchristlichen Jahrhundert: »Leicht siehst du den Fehler am Nächsten, doch schwer den eigenen. Den Fehler des Nächsten suchst du zu bessern, soviel du vermagst, um den eigenen zu verbergen wie der Schelm im Spiel den falschen Würfel.«

»Was siehst du aber den Splitter in deines Bruders Auge, und wirst nicht gewahr des Balkens in deinem Auge?«, so liest sich die Aussage im Matthäusevangelium (7,3). Und der rumänische Philosoph Andrei Pleşu hat es im 20. Jahrhundert so formuliert: »Unser Leben ist voller Entgleisungen, Lügen, Kleinlichkeiten, Laster, Schändlichkeiten aller Art. Dennoch spüren wir, dass der Teufel nicht ganz so schwarz ist, dass wir zu retten sind, dass sich in unserem Innersten eine gute Seele und ein reines Herz verbergen.« Nächstenliebe bedeutet nichts anderes, »als die Fehler des anderen mit derselben Nachsicht, mit derselben verständnisinnigen Komplizenschaft zu betrachten, mit der wir unsere eigenen Fehler sehen, an seinen guten Kern, an sein Recht auf Mitleid und Vergebung zu glauben«.

Das Fundament der Nächstenliebe ist die Einsicht in die Tatsache, dass das Leben des Menschen leidvoll ist und dass alles

Leid und alle Leidenden wesentlich gleich sind. Daraus entsteht das Mitleid – Mitleid ist die Teilnahme am Leiden eines anderen. Dieses Mitleid ist ein zentraler Bestandteil der christlichen wie der buddhistischen Religion.

Leid ist die Wurzel der menschlichen Existenz. »Leben ist Leiden«, hat der Buddha gesagt. Jeder Mensch unterliegt den unvermeidlichen Leiden der Geburt, der Krankheit, des Alters und des Sterbens, unterliegt dem Leid der Unwissenheit und der Verblendung, aus denen leidvolle Gefühle und Gedanken entstehen.

Vor allem Arthur Schopenhauer, der sich eingehend mit der christlichen und der buddhistischen Lehre beschäftigt, definiert das Mitleid als das einzige sittliche Motiv und als das Fundament jeder Moral. Denn, so heißt es in *Die Welt als Wille und Vorstellung*, ein »Mensch, der in allen Wesen sich, sein innerstes und wahres Selbst erkennt, auch die endlosen Leiden alles Lebenden als die seinen betrachtet und den Schmerz der ganzen Welt sich zueignet, erkennt das Ganze«. Er »sieht, wohin er auch blickt, die leidende Menschheit, die leidende Tierheit und eine hinschwindende Welt. Im anderen leiden wir selbst.«

Die christliche Forderung der Nächstenliebe aber geht noch weiter. Sie bleibt nicht stehen bei der Forderung, einen fremden Menschen als unseren Nächsten zu lieben, sondern verlangt darüber hinaus auch noch die Liebe zu unseren Feinden. »Liebet eure Feinde!«, so ruft Jesus in der Bergpredigt: »Segnet, die euch fluchen; tut wohl denen, die euch hassen; bittet für die, so euch beleidigen und verfolgen.«

Die Aufforderung aber, auch noch die Feinde zu lieben, scheint dem Menschen ein Fehler und überdies eine echte Zumutung. Das Feindliche ist schließlich das Synonym für alles Schlechte und Böse, das es doch zu bekämpfen gilt.

Kann man seine Feinde überhaupt lieben? Ist dieses Christuswort nicht eine fromme, aber hoffnungslos übermenschliche Utopie, gemacht allein für Heilige und Gottessöhne? Auch die christliche Kirche ist an dieser Forderung ihres Herrn ja über die Jahrhunderte heftig gescheitert und hat ihre Feinde, statt sie zu lieben, auf grausame Weise verfolgt und umgebracht. Von den weltlichen Mächten, die ihre Feinde durch alle Zeiten und bis heute gnadenlos vernichten, gar nicht zu reden.

Liebet eure Feinde – das ist eine der anspruchsvollsten und abenteuerlichsten Botschaften der christlichen Religion. Liebet eure Feinde, das ist eine Aufforderung an den Menschen, so vollkommen zu sein oder zu werden wie Gott selbst. Gott nämlich, so heißt es, liebt alle Menschen. Er »lässt seine Sonne aufgehen über Böse und Gute und lässt regnen über Gerechte und Ungerechte« (Mt 5,44).

Agape oder die Gottesliebe

Gottesliebe ist nicht exklusiv. Die göttliche Liebe gilt nicht nur einigen Auserwählten, sondern der ganzen Menschheit. Von der Gottesliebe erwarten wir, dass sie nicht selektiert und ausschließt, dass sie sich nicht auf wenige Menschen beschränkt. Gott geht nicht fremd, wenn er alle Menschen liebt.

»Gott ist die Liebe«, so heißt es in der christlichen Lehre. In einer eher gottfernen Zeit von Gottesliebe zu sprechen ist ein Wagnis. Man läuft Gefahr, sich lächerlich zu machen. Der moderne Mensch kann mit Gott und Gottesliebe nichts anfangen. Er wird nicht beflügelt vom Glauben an Gott, sondern vom Glauben an das Machbare.

Wenn wir von Gottesliebe sprechen, müssen wir auch von Gott sprechen. Für den modernen westlichen Menschen aber ist Gott beinahe eine Verlegenheit. Er scheint altertümlich, anachronistisch und irgendwie aus der Zeit gefallen. Vor allem der Gott der christlichen Religion ist anscheinend mit der Faktizität seiner Welt nicht mehr vereinbar. Nach dem Triumph des Bösen und den großen Katastrophen des 20. Jahrhunderts scheint der christliche Gott endgültig diskreditiert.

Nur der jüdische Philosoph Hans Jonas, dessen Mutter im Konzentrationslager ermordet wird, macht 1984 in seinem Essay *Der Gottesbegriff nach Auschwitz* noch den Versuch, den Glauben an einen gütigen Gott mit den historischen Realitäten zu vereinbaren.

Sein Rettungsversuch allerdings benötigt eine ziemlich kühne These. Gott, so erklärt Jonas, sei seit der Schöpfung kein allmächtiger Gott mehr. Zwar habe er in seiner Allmacht die Welt erschaffen, doch seitdem sei er nicht mehr allmächtig, sondern teile seine Macht mit seinem Geschöpf, dem er die Freiheit geschenkt habe. Wenn Gott in Auschwitz nicht eingreift, dann »nicht weil er nicht will, sondern weil er nicht kann«. Gott ist nicht länger verantwortlich für diese Welt, er hat die Verantwortung an den Menschen übergeben. Nicht Gott hat die Verbrennungsöfen befeuert, sondern der Mensch. Die Frage lautet nicht: Wo war Gott? Die Frage lautet: Wo war der Mensch?

Was aber ist Gott? Natürlich sprengt die Frage den Rahmen dieses Buches, überhaupt sprengt sie den Rahmen eines jeden Buches. Der Mensch ist nicht in der Lage, das Göttliche zu erfassen. Gott geht über jeden Begriff hinaus. Gott ist für den Menschen das vollkommen Andere und Unvorstellbare, das die Grenzen seiner Erkenntnis überschreitet und die Möglichkeiten seiner Sprache sprengt.

Über Jahrtausende hat die Menschheit eine Antwort versucht, und ihre Definitionen füllen ganze Bibliotheken. Das Gottesbild des Menschen ist naturgemäß immer ein menschengemachtes Bild, doch nahezu überall und zu allen Zeiten existiert die Vorstellung eines ewigen und unbegreiflichen Wesens, einer transzendenten und unwandelbaren Wirklichkeit oder einer höheren Macht, die Gott genannt wird.

Bei Aristoteles ist Gott der »unbewegte Beweger«, bei Plotin »das Eine« und bei Thomas von Aquin »das ganze Sein auf einmal«. Bei Isaac Newton ist Gott »überall gegenwärtig«, bei Georg Wilhelm Friedrich Hegel ist er das »Absolute« oder der

»absolute Geist« und bei Kant die »höchste Realität«. Bei den Kabbalisten ist Gott das verborgene »En Sof« oder die äußerste Negation, bei den Freimaurern ist er der große Architekt und Baumeister aller Welten, und bei Tolstoi ist er das unergründliche und unendliche Leben selbst – der Gott, »ohne dessen Willen kein Haar vom Kopf des Menschen auf die Erde fallen kann«.

Der altjüdische Gott ist ein allmächtiger Schöpfergott – er macht das Universum, die Natur und den Menschen. In der jüdisch-christlichen Religion steht Gott außerhalb des Menschen und macht, so berichtet die jüdische Überlieferung, den Menschen nach seinem Bilde als ein Geschöpf. Die Liebe Gottes zum Menschen steht am Anfang, die Liebe des Menschen zu Gott ist die Antwort.

Was aber ist mit Gottesliebe gemeint? Ist Gott eine Person? In der jüdisch-christlichen Tradition bleibt die Frage immer unbeantwortet, bleibt Gott ein ewiger Widerspruch und ein Paradoxon. Einerseits warnt die jüdische Religion ausdrücklich vor jedweder Personifizierung: »Du sollst dir kein Bildnis noch irgendein Gleichnis machen«, so lautet das erste Gebot (2. Mose 20,4). Anderseits aber handelt der alttestamentarische Gott durchaus wie eine Person. Wie ein eifersüchtiger Gebieter fordert er Treue, Unterwerfung und unbedingten Gehorsam. Wie ein Patriarch und Stammesvater formuliert er Gesetze und Gebote, die sein Volk zu befolgen hat. Wie eine orientalische Majestät lässt er sich zu Vorliebe und Auserwählung hinreißen und macht Abraham zum Lieblingssohn und Israel zum Lieblingsvolk.

Auch der Gott der christlichen Kirche bleibt paradox. Einerseits ist er der unfassbare *Logos* allen Seins, andererseits aber ist er ausdrücklich eine Person. Der bildlose und namenlose Gott Israels nämlich, so die christliche Lehre, offenbart sich in seinem Sohn – in Christus nennt er seinen Namen und zeigt sogar sein Gesicht. Da Gott in Christus eine menschliche Gestalt hat und ein Antlitz, darf er auch dargestellt werden.

Die Aufhebung des alten jüdischen Bilderverbots übrigens ist eine notwendige Voraussetzung für die Entstehung der europäischen Kunst. Seither sieht der christliche Vatergott aus wie auf dem berühmten Fresko *Die Erschaffung Adams* von Michelangelo in der Sixtinischen Kapelle – ein alter Mann mit wehendem Haar und weißem Bart, der den Menschen mit ausgestrecktem Zeigefinger zum Leben erweckt und irgendwo im Himmel schwebt.

Die moderne Physik hat den Himmel längst erforscht. Einen Gott hat sie bekanntlich nirgendwo gefunden. Das naturwissenschaftliche Weltbild ist mit einem personalisierten Gott nicht mehr vereinbar. Kein vernünftiger Mensch würde Gottes Thron heute noch irgendwo hinter der Milchstraße suchen. So bleibt dem Menschen nichts anderes übrig, all das Göttliche, sofern er es überhaupt noch akzeptieren kann, als ein abstraktes und irgendwie höheres Prinzip zu begreifen, das vielleicht außerhalb seiner selbst wohnt, vielleicht aber auch innerhalb. Vielleicht ist Gott eine Erfahrung der Seele, vielleicht gibt es eine wesenhafte Identität von Gott und Mensch, wie in der christlichen Mystik oder auch in einigen östlichen Religionen angenommen wird, vielleicht auch nicht.

Wenn aber Gott nicht länger personalisiert werden kann, mit wem soll der Mensch dann kommunizieren? Wen soll er anrufen, an wen soll er seine Gebete richten, seine Bitten und seine Beschwerden? Wen soll er lieben? Und von wem wird er geliebt?

Inmitten all der offenen Fragen steht mit Gewissheit nur die Liebe selbst. Die Liebe bleibt die einzige Kraft, die dem Dasein des Menschen eine vollkommen andere Dimension hinzufügen kann. Allein die Liebe zielt auf Unendlichkeit und Ewigkeit. Die Liebe kennt keine Grenzen. Sie überwindet alle Spaltung, alle Vereinzelung und alle Absonderung. Allein in der Liebe kann der Mensch das zerrissene Universum für einen Moment als ein Ganzes oder Göttliches begreifen.

»In der Liebe«, so heißt es auch im Buddhismus, »heben sich

alle Gegensätzlichkeiten des Lebens auf und verlieren sich. Nur in der Liebe sind Einigkeit und Zweisamkeit nicht zu unterscheiden.« Dabei gehören alle Arten der Liebe – zum Geliebten, zum Nächsten oder zu Gott – zusammen und sind niemals ganz voneinander zu trennen. Tolstoi schreibt in seinen gleichnamigen Erzählungen: »Wo die Liebe ist, da ist auch Gott.« Und Meister Eckhart erklärt: »Liebe in ihrem lautersten Sinne ist nichts anderes als Gott.«

AUGUST

Die Landschaft meiner Kindheit war nicht Land,
sondern das Ende vom Land – die kalten, salzigen,
rollenden Hügel des Atlantiks. Manchmal denke ich,
dass mein Bild vom Meer das Klarste ist, was ich besitze.
Ich trage es in mir, verbannt, wie ich bin, wie die
purpurnen weißumrandeten Glückssteine oder die
blauschaligen Muscheln, deren Inneres regenbogenfarben
schimmert wie die Fingernägel von Engeln.

Sylvia Plath, USA
Ocean 1212-W, 1962

Hoch steht die Sonne, das Licht fließt fast senkrecht, und am Horizont steht ein trockener Dunst. Leer sind die Straßen der Städte und verödet die Kaufhäuser, die Ämter, die öffentlichen Plätze und die Schulstuben. Stille wohnt in den Räumen und in den harten Häuserschatten.

Alle Welt liegt an irgendeinem Strand und blickt in lauter Bläue, drängt sich dicht an dicht unter bunten Sonnenschirmen, sucht den Alltag zu vergessen und die Betonklötze mit den vielen Fensterlöchern, die die Küsten säumen, streckt sich verschlafen im Sand, träumt, schwitzt, bewundert die weißen Boote und die rotvioletten Blüten, knipst und lacht, stürzt sich in die sanfte Brandung und zerstreut sich.

Unmerklich spinnt sich ein Netz von Beziehungen; man weiß voneinander, doch alles bleibt unverbindlich und flüchtig und in den warmen Wind gesagt. Nur Gottfried Benn fühlt sich nie einsamer als im August, wenn der Himmel hell und weich ist und »alles sich durch Glück beweist«.

An der See

Sommerferien an der See. Wir sind im Sommer immer ans Meer gegangen. Ich erinnere mich an weite Himmel und an den scharfen Strandhafer, der die Haut zerschneidet, an Wellen in silbriger Gischt, an windzerzaustes Haar, an einen verwilderten Garten und an endlose Nachmittage, in denen alle Dinge verblassen und die Zeit stillsteht. Ich erinnere mich an ein Gefühl von Freiheit und schmerzloser Stärke, an weiß gebleichte Möwenschädel im veilchenfarbenen Sand, an eine niedrige schwarze Kirchturmspitze über einem gebeugten Eichenwald, an die knorrigen Bäume, schief gegen die blaue See gelehnt.

Sommerferien an der See! Auch der kleine Hanno fährt jeden Sommer an die See. Und Thomas Mann schreibt in seinem Roman *Buddenbrooks*: »Begriff wohl irgend jemand weit und breit, was für ein Glück das bedeutete? Nach dem schwerflüssigen und sorgenvollen Einerlei unzähliger Schultage vier Wochen lang eine friedliche und kummerlose Abgeschiedenheit ...«

Sommertage an der See sind lange der aristokratischen Elite vorbehalten, erst um die Mitte des 19. Jahrhunderts beginnt das wohlhabende Großbürgertum, den Lebensstil des Adels zu imitieren. Man begibt sich nach Dieppe, das bis 1830 auch vom Hof besucht wird, oder, ein wenig bürgerlicher, nach Deauville. Man geht nach Abbazia, Brighton, Biarritz oder Heiligendamm. Die mondänen Badeorte am Meer ziehen nicht nur die großstädtischen Damen an, sondern auch die Maler und die Dichter.

Max Liebermann verlegt sein Atelier im August 1900 an den Strand des damaligen Modebades Scheveningen an der niederländischen Küste und porträtiert wohlhabende Sommergäste und vornehme Reiter, die entlang der Brandung galoppieren. In seinen Gemälden vom Meer, die zwischen 1895 und 1914 entstehen, wird der Maler zum Impressionisten. Der endlose Horizont und das flimmernde Licht, das sich in den hüpfenden Wellen bricht, avancieren zu einer Metapher der Befreiung.

Max Beckmann, der mehr als hundert Meeresbilder malt, schreibt 1915 an seine Frau Minna: »Und dann das Meer, meine alte Freundin, zu lange schon war ich nicht bei dir. Du wirbelnde Unendlichkeit mit deinem spitzenbesäten Kleide. Ach, wie schwoll mein Herz. Und diese Einsamkeit.«

Der französische Schriftsteller Guy de Maupassant wandert von dem normannischen Hafenstädtchen Fécamp den ganzen Tag das schroffe Hochufer entlang, das mit seinen Kreidefelsen gleich einer Mauer ins Meer stürzt, und träumt dem Segel einer Fischerbarke nach und dem Flug der Möwen. Der belgische Krimi-Autor Georges Simenon aber, der jahrelang zwischen dem Pflaster einer Industriestadt lebt, sieht das Meer nur während einer kurzen Reise nach Ostende wie eine Postkarte und ist anschließend dennoch von einer Leidenschaft besessen, die ihn ganz und gar erfüllt.

Das Meer – Unendlichkeit ...

Die Tage am Meer vergehen im Wechsel von Regen und Sonnenschein, von brütender Wärme und lärmenden Gewittern. Manche Tage sind blau und windstill, und das Meer liegt reglos wie ein Spiegel in der Sonne. An anderen Tagen treibt der Wind die grüne See zurück und bedeckt die zerwühlten Wellen mit Schaum. Himmel und Wasser verschwimmen in einer undurchsichtigen und schwermütigen Gleichförmigkeit.

Seit der Romantik ist das Meer das Sinnbild einer melancholischen Sehnsucht. Edvard Munch notiert am Ufer des Meeres: »Unfassbar wie das Dasein, unvorstellbar wie der Tod, ewig wie die Sehnsucht.« Ein ähnliches Gefühl erweckt das Meer auch in Arthur Schopenhauer, »aus dem alles Lebendige dieser Erde sich erschließt und in dem sich die Unendlichkeit des Himmels widerspiegelt«.

Der Anblick des Meeres erzeugt die Vorstellung von unermesslicher Weite und ist, wie Baudelaire sagt, ein »ewiges Entzücken«. Auf einem Tagebuchblatt notiert der Dichter: »Sechs oder sieben Meilen bieten dem Menschen den Radius des Unendlichen. Also eine verkleinerte Unendlichkeit! Zwölf oder vierzehn Meilen Flüssigkeit in Bewegung aber genügen, um dem Menschen den höchsten Inbegriff der Schönheit zu vermitteln, der ihm auf dieser flüchtigen Stätte seines Verweilens beschieden ist.«

Das Meer ist das Älteste und Früheste – das Meer ist immer schon da und ist immer dasselbe Meer. Es wirft seine stierstarken Wogen auf den Strand, lange bevor das erste Menschengeschlecht seine Augen öffnet, und es wird vermutlich noch donnernde Wellen schlagen, wenn das letzte Menschenreich längst im Staub versunken ist.

Das Meer kennt zwar Gezeiten, aber keine Zeit. Es ist dasselbe Meer, an dem der alttestamentarische Joseph entlang der Küste hinabzieht, vorbei an den Städten der Handelsfahrer und den

Burgen der Seeräuber bis in das Land Ägypten, in das er verkauft worden ist. Es ist dasselbe Meer, auf dem die Phönizier ihre Zedernstämme und ihre mit Purpurschnecken gefärbten Stoffe auf offenen Booten bis nach Kreta und nach Karthago bringen; es ist dasselbe Meer, auf dem die kriegerischen Wikinger von der skandinavischen Küste bis nach Grönland, Spanien und an die Küste von Labrador gelangen. Es ist dasselbe Meer, in das die sagenhaften Argonauten ihre Ruder tauchen auf der Suche nach dem Goldenen Vlies, es ist dasselbe Meer, in das die zum Tode Verurteilten auf den Galeeren ihre Riemen stoßen, mit schweren Eisenketten an die Ruderbank geschmiedet.

Es ist dasselbe Meer, auf dem auch C. G. Jung im September 1909 von New York nach Europa reist, die Wolkenkratzer, die Docks und die qualmenden Kamine der Stadt hinter sich lässt und in seinem Tagebuch notiert: »Hinaus auf die traurige Wüste des Meeres. Es ist wie immer von kosmischer Großartigkeit und Einfachheit und zwingt zum Schweigen, denn was hat der Mensch hier zu sagen? Man sieht schweigend, auf alle Eigenmacht verzichtend, hinaus, und viele alte Worte und Bilder huschen durch den Sinn. Eine leise Stimme spricht etwas von dem Uralten und der Unendlichkeit.«

Das Meer ist immer das *eine* Meer – einfach und grenzenlos. Das Eine aber ist zugleich ein Vielfaches, und das Vielfache sind die Wellen, die sich alle voneinander unterscheiden, die hohen und mächtigen und die niedrigen und schwachen. Die Wellen kommen nie zur Ruhe, sie schlagen hierhin und dorthin unter dem Wind. Die Wellen aber sind selbst wiederum ein Vielfaches, und das Vielfache sind die Tropfen, die in ihrer Kleinheit und Vereinzeltheit nichts sind gegen das Ganze und doch das Ganze erst bilden.

Im Meer gibt es keine Trennung zwischen den einzelnen Wellen und den einzelnen Tropfen. Jede Welle und jeder Tropfen sind der ganze Ozean. Jede Welle ist in allen Wellen gegenwärtig. Keine Welle ist nasser als eine andere. Das eine Wasser bildet die Welle, die uns gerade mitreißt und fortspült, und dasselbe Wasser hat alle Wellen gebildet, die ihr vorausgegangen sind und die ihr noch folgen werden. Gott, so heißt es, ist wie das unendliche Meer, der Mensch aber ist wie eine vereinzelte Welle, die sich erhebt, an ihrem höchsten Punkte bricht und zurück in die Tiefe stürzt.

Immer klingt der Schlag der Wellen, die ans Ufer branden. Immer rauscht und tost das Meer und singt sein ewiges Lied. Das Meer spricht immer, Tag und Nacht, durch Jahre, Jahrzehnte und Jahrhunderte. Die Stimme des Meeres hat tausend Töne, geduldige, tobende, ungestüme und wütende. Das einförmige Brüllen der Wogen schmeichelt den Ohren nicht unbedingt, es kann auch wie ein Stöhnen klingen oder wie eine ewige Klage, düster, durchdringend und rätselhaft.

... und Untergang

Das Meer ist nicht nur ein Symbol für Schönheit und Erhabenheit, sondern auch für Unheil und Untergang. Es ist nicht nur blau und freundlich, sondern auch schwarz und kalt und schrecklich unter einem finsteren Himmel, ist bedrohlich, verlassen und unberechenbar.

Das Meer, der Ursprung aller katastrophalen Fluten und aller Schiffbrüche, ist von einer unheimlichen und ambivalenten Gewalt – es kann beschwichtigen und drohen, es kann beruhigen und zerstören. Man kann darin baden oder darin untergehen, man kann sich erfrischen oder darin ertrinken.

Im Meer kommt man leicht zu Schaden. Manchmal gerät man in einen Sog oder einen Strudel, der einen fortreißt und immer wieder zurückzieht und gegen den man nichts ausrichten kann. Verzweifelt durchkreuzt Odysseus die Gewässer auf der Suche nach Ithakas Küste, irrt durch die Schrecken des feindlichen Meeres, durch das Geheul der Ungeheuer Skylla und Charybdis.

Erschüttert treibt Thomas de Quincey, der englische Schriftsteller und Opiumesser, auf den Wogen des Ozeans, die alle ein menschliches Antlitz zeigen – Tausende von Gesichtern, die von den Wellen hin und her geschleudert werden. Die Welt ist wie die Brandung des Meeres, in der ein Mensch versinken und weder auftauchen noch vorwärtskommen kann.

Der Strand aber, auf den das Meer seine Opfer manchmal spült, ist seit antiker Zeit die Bühne aller Tragödien. Auf diesem schmalen Streifen, diesem begrenzten horizontalen Raum, scheitert der Held an all den ungelösten Fragen seines Daseins und an all seinen Entscheidungen, die immer die falschen sind, ganz gleichgültig, welche er auch treffen mag. Dem gewöhnlichen Menschen ist es nicht gegeben, ruhig am Strand zu ruhen, er geht blindlings hinab ins Ungewisse und wird mit den Wellen von Klippe zu Klippe geworfen.

In der modernen Psychologie gilt das Meer in seiner dunklen und unbekannten Tiefe auch als ein Sinnbild für die geheimnisvollen Tiefen des Unbewussten. Die Finsternis auf dem Meeresgrund wird gleichgesetzt mit dem dunklen Grund des Bewusstseins – mit all den schattenhaften Träumen, den verborgenen seelischen Abgründen und verloren geglaubten Erinnerungen.

Vor allem C. G. Jung hat das Unbewusste häufig mit dem Meer verglichen. Das Unbewusste ist wie ein urzeitlicher und unendlicher Ozean, ist wie eine seelische Tiefsee. Die Wellen des Unbewussten sind wie die Wellen des Meeres, die plötzlich daherkommen, brechen und zerschellen. Das Ich-Bewusstsein aber verhält sich zum Unbewussten wie eine einzelne Welle zum ganzen Meer.

Das Meer kann sich jederzeit drohend aufbäumen. Die Wellen können das sorgfältig abgeschottete Tagesbewusstsein jederzeit überschwemmen und den Menschen hinabziehen in einen bedrohlichen und gefahrvollen Abgrund. Gelegentlich halten die Deiche nicht stand, gelegentlich werden sie zerfressen von der Wucht der Wellenschläge und den Brandungen des Bewusstseins. Das Unheimliche und Dämonische wälzt sich heran und schlägt auf den Strand, der die Grenze markiert.

Die Farbe Blau

Der August ist blau wie ein südliches Meer. Blau ist der Sommerhimmel, blau sind die schimmernden Flügel der Reiher, die mit vorgestrecktem Hals über die Landschaft gleiten. Blau sind die Kornblumen auf den Feldern, blau sind die Brombeeren im reifenden Garten.

Blau ist eine Poesie. »Schönes Blau, in dem die Pfauen spazieren und sich verneigen«, schreibt Ingeborg Bachmann in ihrem Gedicht *An die Sonne*: »Blau der Fernen, der Zonen des Glücks mit den Wettern für mein Gefühl, blauer Zufall am Horizont! Und meine begeisterten Augen weiten sich wieder und blinken und brennen sich wund.«

Blau ist die Farbe der Ferne. Die Ferne ist immer blau, und Leonardo da Vinci empfiehlt seinen Malerkollegen: »Das etwas weiter weg Stehende machst du unprofiliert und blauer. Das Folgende, von dem du willst, dass es noch einmal so weit weg sei, machst du noch einmal so blau, und das, welches du fünfmal so weit entfernt willst aussehen lassen, machst du fünfmal blauer.«

In der Landschaftsmalerei ist die Ferne fortan blau – blau sind die Hügel im Hintergrund der Madonnenbilder bei da Vinci, blau sind die Berge am Horizont auf den Aquarellen Albrecht Dürers, blau ist das paradiesische Wasser auf den mythischen Landschaften des flämischen Malers Joachim Patinir, das sich in der Ferne verliert.

Blau ist auch die Farbe der Sehnsucht – träumerisch und unbestimmt. Den Romantikern wird das Blaue zur Sehnsuchtsfarbe schlechthin. Blau ist die Blume, nach der sich Novalis verzehrt – die Blume der Hoffnung und der ewig unerfüllten Sehnsucht nach letzter Wahrheit und Erkenntnis. In dem 1802 erschienenen Romanfragment *Heinrich von Ofterdingen* träumt der Held in einer Sommernacht von einer blauen Blume, die vor dunkelblauen Felsen und einem reinblauen Himmel steht. Beunruhigt durch den Traum, begibt sich der Held auf eine lange Reise, auf der er Kaufleute und Kreuzritter trifft, Bergleute und Einsiedler, Sänger und Märchenerzähler. Das Ziel seiner Reise aber dämmert ihm bereits bei seinem Aufbruch: »Er sah sich an der Schwelle der Ferne, in der er oft vergebens von den nahen Bergen geschaut, und die er sich mit sonderbaren Farben ausgemalt hatte. Er war im Begriff, sich in ihre blaue Flut zu tauchen.«

Blau ist der Himmel – opalblau, lichtblau, azur. Das Himmelsblau ist ein durchsichtiges Blau, das ins Jenseitige spielt, in eine Entrückung und Entgrenzung. Der französische Maler Yves Klein übersetzt das kosmische Blau in monochrome blaue Flächen und sucht das Unsichtbare sichtbar zu machen. Blau ist eine Farbe, hinter der es mehr gibt, als das Auge sieht.

Wassily Kandinsky nimmt ein immer tieferes Blau, um die unsichtbaren Dimensionen darzustellen. Blau gilt ihm als die »Farbe des Geistigen ..., die den Menschen in das Unendliche ruft und in ihm die Sehnsucht nach Reinem und schließlich Übersinnlichem weckt«.

Blau ist nicht greifbar und nicht erreichbar. Blau ist das Glück am Wegesrand. Kann sich irgendjemand vorstellen, dass es in drei Monaten kahle Bäume geben wird, Frost und ersten Schnee?

Hymnen an die Nacht

Blau ist auch die Nacht. Unter ihren Flügeln liegt ein Schatten der Ewigkeit. In der alten Symbolik werden Meer und Nacht häufig gleichgesetzt – beide sind tief und unergründlich, beide sind identisch mit dem urweltlichen Chaos, aus dem die Welt entsteht.

Die Verkettung der Bilder findet sich bereits in der Genesis (1,2), in der die Urflut von einer nächtlichen Finsternis bedeckt wird. Auch dem antiken Denken ist die Nacht – wie das Meer –

der ewige und bedrohliche Urgrund, aus dem alles Lebendige entspringt. Nyx heißt die griechische Göttin der Nacht, die geboren wird aus dem Chaos. Aus ihr gehen fragwürdige Wesen hervor: Moros, das Verhängnis, Ker, das Verderben, Hypnos, der Schlaf, und Thanatos, der Tod.

Fast alle alten Kulturen haben die Nacht als eine Schattenzeit betrachtet – die Dunkelheit ist unheimlich und furchterregend. In der Finsternis, so die verbreitete Vorstellung, hausen grässliche Schreckensbilder und Spukgestalten. Im griechischen Mythos erscheinen um Mitternacht die Dämonen der Unterwelt im Gefolge der grausamen Hexengöttin Hekate, in der hebräischen Überlieferung gehört die Nacht der Brut der verfluchten Lilith, dem »Nachtgespenst«.

Auch dem Christentum gilt die Nacht grundsätzlich als eine Zeit der Finsternis, in der alle bösen Mächte ihr Wesen treiben – Hexen, Vampire, Kobolde, Werwölfe und Teufelslarven. Die Nacht ist die Zeit der ruchlosen Geister, die plötzlich erscheinen wie eine schwarze Wolke – heimtückische Gestalten auf der Suche nach einem Menschen, dem sie schaden können. Erst der Hahnenschrei bricht den Zauber und schlägt die Geister in die Flucht.

Nur Nietzsche beschwört, noch studentisch übermütig, zur Geisterstunde die nächtlichen Mächte und gießt aus Gläsern roten Wein in die Straßen der Stadt Basel als eine Opfergabe an die Unsichtbaren: »Seid gegrüßt, Dämonen!« Es scheint bloß ein fantastischer Scherz, doch die Dämonen hören den Ruf und folgen dem, der sie gefordert hat. Aus dem Spiel einer Nacht wird ein jahrzehntelanger Spuk.

In der Nacht sind Dinge erlaubt, die beim hellen Sonnenlicht undenkbar wären. In der Nacht finden die verbotenen Spiele statt, die heimlichen Begegnungen, die trunkenen Torheiten, die subversiven Verschwörungen und die satanischen Rituale. Im Schatten der Nacht fallen alle Schranken des Tages. Die Geschichten der Nacht sind fast immer verräterische, mörderische, orgiastische oder erotische Geschichten. Und manche bleiben besser verborgen.

Die Nacht ist die zweifelhafte Abwesenheit des Lichts, und wo kein Licht ist, da ist auch kein Leben. Die Nacht gehört folglich auch den Toten. In der Nacht reiten die Schwärme der Toten und der Wiedergänger, die keine Ruhe finden und erst mit Tagesanbruch wieder in die Unterwelt sinken. Der römische Dichter Properz lässt sie in einer seiner *Elegien* sagen: »In der Nacht gehen wir auf Abenteuer aus, die Nacht befreit die eingekerkerten Schatten, der Riegel fällt, und Cerberus selbst zieht umher; aber mit dem Licht des Tages heißen uns die Gesetze, zu den Teichen der Lethe zurückzukehren.«

In der Nacht feiern die Toten ihre gespenstischen Messen, und eine Begegnung mit ihnen kann gefährlich sein. Eine alte Geschichte erzählt, wie eine Frau zufällig einer solchen Geistermesse beiwohnt, wie sie fliehen muss und sich nicht umsehen darf, wie die Toten ihr nachstürzen und ihr das Gewand vom Leibe reißen. Sie entkommt mit knapper Not, am nächsten Morgen aber liegt auf jedem Grab des Friedhofs ein Fetzen ihres Kleides.

Die mittelmeerisch-antike, die jüdische und nachfolgend auch die christliche Bilderwelt geht vom Tag aus und vom Licht. Das Licht ist die mythologische Signatur des Gottes und des Guten, das Dunkle aber ein Symbol für das Böse, das Dämonische und Diabolische. Die Dunkelheit ist ein negativ konnotiertes Bild.

Die Mythen der alten nordeuropäischen Völker hingegen haben eine andere Beziehung zur Dunkelheit. Im Lebensraum des nördlichen Menschen herrscht monatelang Nacht. Der Mensch der nördlichen Breiten lebt all die langen Wintermonate hindurch in Dunkelheit – dass das Dunkle das Böse sein soll, ist für ihn eigentlich unannehmbar.

Doch erst im späten 18. Jahrhundert entdecken die Romantiker die alten nordischen Mythen und Sagen neu – die skandinavisch-isländische Edda, die altnordische Völsungen-Saga, das mittelalterliche Nibelungenlied oder die keltische Sage um König Artus – und rehabilitieren die Dunkelheit und die Nachtseite der Welt. Plötzlich ist die Nacht voller Zauber und Mondschein, voll von verwunschenen Wäldern, von Feen und Nymphen und Träumen.

Entgegen dem Tagesglauben der Antike feiern die Romantiker die Nacht als das schöpferische Geheimnis des Lebens. Der Tag hat Zahl und Zeitlichkeit, die Nacht aber ist zeitlos und unberechenbar. Der Tag ist geschäftig und geht nach außen, die Nacht aber ist geheimnisvoll und wendet sich in jenes Innere, in dem alle Rätsel zu lösen sind.

Vor allem Novalis verherrlicht die Nacht und ruft: »Trägt nicht alles, was uns begeistert, die Farbe der Nacht?« In seinen berühmten *Hymnen an die Nacht* heißt es: Ich wende mich abwärts »zu der heiligen, unaussprechlichen, geheimnisvollen Nacht. Fernab liegt die Welt – in eine tiefe Gruft versenkt – wüst und einsam ist ihre Stelle.«

Die Nacht ist nicht länger ein Verfluchtes, sondern ein Gesegnetes. Die Nacht löst den Schmerz und den vergeblichen Ehrgeiz. Die Nacht träufelt Balsam aus einem Bündel Mohn und schenkt himmlische Ruhe. Der Tag macht müde und welk, der Tag krümmt das Kreuz und bringt Kummer und Klage. In der Nacht aber geht all der Lärm des Tages unter und wird still. Die Nacht hebt die schweren Schwingen des Verstandes empor und schenkt das ersehnte Vergessen.

Die Nacht öffnet andere Augen als der Tag. Der Tag gehört dem Rationalen und der Ökonomie, dem Nützlichkeitsdenken und der empirischen Wissenschaft – im grellen Tageslicht zerfällt das Ganze in eine unübersehbare Menge von Teilen. Der Tag zeigt uns die mechanische Seite der Welt. Die Nacht hingegen gehört dem Schöpferischen – im Dämmer erscheinen alle Dinge miteinander verwoben, verkettet, vernetzt. Die Nacht zeigt uns die magische Seite der Welt. In der Nacht kehren die

Märchen zurück und die alten Mythen, in der Nacht können Tiere und Puppen sprechen.

Die Romantiker suchen dem erbarmungslosen Licht des Tages zu entfliehen und sich hineinzuträumen in eine gnädige Nacht. Ihre Sehnsucht nach der Nacht ist auch eine Sehnsucht nach dem Tod. »Muss immer der Morgen wiederkommen«, fragt Novalis verzweifelt. »Endet nie des Irdischen Gewalt?« Muss der Tag immer wieder sein freches Licht entzünden, seinen Wahn und seine eitle Wonne, so fragt auch Tristan, der Held Richard Wagners, und schleudert seine Verachtung gegen den Tag: »Dem Tage! Dem Tage! dem tückischen Tage, dem härtesten Feinde Hass und Klage.«

Wer einmal von dieser Nacht gekostet, so vermutet Novalis, wer einmal »oben stand auf dem Grenzgebirge der Welt und hinübersah in das neue Land, in der Nacht Wohnsitz«, der will nicht zurück in das »Treiben der Welt«. Wer einmal aus den Fluten der Lethe getrunken, der ist auf immer der Nacht geweiht und sehnt sich nach seinem letzten Morgen. Die Nacht birgt das Glück des Sterbens. Auch Joseph von Eichendorffs berühmtes Gedicht *Mondnacht* besingt nicht nur die Nacht, sondern auch den Tod.

Doch jenseits aller Romantik sind die Schatten der Nacht nicht nur tröstlich. Jenseits aller romantischen Todessehnsucht löscht die Nacht nicht nur den Schrecken und den Schmerz – sondern bringt ihn erst.

In Paris werden in einer dunkelblauen Nacht im August 1572 Tausende von Hugenotten erschlagen. Im Hof des Louvre liegen die Zerschmetterten mit gespaltenen Schädeln, die Seine ist mit Leichen bedeckt, in den Häusern sind die im Schlaf ermordeten Kinder zusammengesunken, und die Gassen sind blutgetränkt. Die Bartholomäusnacht wird auch die »Pariser Bluthochzeit« genannt, und sie unterscheidet sich nur wenig von der sogenannten »Magdeburger Hochzeit« im Jahre 1631, als die kaiserlichen Truppen in der Nacht die protestantische Stadt überfallen, die Mauern in Brand stecken und ihre Bürger niedermetzeln.

Die Häscher kommen immer in der Nacht, kommen in den fröstelnden Stunden vor dem Morgengrauen, in denen die Dunkelheit und der Schlaf am tiefsten sind, und sie kommen, um uns abzuholen, fortzuschleppen und zu vernichten.

Schlaf und Traum

Wie können wir schlafen? Wie können wir uns in den Schlaf stürzen wie in ein Abenteuer, dessen Ausgang gänzlich ungewiss ist? Nacht für Nacht legen wir uns nieder und können doch eigentlich niemals ganz gewiss sein, dass wir wieder erwachen werden. Nacht für Nacht werfen wir uns, von Müdigkeit übermannt, auf irgendein Lager – in ein Bett oder zur Not auch auf Parkbänke, Bürosessel oder Bahnhofsstühle und versinken für Stunden in einem Zustand, in dem Raum und Zeit und alle Regeln des Tages aufgehoben sind.

Wir verbringen fast alle Nächte unseres Lebens schlafend und haben doch keinerlei Vorstellung vom Wesen des Schlafes. Wir haben uns daran gewöhnt, dass wir schlafen, und machen uns weiter keine Gedanken, es sei denn in den quälenden Nächten der Schlaflosigkeit, in denen unser Dasein auf ein bloß Vorübergehendes vermindert scheint.

Der Schlaf ist die geheimste unserer Handlungen. Wir widmen ihm ein Drittel unseres Lebens und verstehen es nicht. Für einige ist der Schlaf nichts als die Verdunkelung des Wachens, für andere eine Phase der Erholung, bei der das Gehirn einfach abgeschaltet wird, für wieder andere eine ununterbrochene Reihe von Träumen, aus denen man manchmal aufschreckt mit einer Angst oder einer plötzlichen Erkenntnis.

Selbst die moderne Wissenschaft weiß wenig über den Schlaf. Die Erkenntnisse der Schlafforschung, einer überraschend jungen Disziplin, die erst in den 50er-Jahren des vergangenen Jahrhunderts entsteht, reichen nicht weit. Die wissenschaftliche Aufzeichnung von Atemfrequenzen, Muskeltoni, Hirnströmen und Augenbewegungen hinter geschlossenen Lidern hat uns lediglich die Erkenntnis einer stufenhaften Schlafarchitektur gebracht. Diesen Ergebnissen zufolge steigen wir von einer Art Dämmerzustand beim Einschlafen wie auf einer abwärtsführenden Treppe in immer tiefere Schlafzustände hinab, bis wir auf der untersten Stufe in den sogenannten Tiefschlaf sinken, aus dem wir nur schwer geweckt werden können. In dieser Phase regenerieren wir uns.

Von hier aus steigen wir die Treppe wieder hinauf. Unser Schlaf wird wieder leichter und geht über in den Traumschlaf, der von den Forschern durch die schnellen Augenbewegungen (»Rapid Eye Movements«, kurz REM) nachgewiesen wird. In der Traumphase ist unser Gehirn intensiv durchblutet und scheint so aktiv, als müsse es die schwierigsten Probleme lösen. Ein gesunder Schläfer durchläuft diesen Schlafzyklus etwa drei bis sechs Mal pro Nacht.

Wir brauchen den Schlaf, um zu leben. Ein totaler Entzug tötet, so versichern die Schlafforscher, die entsprechende Experimente an Mäusen durchgeführt haben. Schlafentzug ist denn auch eine beliebte Foltermethode. Was der Schlaf eigentlich ist, das verstehen wir dennoch nicht. Zuletzt ergeht es uns wie Sancho Pansa, dem gleichmütigen Knappen im *Don Quijote*: »Ich verstehe nur so viel, dass, solange ich schlafe, ich weder von Furcht noch von Hoffnung etwas weiß, weder von Mühseligkeit noch von Pracht, und gepriesen sei der, der den Schlaf erfunden hat, den Mantel, der alle menschlichen Sorgen zudeckt …«

Der Schlaf lässt uns alle Qual und Besorgnis, alles Leid und allen Kummer vergessen. Er reinigt uns von Schweiß und Staub, erfrischt, erneuert und verjüngt uns. Wer könnte das Leben in dem unabsehbaren Ablauf von Tagen aushalten ohne das Vergessen im Schlaf? Wer ertrüge den mühsamen Weg des Lebens ohne diese nächtliche Unterbrechung? Wer hätte die Kraft, ihn zu Ende zu gehen?

Der Schlaf bleibt dennoch ein Geheimnis. Wo sind wir, wenn

wir schlafen? Und wer sind wir? Im Schlaf kennen wir uns nicht mehr. Unser Leib liegt da, zuckend oder sich wälzend, doch unser Bewusstsein ist ausgelöscht, hinweggestürzt in eine unbekannte Finsternis. Wir liegen in unserer Kammer und sehen und wissen nichts mehr. Die äußere Welt existiert nicht mehr. Wir wissen nicht, wessen Kind wir sind, welchen Beruf wir ausüben oder in welcher Stadt wir wohnen. Wir wissen nichts mehr von unserer Persönlichkeit.

Ist der Schlaf nicht gefährlich und eigentlich unvertretbar? Im Schlaf wechseln wir plötzlich aus dem auf Kontrolle und Selbstschutz bedachten Wachsein in einen Zustand der unbewachten Selbstaufgabe. Der Schlaf macht uns wehrlos. Man kann uns unsere gesamte Habe rauben, unser Geld und unsere Juwelen, man kann uns Bilsenkraut ins Ohr träufeln wie der verräterische Bruder Claudius dem alten König Hamlet und uns vergiften, man kann uns eine Schlange an den Busen setzen und uns kaltblütig ermorden.

Im Schlaf gibt es keine Gewissheit. Im Schlaf kennen wir den Unterschied von Welt und Ich nicht mehr, im Schlaf lösen sich die scheinbar so festgefügten Grenzen einfach auf. »Die Wachenden«, hat Heraklit einmal gesagt, »haben eine einzige gemeinsame Welt, doch im Schlaf wendet sich jeder von dieser ab in seine eigene.«

Im Schlaf trennt sich der Mensch von seiner alltäglichen Welt, schlüpft aus der Begrenzung seines Körpers heraus und sprengt seine physischen Schranken. Sein Körper schläft ein, doch seine Seele oder Psyche bleibt wach und zeigt sich seinen Träumen. Im Lauf des Schlafzyklus schläft irgendwann auch das Psychische ein, und übrig bleibt der traumlose Tiefschlaf, in dem nichts existiert als ein subjektloser Geist oder ein nacktes Sosein.

Im Schlaf, so glauben die Schamanen und Medizinmänner der frühen Kulturen, könne man sich auf ausgedehnte Reisen begeben und die Geister oder die Ahnen besuchen. Im Schlaf, so glaubt der antike Philosoph Plotin, verbinde sich die unsterbliche menschliche Seele mit der Gottheit oder doch zumindest mit einer höheren Welt – im Schlaf aber würden ihr aus dieser Welt eine Fülle von Visionen und Erkenntnissen zuteil.

Der moderne Mensch aber schläft offenbar anders als der Mensch früherer Zeiten. Seine Seele, sofern er noch an eine solche glaubt, erhebt sich im Schlaf nicht zu den Himmlischen empor, sondern versinkt ganz im Gegenteil in den dunklen Tiefen der eigenen Psyche.

Im Schlaf, so jedenfalls erklärt die moderne Psychologie, öffnet sich die Pforte unserer Wahrnehmung zu den Reichen des Unterbewussten. Von dort steigen die fremdartigen Bilder unserer Träume herauf – verworrene und fantastische Spektakel mit wüsten, kindischen, grotesken, lächerlichen oder widersinnigen Szenen, die sich weder um Moral noch um Logik scheren.

Die rein rationalistische Auffassung, dass Träume nichts seien als das sinnlose Sammelsurium zerbröckelter Tageseindrücke und unverdauter Essensreste, oder die noch von Sigmund Freud vertretene Auffassung, dass Träume bloß die Erfüllung verdrängter oder kindlicher Wünsche seien, wird dem Wesen des Traumes nicht gerecht. Der Traum reicht tiefer. Er reicht in viel größere und ältere Bereiche der Psyche, die das gewöhnliche Ichbewusstsein weit überschreiten.

Für C. G. Jung, der zu den bedeutenden Traumdeutern der Moderne gehört, ist der nächtliche Traum eine Möglichkeit, unbewusste Aspekte der eigenen Persönlichkeit zu erforschen und zu entdecken – man träumt nämlich ausschließlich von sich selbst. Der Traum aber ist dem Träumer immer ein wenig voraus. Er zeigt unverstellt und wahrhaft die aktuelle seelische Situation des Träumenden. Dabei kennt er keine Zensur und keine Beschönigung. Er zeigt, wenn auch in symbolischen Bildern, die unangenehmsten Erlebnisse oder Vorstellungen des Träumers in peinlichster Deutlichkeit. Der Traum irrt sich nicht und lässt sich nicht überlisten. Er stellt die innere seelische Wirklichkeit so dar, wie sie ist, und nicht so, wie der Träumende sie gerne hätte.

Die Beschäftigung mit Träumen kann eine Art Selbsterkenntnis sein. Jung jedenfalls erklärt 1934 in seiner Aufsatzsammlung *Wirklichkeit der Seele*: »In jedem von uns ist auch ein anderer, den wir nicht kennen. Er spricht zu uns durch den Traum und teilt uns mit, wie anders *er* uns sieht, als *wir* uns sehen. Wenn wir uns daher in einer unlösbar schwierigen Lage befinden, so kann der fremde andere uns unter Umständen ein Licht aufstecken, welches wie nichts anderes geeignet ist, unsere Einstellung von Grund auf zu verändern, nämlich eben jene Einstellung, die uns in die schwierige Lage hineingeführt hat.«

Ein Traum ist wie ein Theaterstück, in dem der Träumende alle Rollen selbst übernimmt: den Helden, den Autor, den Regisseur, den Souffleur, den Statisten und den Kritiker. Das ist ein wenig wie im wirklichen Leben, in dem der Mensch auf seiner eigenen Bühne auch gern alle Rollen selber spielt.

»Dass das Leben des Menschen nur ein Traum sei, ist manchem schon so vorgekommen«, sagt Goethe in seinem *Werther*. Dass das Leben des Menschen nur ein Traum sei, ist ein uralter Gedanke. »Vielleicht ist das, was wir Leben nennen, ein Traum und das, was wir Traum nennen, das Leben«, hat schon Platon überlegt. Wir sind »aus demselben Stoff wie unsere Träume«, hat auch Shakespeare behauptet, und Arthur Schopenhauer verkündet, das Leben könne durchaus als ein Traum angesehen werden. Vielleicht ist der Traum ein Teil des Wachens, vielleicht ist alles Wachen ein Traum.

Über Schlaflosigkeiten

Die Kehrseite des Schlafes ist die Schlaflosigkeit. Schlaflosigkeit scheint ein Fluch. Verflucht sind die Nächte, in denen wir uns vergeblich nach dem Schlafe sehnen, in denen das Schweigen aufbricht und wir ängstlich den Nachtgeräuschen lauschen, dem unerklärlichen Knarren, dem Rascheln und Rauschen und den Rufen der Gespenster. *Insomnia* nennt die Medizin ein Phänomen, das wir alle kennen und das in unserer modernen Welt weithin verbreitet ist. Wir können nicht mehr schlafen.

Schlaflosigkeit ist, wenn sie anhält, ein ernstes Problem, das zu Angstzuständen, Halluzinationen und Persönlichkeitsstörungen führen kann. In der Tiefe aber ist das Problem noch dramatischer. Der rumänische Philosoph Emile Michel Cioran, ein Kulturpessimist des 20. Jahrhunderts, hat die Schlaflosigkeit in einem Interview einmal so beschrieben: »Als ich den Schlaf verlor, habe ich die andere Seite des Lebens entdeckt. Wenn man weiß, was eine *nuit blanche,* eine Nacht ohne Schlaf, wirklich ist, dann kann man das vielleicht verstehen. Wenn das monatelang anhält, jahrelang, dann bekommt man eine ganz andere Sicht auf das Leben. Wenn Sie schlafen, beginnen Sie mit jedem Tag ein anderes Leben. Sie haben am Morgen den Eindruck, dass etwas Neues beginnt. Wenn Sie aber nicht schlafen, dann beginnt auch nichts: Um acht Uhr morgens sind Sie der, der Sie um acht Uhr abends gewesen waren.«

Vor allem die Dichter leiden offenbar besonders unter Schlaflosigkeit, zahllos zumindest sind ihre literarischen Zeugnisse. Entzündete Augen von nächtlicher Not, von Besinnungslosigkeiten und unzusammenhängenden Fantasien hat Friedrich Schiller. Traurige Gedanken, Desillusionen und Abwesenheiten empfängt der portugiesische Schriftsteller Fernando Pessao aus seinen chronisch schlaflosen Nächten, in denen er umherwandert in den verlassenen Gassen von Lissabon.

Franz Kafka verbringt seine Nächte in jämmerlichen Wachzuständen, in »Ringkämpfen jede Nacht« bis hin zum Nervenzusammenbruch. Halb im Dämmer fällt ihm die *Verwandlung* ein, und in seinem Tagebuch notiert er: »Geschlafen, aufgewacht, geschlafen, aufgewacht, elendes Leben.« Schlaflos entwirft Robert Musil seinen *Mann ohne Eigenschaften,* schlaflos irrt Guy de Maupassant durch seine Nächte, durch Angstzustände und

Halluzinationen, bis er am Neujahrsabend 1892 zusammenbricht. Ohne Schlaf gibt es keine Wehr gegen das elende Ringen.

Akribisch protokolliert Thomas Mann seine notorische Schlaflosigkeit, notiert in den Tagebüchern Schlaftiefe, Schlafdauer und Schlafmittel: »Leidende Nacht, Schlaflosigkeit – konnte lange nicht einschlafen – mangelhaft geschlafen – unruhige Nacht – einige Stunden mit Hilfe einer Tablette Phanodorm geschlafen.« Verzweifelt schildert Wolfgang Hildesheimer seine schlaflosen Nächte in dem Drama *Nachtstück*, in dem ein einsamer Schlafloser, gequält von seinen Erinnerungen, im Pyjama zwischen Badezimmer und Fenster hin- und herwandelt und zwischendurch immer wieder an seinen Medizinschrank geht, in dem er Schlafmittel aus der ganzen Welt hortet.

Der russische Dichter Vladimir Nabokov ringt in seiner luxuriösen Suite des Montreux Palace Hotel am Genfer See mit einer Schlaflosigkeit, in die sich der Stachel des Ungenügens bohrt. Heinrich Heine wehrt sich auf seinem schäbigen Pariser Lager vergeblich gegen den Lärm der Nachtgespenster, den er nicht ertragen kann.

Ein großer Schlafloser ist auch Nietzsche, der in den düsteren Zimmern heruntergekommener Pensionen nächtelang in seinen Gedanken wühlt, der das überwache, überhitzte und hämmernde Gehirn nicht zu kühlen vermag und sich betäubt mit grässlichen Schlafmitteln wie Chloral und Veronal. Nie ruht er anders als in diesem kurzen, künstlich erzwungenen Schlaf, in dem er sein Denken mit Giften erschlägt.

Schlaflosigkeit ist für Nietzsche, für diesen gequälten und besessenen Fanatiker der Wahrheit, der Preis der Erkenntnis. Wer die Wahrheit sucht, so glaubt der Philosoph, der muss aus seiner dumpfen Schläfrigkeit erwachen und zum unermüdlichen Wächter werden. Er darf auf seinen nächtlichen Patrouillengängen keine Erkenntnis, und sei es die geringste, entwischen lassen, er muss bis zum Äußersten gehen und die Blindheit des Schlafes unerbittlich bekämpfen.

Über das Erwachen

Wachen, Schlaf und Traum sind die drei Bewusstseinszustände, die jeder Mensch aus eigener Anschauung kennt und die er im Rhythmus von Tag und Nacht immer wieder durchläuft. Der Schlaf aber ist nicht nur für Nietzsche ein Synonym für Unkenntnis und Unwissenheit. In fast allen alten religiösen Traditionen ist der Schlaf ein Symbol für Irrtum und Illusion, für Täuschung und Verblendung. Im Reich der Erkenntnis ist der Schlaf verpönt.

Die Analogie geht zurück auf das biblische Bild des tief schlafenden Adam im Garten Eden. Vor allem die Gnostiker interpretieren dieses Bild als ein Gleichnis für das Dasein des Menschen in der Welt: Der Mensch schläft in der Materie und hat seinen göttlichen Ursprung vollständig vergessen. Er ist gefangen in einer irdischen Welt, die nichts ist als ein Reich von Träumen – und zumeist sind es Albträume.

Das Bild des Schlafes gilt den Gnostikern als Metapher für den unerweckten Menschen, der sich in der Welt verloren hat und schlaftrunken über die Erde streift, versunken in seine Gedanken und Tagträume, verstrickt in seine Gefühle, heimgesucht von Ängsten und Wahnbildern. In seinem chronischen Dämmerzustand kann er nicht unterscheiden, ob er etwas in Wirklichkeit erlebt oder bloß geträumt hat. Sein Wachen ist nur eine andere Art des Träumens.

Auch der österreichische Schriftsteller Gustav Meyrink, der von gnostischem Gedankengut beeinflusst ist, geht davon aus, dass sich der Mensch in einem chronischen Zustand somnambuler Bewusstseinstrübung befindet. Er glaubt zwar, das er wach ist, in Wirklichkeit aber ist er in einem Zustand befangen, den er sich aus Schlaf und Traum selbst erbaut hat.

In seinem Roman *Der Golem* lässt Meyrink 1914 den Prager Rabbi Hillel sagen: »Wenn die Menschen aufstehen von ihren Lagerstätten, so wähnen sie, sie hätten den Schlaf abgeschüttelt und wissen nicht, dass sie ihren Sinnen zum Opfer fallen und die Beute eines neuen, viel tieferen Schlafes werden, als der war, dem sie eben entronnen sind.«

Zumeist sind wir nur halb anwesend. Zumeist laufen wir auf Autopilot. Zumeist, so sagt auch der amerikanische Schriftsteller David Foster Wallace 2005 in seiner Rede *Das hier ist Wasser*, befinden wir uns in einer unbewussten Haltung, in der wir »die langweiligen, frustrierenden und überfüllten Teile des Erwachsenendaseins« ertragen. Diese Unbewusstheit ist »die angeborene Standardeinstellung« des Menschen oder sein »Autopilot«.

Wallace gibt zu, dass es unvorstellbar schwer ist, tagein, tagaus bewusst zu leben, glaubt aber, dass es in unserer Macht steht, selbst »eine proppenvolle, heiße und träge Konsumhölle als nicht nur sinnvoll, sondern heilig anzusehen, weil sie mit einer Energie geladen ist, die Sterne erschaffen konnte – Anteilnahme und Liebe, die unterschwellige Einheit aller Dinge«.

»Wachet auf aus dem Schlafe!«, so lautet schon der gnostische Erweckungsruf. Im *Corpus Hermeticum*, einer Sammlung griechischer Traktate aus dem 3. Jahrhundert, heißt es: »O ihr Menschen, die ihr euch der Trunkenheit und dem Schlaf ausgeliefert habt und der Unkenntnis Gottes – ernüchtert! Höret auf, berauscht und in unvernünftigem Schlafe befangen zu sein!«

Die Erweckungsformel der Gnostiker geht auch in das Neue Testament über und findet sich im paulinischen Brief an die Epheser (5,14): »Wach auf, der du schläfst, und stehe auf von den Toten, so wird dich Christus erleuchten.«

Christus schläft nicht. Er wacht und ringt im Garten Gethsemane mit dem Würgeengel und mit seinem Schicksal, während die Jünger unterdessen im Schatten der Bäume schlummern. Dreimal versucht er sie zu wecken, doch sie schlafen immer wieder ein.

Das Bild des »Erwachens« findet sich auch in den östlichen Religionen. Der Buddha ist wörtlich »der Erwachte«, und der buddhistische Weg der Erkenntnis, der zur Erlösung führt, wird

»Bodhi« genannt und bedeutet: »Erwachen«. Gemeint ist das Erwachen aus jenem Schlaf, in dem sich der Mensch gewöhnlich befindet, ist das Erwachen aus dem alltäglichen Bewusstsein, aus Traum und Illusion. Der anonyme Erzähler in Meyrinks *Golem* liest nicht zufällig in einem Buch über das Leben Buddhas, bevor er in jenen Halbschlaf sinkt, in dem sich seine ganze Geschichte ereignet. Der Buddha aber sagt: »Jeder muss aus seinem Traum erwachen.«

Im Zen-Buddhismus wird dieses Erwachen »Satori« genannt und meint das Erwachen zur Wirklichkeit. Diese Wirklichkeit aber ist etwas anderes als die sogenannte »Realität«. Sawaki Kōdō, einer der bekanntesten japanischen Zen-Meister des 20. Jahrhunderts, hat es so erklärt: »Alle reden von der Realität, aber die ist auch nur ein Traum. Das ist nicht mehr als die Realität innerhalb eines Traums.« Wir müssen »aufwachen zu uns selbst und die Welt so sehen, wie sie wirklich ist«.

Wachsein, Schlaf und Traum sind natürliche Bewusstseinszustände, die jedem Menschen leicht zugänglich sind. Der »erwachte« Zustand aber ist nur schwer zu erringen, er braucht offenbar eine besondere Willenskraft, Anstrengung, Geduld oder Gnade.

Seit alters wird der Schlaf auch mit dem Tod assoziiert. Der Schlaf, so weiß der Volksmund, ist der kleine Bruder des Todes. »Der Schlaf ist ein kurzer Tod, der Tod ein langer Schlaf«, hat schon Platon erklärt. Schlaf und Tod sind eng verwandt – die griechischen Götter Hypnos und Thanatos sind Brüder.

Für die Gnostiker ist der Schlaf das Rüstzeug des Todes, für Pythagoras ist vor allem der geistige Schlaf ein Bruder des Todes. Im grimmschen Märchen *Die Boten des Todes* fragt der Tod den Menschen: »Hat nicht mein leiblicher Bruder, der Schlaf, dich jeden Abend an mich erinnert? Lagst du nicht in der Nacht, als wärst du schon gestorben?« Auf den ersten Blick scheint der Unterschied zwischen einem Schlafenden und einem Toten nur gering.

Auch der römische Philosoph Seneca hat den Schlaf zu einem Boten des Todes erklärt, der den Menschen dazu zwingt, »die lange Nacht kennenzulernen«. Homer nennt den Schlaf einen »Allüberwältiger«, der dem Menschen seine Identität raubt und ihn, wie der Tod, in eine geheimnisvolle und undurchschaubare Dunkelheit treibt. Und Sylvia Plath notiert in ihrem Tagebuch: »Der Schlaf ist wie ein Grab, wurmzerfressen von Träumen.«

Wer im Leben nicht aus seinem Schlaf erwacht, der erwacht im Tode, so jedenfalls geht ein Gerücht. »Das Leben ist ein Traum, der Tod ein Erwachen«, hofft Lew Tolstoi und lässt seinen Romanhelden Fürst Andrej in *Krieg und Frieden* sagen: »Ja, Tod ist Erwachen!« Und der Zen-Mönch Sawaki Kōdō ist ganz sicher: »Wenn du stirbst, erkennst du deinen Traum.«

SEPTEMBER

*Alle Entwicklung ist bis jetzt
nichts weiter gewesen als ein Taumeln von
einem Irrtum in den anderen.*

Henrik Ibsen, Norwegen
Brief an Georg Brandes, 1872

Noch brennt die Sonne, doch in das Grün sind schon staubige Töne gemischt. Noch gibt es Wärme und Glut, doch die Luft ist schon durchsichtig, und die Abende werden kühl. In allem liegt der Herbst – in den schimmernden Spinnennetzen, in der Feuchtigkeit, in den reifen Beeren von Holunder und Hagebutte.

»Und wieder lodert das Welken an den Hauswänden empor, klettert das Laub in glühender Brunst der Vergängnis«, hat Max Frisch einmal notiert: »Unser Dasein steht über uns wie ein einziger Augenblick, und einmal zählt man auch die Herbste nicht mehr.«

Im September brennt das Herz auf bronzener Schwelle. Jedes Jahr gibt es diese Unrast im Herbst, diese Sehnsucht nach Ferne und Fremde, diesen Wunsch, zu wandern und hinauszulaufen in die Welt. Jedes Jahr gibt es den Wunsch, den Schwalben zu folgen und ihrem Ruf, ganz gleich, wohin er auch führt.

Jedes Jahr im September gibt es dieses wilde Verlangen nach Aufbruch, nach neuen Horizonten, nach sonnenhellen Küsten und heißen Inseln, bevor die Tage kurz werden und das Land unter dem Frost erstarrt. Man wird unruhig im Herbst wie ein Vogel, dessen Blut sich erinnert, dass es Zeit ist zu ziehen. »Dies ist der Herbst: der – bricht dir noch das Herz!« schreibt Nietzsche und ruft: »Flieg fort! Flieg fort!«

Die Ernte – Ähre und Korn

Im September ist das Getreide eingefahren, die Felder sind abgeerntet und liegen leer. Der Schriftsteller Wilhelm Lehmann schreibt im September 1928 in sein *Bukolisches Tagebuch*: »Ein frommes, ein verklärendes Licht flutet über die Stoppeln. Alle Geschöpfe genießen den rührenden Zauber des Septemberglücks. Es ist die Euphorie vor dem Tode.« Noch liegen einige Ähren verstreut auf den Wegen und werden gesammelt, um den Erntekranz zu binden.

Seit frühester Zeit sind Ähre und Korn das Symbol für Saat

und Ernte. In den alten Kulturen wird das Korn den jahreszeitlich sterbenden und wiedererstehenden Vegetationsgöttern zugeschrieben – das Getreidekorn wird über den Winter in der Erde begraben und sprießt im Frühjahr erneut. Das sichert das Überleben des Menschen.

In der griechischen Mythologie gehört die Kornähre der Göttin Demeter, der olympischen Fruchtbarkeitsgottheit, deren Name auch »Kornmutter« bedeutet. Nach den *Homerischen Hymnen* übergibt Demeter dem Helden Triptolemos ein Ährenbündel, damit er die Menschen den Ackerbau lehre, und unterweist ihn in den Mysterien von Eleusis. Diese Mysterien, die im September gefeiert werden und zum Staatskult der Athener gehören, sind Initiations- und Weiheriten zu Ehren der Göttin und ihrer Tochter Kore, dem »Kornmädchen«.

Bei den weitgehend geheimen Mysterien aber geht es nicht nur um die vegetativen Prozesse von Tod und Neugeburt. Die überlieferten Riten weisen auch auf einen symbolischen Abstieg in den Hades und eine anschließende Auferstehung hin. Die Teilnehmer der Mysterienspiele hoffen offenbar, dem Tod zu entrinnen und durch den Abstieg in die Unterwelt ein neues Leben zu erlangen.

Im 4. Jahrhundert werden die eleusinischen Mysterien vom christlich-römischen Kaiser Theodosius I. verboten. Ähre und Korn aber bleiben ein Symbol für die Wiedergeburt des Lebens und für das Mysterium von Tod und Auferstehung.

Auch im Christentum wird der auferstandene Erlöser mit einem Korn verglichen – durch das Begrabenwerden im Tod eröffnet er ein neues Leben. Christus selbst vergleicht sich mit dem Weizenkorn. »Wahrlich, wahrlich, ich sage euch: Wenn das Weizenkorn nicht in die Erde fällt und stirbt, bleibt es allein; wenn es aber stirbt, bringt es reiche Frucht«, so steht es im Johannesevangelium (12,24).

Das Korn steht nie allein. Es wird mit vielen anderen Körnern ausgesät, es wächst gemeinsam, es biegt sich gemeinsam im Wind. Gemeinsam wird es vom Regen oder Hagel niedergeschlagen, gemeinsam wird es gemäht und gemahlen. In der christlichen Ikonografie wird das Korn deshalb schon früh zu einem Symbol für die christliche Gemeinde und die Gemeinschaft der Gläubigen.

Erst in der Moderne bekommt das Bild eine neue Bedeutung. Im 20. Jahrhundert und unter dem Eindruck der großen kollektiven Bewegungen wird das Korn auch zu einem Symbol für die Masse. Der jüdische Schriftsteller Elias Canetti erklärt in seiner 1960 erschienenen Studie *Masse und Macht* das Korn zu einem Symbol für kollektive Einheiten oder Massen, die bestimmte Eigenschaften besitzen.

Die Masse liebt Dichte. Sie fühlt sich erst wohl, wenn sie dicht gedrängt steht. Auch beim Korn stehen die Halme dicht an dicht. Der einzelne Halm kommt nie von den anderen Halmen weg.

Die Masse braucht eine Richtung. Erst in der gemeinsamen Richtung, die keine Abweichung duldet, kann sie agieren. Auch die Halme haben dieselbe Richtung. Canetti schreibt: »Alle Halme zusammen geben der Richtung des Windes nach, das ganze Feld biegt sich auf einmal. Die vollen Halme sind wie schwere Häupter; sie nicken einem zu oder sie wenden sich ab, je nachdem, wie der Wind weht.«

Innerhalb der Masse herrscht Gleichheit. Die Masse löscht alle individuellen Unterschiede aus. Seit alters wird die Gleichheit der Menschen vor dem Tode deshalb auch im Bild der Kornhalme dargestellt. Die Sense mäht alle Halme und alle Menschen gleicherweise nieder.

Die Masse will immer wachsen. Die Masse strebt stets danach, eine noch größere Masse zu werden. Auch aus dem einzelnen Korn werden viele Körner. Bei der Ernte soll die Menge der Körner um ein Vielfaches größer sein als bei der Saat. Das Korn, indem es aufgeht und wächst, vermehrt sich. Die Vermehrung ist entscheidend – nur in der Vermehrung liegt der Segen.

Das Opfer – Menschenopfer …

Im September neigt sich das Jahr. Über die dämmernden Wasser taumeln welkende Blätter und faulen langsam im Flug. Mücken spielen in den Sonnenstrahlen, die schräg und müde durch die Baumkronen fallen, Blesshühner und Enten ziehen schwarze Kreise. Um die Mitte des Monats spürt man, wie die Wärme mit einem Male schwindet. Und der jüdische Schriftsteller Kurt Tucholsky schreibt: »Über den Leib der Erde haucht das Licht streichelnd wie über die Stirn eines mit Blumen geschmückten Opfertieres.«

Zur Ernte gehört seit alters das Opfer. In den Erntebräuchen der agrarischen Kulturen dämmert noch die Vorstellung einer beseelten Natur, deren Segenskräfte befördert werden müssen. Die Erde verlangt nach einem Opfer, um neue Früchte hervorbringen zu können. Notfalls muss der Acker mit Blut gedüngt werden.

Am Anfang steht das Menschenopfer. In fast allen frühen Hochkulturen ist das Menschenopfer ein zentraler Bestandteil des religiösen Kultes. Es scheint, als sei jede archaische Kultur vom Menschenopfer geradezu besessen, als gehörten erste Zivilisation und Menschenopfer unweigerlich zusammen.

Das rituelle Menschenopfer soll den Zorn der Götter besänftigen, den Fortbestand des Stammes sichern oder das Haus vor bösen Geistern schützen. Der biblische Laban, so zumindest erzählt Thomas Mann in seinen *Geschichten Jaakobs*, opfert sein erstgeborenes Söhnchen nach althergebrachtem Brauch, begräbt es »lebend in einem Tonkruge unter Beigabe von Lampen und Schüsseln« und mauert es ein in das Fundament, um »damit Segen und Gedeihen auf Haus und Wirtschaft herabzuschwören«.

Die Phönizier und Kanaaniter opfern ihre erstgeborenen Söhne dem Gott Baal, dem Stierkönig, den die Israeliten auch Moloch nennen, den blutdürstigen Gott. Die Germanen, so jedenfalls berichtet der römische Historiker Tacitus, werfen

Menschen ins Moor als Opfer für die Erdgöttin Nerthus, die keltischen Priester opfern ihre Gefangenen, um aus den Todeszuckungen der Erschlagenen die Zukunft vorherzusagen, die Römer begraben Gefangene und Vestalinnen bei lebendigem Leibe, um den *Dii Inferi* zu opfern, den Göttern der Unterwelt.

In einigen primitiven Kulturen wird das Menschenopfer gelegentlich auch an einem König oder Stammesführer vollzogen. Dieser wird getötet, wenn er Anzeichen von Schwäche oder Impotenz zeigt oder wenn Missernten und Hungersnöte einen Zweifel an seinen magischen Fähigkeiten aufkommen lassen.

In der antiken hellenistischen Welt dient das Menschenopfer der Reinigung und Läuterung und soll eine Stadt gegen Seuchen, Krieg und Hungersnot sichern. Das Opfer ist zumeist ein Sklave, ein Fremder oder ein abstoßend hässlicher Mensch, der von den Stadtbewohnern mit Ruten gepeitscht, mit Steinen beworfen und getötet wird.

In der nordeuropäischen Mythologie opfert sich der Gott selbst. Odin, der Allvater des nordischen Olymp, opfert nicht nur ein Auge, um seherische Kräfte zu erhalten, er hängt sich auch selbst an den Weltenbaum Yggdrasil als Opfer für das Geschlecht der Menschen. Neun Tage und Nächte hängt er am Baum, verwundet von seinem eigenen Speer, bis ihm die Runen erscheinen, die magischen Zeichen.

Das letzte kultische Menschenopfer des Abendlandes ist das Opfer Christi am Kreuz. Christus ist der menschgewordene Gott, der geschlachtet und getötet wird im Namen des Herrn. Erst durch seinen Opfertod wird er zum Heiland und zum Erlöser. Dieses Opfer, so die christliche Lehre, dient der Reinigung und Läuterung des ganzen Menschengeschlechts – Christus ist der König und der Knecht, der die Schuld der Menschen auf sich lädt und sein Leben als Sühneopfer hingibt. Er ist der Erstgeborene, der geopfert wird zur Vergebung der Sünden.

Im Zentrum der christlichen Religion steht das Opfer am Kreuz. Dieses Opfer, so erklärt die christliche Kirche, ist ein freiwillies Opfer – Christus opfert sich selbst. Der gewaltsame Tod des Jeschua Ben Josef wird von den Anhängern schon früh als ein freiwilliges Opfer interpretiert, das der Entsühnung der Menschheit dienen soll. Der Gottessohn sei gekommen, um sein Leben zu geben als Lösegeld für viele, so heißt es beim Evangelisten Markus (10,45). Durch seinen Opfertod habe er Gott versöhnt und die Menschheit losgekauft.

Die christliche Theologie hat immer wieder betont, dass die Vorstellung, Gott verlange in unnachsichtiger Gerechtigkeit ein Sohnesopfer zur Vergebung der Sünden, falsch sei und dass der Kreuzestod vielmehr der Ausdruck einer radikalen Liebe sei, die den Sühnegedanken und die Opferriten der heidnischen Religionen geradezu revolutionär überschreite. Das Neue der christlichen Lehre liege in der Freiwilligkeit des Opfers. Der Tod am Kreuz sei zwar ein gottgewolltes Opfer, werde aber in vollkommener Freiheit gegeben – der Wille des Vaters und des Sohnes seien identisch.

Für die Kritiker des Christentums hingegen ist das Opfer am Kreuz – das Menschenopfer zur Vergebung der Sünden – ein einziger Skandal. Vor allem für Nietzsche ist der Opfertod der zentrale Ansatz seiner Kritik. Jesus selbst habe den alten Schuldbegriff eigentlich überwunden, das paulinische Christentum aber sei geradezu verliebt in Begriffe wie Schuld und Sünde. In *Der Antichrist* wettert Nietzsche: »Das Schuldopfer, und zwar in seiner widerlichsten, barbarischen Form, das Opfer des Unschuldigen für die Sünden der Schuldigen! Welch schauderhaftes Heidentum!«

… und Tieropfer

Die Zeiten ändern sich und gehen dahin. So auch die Zeiten, in denen die ackerbauende Bevölkerung ihre Erde mit Menschenblut düngt. Die barbarischen Menschenopfer gehen dahin wie die Barbaren selbst. Nur die Dichter erinnern sich noch der verrufenen Stelle, an der Blumen wachsen, blass wie der Tod, und nur eine in der Mitte steht da im dunklen Rot. Friedrich Hebbel schreibt in seinem Gedicht *Böser Ort*: »Die hat es nicht von der Sonne: Nie traf sie deren Glut. Sie hat es von der Erde, und die trank Menschenblut.«

Im Judentum ist das Menschenopfer schon in frühester Zeit verboten. Mit Abraham verwirft der jüdische Gott das Menschenopfer als einen überständigen Brauch aus barbarischen Zeiten und fordert fortan den Widder oder das Lamm als Opfergabe. Zwar gehören dem biblischen Gott nach wie vor die Erstlinge der Geburten, doch fortan wird der Schafbock zum Ersatz für den Sohn. Das ist immerhin ein Fortschritt und eine Entwicklung.

Das Ende des Menschenopfers wird biblisch durch die sogenannte »Bindung Isaaks« markiert, durch die Beinahe-Opferung des so spät geborenen und einzigen Sohnes. Die Geschichte ist bekannt. Gott schenkt dem hochbetagten Abraham und seinem ebenso betagten Weibe Sarai den verheißenen Sohn, fordert diesen dann jedoch als Erstlingsopfer für sich selbst: »Nimm deinen Sohn, deinen einzigen, den du lieb hast, Isaak, geh in das Land Morija und bring ihn dort auf einem der Berge, den ich dir nenne, als Brandopfer dar.«

Abraham, seinem Gott gehorchend, spaltet Holz, schichtet einen Schlachttisch aus Steinen mit einer Rinne für das Blut, legt das Holz darauf, fesselt sein Kind mit Stricken und legt es obenauf. Dann nimmt er das Messer und zückt es gegen den Knaben, um ihm die Kehle durchzuschneiden. Erst im allerletzten Augenblick, so berichtet die Genesis (2,12), ertönt die Stimme des Engels und verwehrt das Opfer: »Nun weiß ich, dass Du Gott fürchtest und hast deines einzigen Sohnes nicht verschont um meinetwillen.«

Als Ersatz für den Sohn bietet der Engel einen Widder. Abraham nimmt den Widder, schlachtet ihn und verbrennt die Eingeweide mit Weihrauch und Honig. Der Rauch aber steigt auf in den Himmel und entzückt die Nase des Herrn.

In der jüdischen Welt haben Mensch und Tier als Opfer seither den gleichen Wert. Statt des erstgeborenen Sohnes bringen die Juden ihrem Gott die Erstlinge der Herden, der Ziegen und Schafe, als Opfergabe dar. Die Tiere werden stellvertretend getötet und verbrannt. Mit dem Brandopfer oder *holocaustum* aber – aus dem griechischen *holókaustos* für vollständig verbrannt – werden die Sünden des ganzen Volkes gesühnt.

Der Sündenbock

Im Judentum sind die Begriffe Schuld und Sühne untrennbar verbunden. Nach den traditionellen Opfergesetzen, festgeschrieben im Buch Levitikus (16,5–22), wird das Sündopfer an einem Widder oder Ziegenbock vollzogen. Das Tier wird verbrannt oder mit den Sünden und Freveltaten der Menschen beladen und in die Wüste geschickt. Der Bock wird zum Sündenbock.

Das alte Bild des Sündenbocks, so archaisch es scheinen mag, ist bis in unsere Tage hinein aktuell. Wir mögen über den Ritus lächeln, doch wir sind dem Denken, das dahintersteht, weit stärker verhaftet, als uns bewusst oder lieb sein mag. Wir haben den alten Begriff der Schuld – und das diffuse Gefühl, auf irgendeine Weise schuldig zu sein – keineswegs überwunden. Wir suchen noch immer unausgesetzt nach Sündenböcken, denen wir unsere eigenen Fehler und Versäumnisse aufladen können. Die Suche nach einem Sündenbock ist bis heute eine beliebte und weithin verbreitete Beschäftigung.

Das Prinzip des Sündenbocks ist simpel: Man macht einen Einzelnen oder einen Teil der Gruppe aus, der anders ist als alle anderen – einen Fremden, einen Ungläubigen, einen Sonderling oder eine Minderheit –, und stürzt sich gemeinsam auf ihn. Man klagt ihn an, wirft alle Schuld auf ihn, verurteilt und tötet ihn.

Besonders schön lässt sich das Prinzip des Sündenbocks an einem Ritual aus dem rheinischen Karneval beobachten. Dort wird eine mannsgroße Strohpuppe gebaut, die während der tollen Tage in den Kneipen oder in anderen närrischen Lokalitäten hängt und so zum Zeugen aller Ausschweifungen und Laster wird. Am Ende des Karnevals wird diese Puppe, in Köln *Nubbel* genannt, für alle Sünden verantwortlich gemacht. Man lädt ihr stellvertretend alle eigenen Verfehlungen auf die Schulter, klagt sie von einem als Geistlichen verkleideten Gecken an, beschimpft sie öffentlich und lässt sie zuletzt als Zeichen der Bestrafung in Flammen aufgehen. Die Menge sucht einen Schuldigen und schreit: »Der Nubbel hat Schuld! Er soll brennen.« Mit dem Brand des strohigen Stellvertreters aber, so geht der Volksglaube, sind alle eigenen Sünden gesühnt und ausgelöscht.

Die Verbrennung des »Nubbel« scheint noch witzig, auch wenn dem Witz bereits ein bitterer Beigeschmack innewohnt. Die Verbrennung eines ganzen Volkes aber, das man zur Ursache allen Übels erklärt und in den Verbrennungsöfen der Konzentrationslager in Rauch aufgehen lässt, enthüllt die ganze grausame und gewalttätige Dynamik, die sich im Prinzip des Sündenbocks verbirgt.

Das Opfern eines Sündenbocks, so glauben wir insgeheim bis heute, spricht uns von aller Schuld frei. Es reinigt uns von unseren Sünden. Das Beispiel vom »Nubbel« lässt sich beliebig auf unseren Alltag übertragen. Immer suchen wir uns reinzuwaschen von all den größeren und kleineren Sünden, die wir zwar begangen haben, für die wir aber nicht verantwortlich gemacht werden möchten.

Die Schuldübertragung funktioniert aber nur dann, wenn es eine stillschweigende Übereinkunft darüber gibt, dass der Sündenbock wirklich der Böse ist. Nur wenn eine Gruppe sich in der Überzeugung verschwört, der Sündenbock sei an aller Misere schuld, kann sie sich zusammenrotten und ihn töten. Ein Sündenbock kann kein Sündenbock mehr sein, wenn sich die Erkenntnis durchsetzt, dass er unschuldig ist oder zumindest nicht schuldiger als jeder andere Mensch auch.

Bis heute geht es um Schuld. Auch in unserer modernen Gesellschaft sind die »Schuldigen« schnell ausgemacht – schuldig sind immer die anderen. Wir möchten gerne unschuldig sein oder zumindest scheinen – vor den Augen der Welt und vor uns selbst. Bis heute versuchen wir, die eigene Schuld auf irgendeinen Bock zu übertragen und uns selbst als unschuldiges Opfer auszugeben.

Die christliche wie auch die buddhistische Lehre ist dem Wahn schon früh entgegengetreten. »Wer unter euch ohne Sünde ist, der werfe den ersten Stein!«, so lauten die überlieferten Worte Jesu im Johannesevangelium (8,7). Und in der *Dhammapada*, einer Sammlung von Aussprüchen des Buddha, heißt es: »Schlechtes wird von einem selbst begangen / durch sich selbst wird man befleckt. Schlechtes bleibt durch einen selbst ungetan / durch sich selbst wird man gereinigt. Reinheit und Unreinheit sind das eigene Tun. Niemand reinigt jemand anderen. Niemand anderer reinigt einen selbst.«

Schattenseiten

Der Mensch ist gewöhnlich davon überzeugt, dass alles Gute in ihm selbst und alles Schlechte in den anderen wohnt. Doch das Gute ist immer nur ein Teil im Menschen und zumeist nicht der größte Teil. Immer gibt es auch die andere Seite.

Die Annahme, dass der Mensch grundsätzlich gut sei, ist angesichts der verheerenden Zerstörungen, die er immer wieder anrichtet, ziemlich mutig – und ziemlich blind. Jeder Mensch hat auch böse und gemeine Seiten, die er zumeist nicht kennt oder nicht kennen will. Da sie mit dem Bild, das er von sich selbst hat, nicht übereinstimmen, schiebt er sie beiseite und verfrachtet sie, psychologisch gesprochen, in die unbewussten Bereiche seiner Psyche, die weit größer ist, als sein normales Bewusstsein ihn glauben lässt.

Hier aber verschwinden sie nicht etwa, sondern tummeln sich fröhlich und unkontrolliert, immer bereit, bei nächster Gelegenheit ans Tageslicht zu brechen. All die Eigenschaften des Menschen, die er vor sich selbst verleugnet – Eitelkeit, Egomanie, Feindseligkeit, Habgier, Gehässigkeit, Missgunst oder die Lust an boshaftem Tratsch – bleiben durchaus zu ihm gehörig. Er kann sie nicht abschütteln, er kann lediglich so tun, als gehörten sie nicht ihm, sondern irgendeinem anderen Menschen. Das nennt man eine Projektion.

All die Persönlichkeitsanteile, die ein Mensch für sich selbst ablehnt, so die These dieses Konzepts, projiziert er auf andere Menschen – auf seinen Partner, auf Nachbarn oder Kollegen, auf Fremde oder Andersdenkende. Bleibt ihm dieser Projektionsmechanismus unbekannt, so gerät er in immer dieselben Situationen und Schwierigkeiten, für die er stets den anderen die Schuld gibt und nie sich selbst.

All jene Bereiche der Wirklichkeit, die ein Mensch für sein eigenes Ich missbilligt und nicht gelten lassen will, all jene Dinge, die ihm hässlich, dumm, verächtlich oder böse scheinen und die er daher in sein Unbewusstes abgeschoben hat, begegnen ihm unweigerlich in anderen Menschen und in der äußeren Welt.

Die ausgedehnten Weiten des Unbewussten, die der Mensch nicht haben und nicht kennen will, hat C. G. Jung den Schatten genannt. Der Schatten ist wie die abgewandte Seite des Mondes, der Schatten ist die dunkle Seite des Ich. Jung schreibt: »Im Unbewussten ist alles vorhanden, was im Bewusstsein verworfen wird.«

Im Schatten liegen all jene Persönlichkeitsanteile, die zu unserer perfekten Vorstellung von uns selbst nicht passen und die wir deshalb ins Dunkel drängen. Im Schatten tummeln sich all unsere ungeliebten und ungelebten Eigenschaften und Neigungen, hier hausen all unsere Dämonen, hier verstecken sich all die kleinen Feigheiten, Falschheiten und Schäbigkeiten, die wir uns ständig zuschulden kommen lassen und die wir gern verleugnen.

Der Schatten ist all das, was wir auch sind, aber auf keinen Fall sein wollen. In jedem von uns existieren neben den positiven auch alle denkbaren negativen Eigenschaften – Rücksichtslosigkeit, Rachsucht, Überheblichkeit, Machtgier, Eifersucht, Neid, Faulheit, Angeberei, Allmachtsfantasien oder andere gesellschaftlich missbilligte Eigenschaften.

Im Schatten liegen jene gewaltigen und gefahrvollen Dunkelzonen des Bewusstseins, aus denen die Albträume aufsteigen und die unkontrollierten Affekte und Wutausbrüche, all jene unkontrollierbaren Launen und Stimmungen und all jene unbekannten Impulse, die uns häufig genug in Konflikte verwickeln.

Der Mensch flieht gern vor seinem Schatten, doch dieser läuft immer mit. Er lässt ihn nicht los, er bleibt unausweichlich an ihm kleben wie ein wirklicher Schatten im hellen Mittagslicht. Der Mensch poliert gern seine lichten Seiten – oder das, was er dafür hält –, und so bleibt er blind für seine dunklen Seiten und läuft Gefahr, von ihnen verschlungen zu werden wie von einem Schwarzen Loch.

Der Mensch strebt gern nach dem Guten, doch da er seinen Schatten nicht kennt, stolpert er in die tragische Falle all jener, die stets nur das Gute und Gerechte und das Paradies auf Erden wollen, aber stets das Böse, das Gemetzel und die Hölle bringen. Die europäische Geschichte kennt unzählige Beispiele – von der christlichen Inquisition über den blutigen Terror der Jakobiner in der Französischen Revolution bis hin zur gnadenlosen kommunistischen Gewaltherrschaft mit ihren Gulags und Foltergefängnissen.

Wir wissen, dass alle geschichtlichen Experimente zum utopischen Guten gescheitert sind. Wir wissen um unsere eigene Historie und blenden die Existenz des Bösen dennoch hartnäckig aus oder verdrängen sie in die bloße Vergangenheit. Wir betonen allein das Gute. Wir beschwören beständig und intensiv das Positive und suchen alles Negative aus der Welt zu schaffen.

Es ist daher kein Zufall, wenn gerade heute, inmitten all des Guten, scheinbar plötzlich und überraschend ein Böses und ein Hass aufbrechen, die sich in zahllosen Aggressionen und vor allem im Internet unverhohlen artikulieren und sich zu regelrechten »shit storms« ausweiten. Überall, wo das Gute weithin leuchtend auf die Fahnen geschrieben wird, wächst insgeheim, quasi im Hinterhof, auch das Böse. Da es verdrängt wird, muss es zwangsweise aufrührerisch werden. Da es aus dem Schatten kommt, wird es unvermutet radikal.

Wir wollen nicht wahrhaben und nicht zugeben, dass der Schatten nun mal zur menschlichen Natur gehört – und keineswegs nur zur Natur unserer Vorfahren, sondern auch zu unserer eigenen Natur. Kein Mensch steht jemals jenseits des Bösen. Jedermann wird von seinem Schatten verfolgt, und je unbewusster diese Tatsache, desto schwärzer und dichter ist der Schatten.

Wir bestehen nun mal nicht nur aus unserer guten Stube, aus unserem aufgeräumten und gefällig eingerichteten Wohnzimmer, das wir der Welt gern präsentieren. Wir haben auch einen Keller, in dem all das Gerümpel lagert und all die kindischen, unangepassten, misslichen oder moralisch geächteten Eigenschaften, die wir lieber verstecken.

Wenn wir uns weiter hinabwagen, finden wir unter diesem Keller noch andere ausgedehnte Räume, die sich weit im Kollektiven verzweigen – finstere Erdlöcher, Höhlen und Katakomben. Hier hausen die uralten, die frühzeitlichen und halb tierischen Reste der menschlichen Psyche. Von hier stammen die tiefsten Triebe und Ängste, etwa die archaische Angst vor dem Fremden, der den eigenen Stamm bedroht, die eigenen Frauen und damit die eigene Existenz.

Wir tragen unsere Vergangenheit mit uns herum. Wir tragen selbst den primitiven Menschen mit seinem Aberglauben, seinen Menschenopfern und Sündenböcken wie einen unsichtbaren Saurierschwanz mit uns herum. Wir sind nicht nur vernünftig, sondern auch irrational und trotzig, nicht nur klug, sondern auch geistlos und dumm, nicht nur zivilisiert, sondern auch barbarisch und brutal.

Wenn die Entwicklung des Menschen nicht länger, wie Ibsen

sagt, »ein Taumeln von einem Irrtum in den anderen« sein soll, dann bedarf es einer Selbsterkenntnis, die sich vor der Begegnung mit den Schattenseiten der eigenen Psyche nicht scheut. Das Bewusste lässt sich beherrschen oder korrigieren, das Unbewusste leider nicht. Nur was wir in Besitz nehmen, besitzt uns nicht mehr.

Die Begegnung mit sich selbst und dem eigenen Bösen ist aber nicht nur unangenehm, sondern auch schwierig. Da es in das Unbewusste verbannt ist, lässt es sich nicht ohne Weiteres aufspüren. Der Mensch, der seinen Schatten finden will, braucht einen Spiegel.

Der Mensch weiß nicht, wer er wirklich ist. Wenn er sich erkennen will, muss er sich im Spiegel suchen. Ohne Spiegel bleibt er blind. Ohne Spiegel kennt er sein Gesicht nicht, kennt er selbst seine eigene Augenfarbe nicht.

Dieser Spiegel aber hängt nicht im Badezimmer. Dieser Spiegel findet sich in der Umwelt oder Außenwelt. Der eigene Schatten nämlich, der so schwer zu erkennen und noch schwerer zu akzeptieren ist, wird von der Umwelt getreulich gespiegelt. Der Mensch, der sich selbst sucht, kann diese Umwelt wie einen Spiegel benutzen. Über die Außenwelt, die wie ein Spiegel wirkt, kann er sich selbst finden.

Jeder Mensch, so hat Arthur Schopenhauer erklärt, hat »am Andern einen Spiegel, in welchem er seine eigenen Laster, Fehler, Unarten und Widerlichkeiten jeder Art deutlich erblickt. Allein meistens verhält er sich dabei wie der Hund, welcher gegen den Spiegel bellt, weil er nicht weiß, dass er sich selbst sieht, sondern meint, es sei ein anderer Hund.« Das gewöhnliche Bewusstsein kennt zumeist nur sein gutes Selbstbild. Es ist daher auf die Auseinandersetzung mit den im Spiegel bellenden Hunden angewiesen.

Hier ist natürlich nicht der Ort, sich intensiver mit dem menschlichen Schatten zu beschäftigen. Das Thema soll nur kurz skizziert werden, da es in direktem Zusammenhang mit der uralten Praxis des Opfers steht. Der Mensch nämlich, der sich mit seinen Schattenseiten konfrontiert, kann das eigene Böse und die eigene Schuld nicht mehr ohne Weiteres auf andere übertragen und diese dann stellvertretend opfern. Stattdessen muss er sein infantiles, sein einseitiges und oft folgenschwer falsches Bild von sich selbst opfern auf dem Altar der Selbsterkenntnis und die Verantwortung für seine Taten selbst übernehmen. Das wäre ein echter Fortschritt.

Zuletzt ist jedes wahre Opfer ein Selbstopfer. Mit dem Selbstopfer beweist der Mensch, dass er sich wirklich hat und frei über sich verfügen kann. Niemand kann etwas geben, was er nicht besitzt. Das Selbstopfer ist das höchste denkbare Opfer, das alle alten Opferriten weit hinter sich lässt. Dieses Opfer ist kein Bestechungsversuch der höheren Mächte, die sich dadurch vielleicht besänftigen oder versöhnen lassen. Dieses Opfer erwartet keine Belohnung, sondern ist eine gewollte Abtretung: Ich gebe etwas von mir auf, damit ich mich ganz gewinne.

Das Mahl

Zum Opfer gehört das rituelle Mahl. Der gemeinsame Verzehr des Opfertieres dient der Kommunion – aus dem lateinischen *communio* für Gemeinschaft – und stärkt den Zusammenhalt des Stammes oder der Gemeinde.

Eine Gruppe, die gemeinsam an einem Tisch sitzt, bildet immer eine Gemeinschaft. Das gemeinschaftliche Mahl ist ein zentraler Bestandteil fast aller Kulturen – eine Einladung zum Essen kommt einer Aufnahme in die Familie oder in den Stamm gleich. Mit einem gemeinsamen Mahl werden traditionell alle Verträge besiegelt, Verlöbnisse und Hochzeiten. Auch nach Beerdigungen gruppiert sich die Trauergemeinde um einen gemeinsamen Tisch.

Solange das Mahl dauert, ist die Gemeinschaft geschützt. Man zeigt zwar Zähne, darf aber davon ausgehen, dass diese nur der Speise gelten und nicht dem Tischnachbarn. Selbst wenn das gemeinsame Essen beendet ist, darf man annehmen, dass der Nachbar einem nicht plötzlich ein Messer in den Rücken rammt – eine übrigens nie ganz gesicherte Annahme, wie der Verrat des biblischen Judas beweist, der seinen Meister ans Messer liefert, nachdem er am Mahl teilgenommen und den Bissen aus der Hand Jesu empfangen hat.

Am stärksten ist der Zusammenhalt der Gruppe, wenn sie von *einem* Tier isst oder von *einem* Laib Brot. Schon in den frühen Gesellschaften der Jäger und Sammler wird jedem Teilnehmer des Mahles ein Stück des gemeinsam erlegten Tieres vorgesetzt – das eine Tier wird von der gesamten Gruppe verzehrt. Dadurch sind alle Mitglieder der Gruppe untereinander verbunden.

Bis heute wird in Gruppen, die auf Gemeinschaft eingeschworen werden sollen, etwa in Klöstern oder Internaten, allen dasselbe Gericht serviert. Auch beim Mahl im Kreis der Familie, unter Freunden oder bei festlichen Mahlzeiten wird allen dasselbe gereicht – man isst sozusagen aus einer Schüssel, genießt von dem einen Braten und bricht von dem einen Brot. Dass alle das Gleiche zu essen bekommen, schafft ein Gefühl von Zusammengehörigkeit.

Dieser Gedanke prägt auch das rituelle Mahl im Christentum – die Eucharistie soll den Gläubigen mit Gott und mit der Gemeinde verbinden. »Weil wir den gleichen Herrn empfangen«, so hat Papst Benedikt XVI. erklärt, »sind wir auch untereinander eins.«

Das Mahl gilt als Abschluss eines Opfers. Auch das kultische Mahl des Christentums ist eine Art Opfermahl. In der Erinnerung an das Abschiedsmahl Christi am Abend vor seinem Opfertod werden Leib und Blut des Opfers in Brot und Wein verzehrt.

Brot und Wein

Im September ist die Getreideernte in die Scheunen gebracht, die Lese der Trauben hat begonnen. Die Reben in den Körben sind von einem tiefen Violett, das Weinlaub leuchtet in Karmin und Kupfer, Orange, Rosenholz und Rost.

Brot und Wein. In der abendländischen Kultur ist das Brot von Anfang an ein Sinnbild für die Nahrung des Menschen – für seine Speise schlechthin. Der altjüdische Gott vertreibt den Menschen aus dem Paradies und verflucht ihn mit den Worten: »Im Schweiße deines Angesichts sollst du dein Brot essen« (1. Mose 3,19).

Das Brot gehört an den Anfang der Geschichte. Die Sorge um das tägliche Brot ist über Jahrtausende ein Synonym für die Sorge des Menschen um sein Überleben. »Unser tägliches Brot gib uns heute«, so lautet nicht zufällig eine der ersten Bitten im *Vaterunser*, dem bekanntesten und verbreitetsten Gebet des Christentums. In früheren Zeiten sind Nahrungsmangel und Hunger ein existenzielles Problem. Selbst Europa wird noch bis ins 19. Jahrhundert immer wieder von Hungersnöten heimgesucht – die große Hungersnot in Irland um 1845 etwa fordert mehr als eine Million Todesopfer.

Heute ist die westliche Welt satt. Sie schwelgt in einem Überfluss an Nahrung und braucht die Bitte des *Vaterunsers* nicht mehr. In anderen Teilen der Welt hingegen ist die Sorge um das tägliche Brot bis heute ein existenzielles Problem – nach dem »Welthunger-Index« haben rund eine Milliarde Menschen auf dieser Erde nicht genug zu essen. Der Mensch lebt zwar, wie es biblisch heißt, nicht vom Brot allein, doch ohne Brot kann er gar nicht leben.

Das Brot ist auch ein zentrales religiöses Zeichen. Im Judentum wird zur Feier des Schabbat ein Brot gebacken – der Name dieses Brotes stammt vom hebräischen Wort *Berachot* und bedeutet Lob- oder Segensspruch. Im Christentum wird Jesus selbst zum Brot: »Ich bin das lebendige Brot, das vom Himmel herabgekommen ist. Wer von diesem Brot isst, wird in Ewigkeit leben. Das Brot, das ich geben werde, ist mein Fleisch – ich gebe es hin für das Leben der Welt«, so steht es im Johannesevangelium (6,51).

Zum Brot gehört der Wein. »Der Wein ist ein Geschenk der Götter«, hat schon Platon gesagt, »sie haben den Wein dem Menschen aus Erbarmen gegeben.« Der Wein ist ein geistiges oder auch begeisterndes Getränk, in dem ein Geist oder Gott wohnt. Er berauscht und versöhnt den postparadiesischen Menschen mit seiner Welt. »Vom donnernden Gott kommet die Freude des Weins«, so heißt es auch in Hölderlins Gedicht *Brot und Wein*. Beim sogenannten Weinwunder von Kana verwandelt Jesus, wie einst der antike Gott Dionysos, Wasser in Wein und wird fortan auch der »wahre Weinstock« genannt. Der Mensch ist schließlich nicht nur ein leibliches, sondern auch ein geistiges Geschöpf – er braucht nicht nur Brot, er braucht auch Wein.

Der Wein hat die Farbe des Blutes. Die symbolische Gleichsetzung von Wein und Blut findet sich schon in frühen Kulturen. In der Antike gilt der Wein als das Blut der Erde und als ein Sinnbild aller Kultur. Im Kult des römischen Gottes Mithras erinnert der Wein an das Blut des Stieres, der geopfert wird, um die Welt zu retten.

Im griechischen Dionysos-Kult ist der Wein ein Unsterblichkeitstrank – die durch ihn erzeugte Ekstase verbindet den Menschen mit Gott. Im Alten Testament wird der Wein auch mit der göttlichen Weisheit verbunden – im Wein liegt die Wahrheit, wie das bekannte Sprichwort verkündet.

Brot und Wein sind die ersten Kennzeichen menschlicher Kultur – wo Weizenanbau und Weinbau existieren, gibt es zivilisiertes Leben. Brot und Wein gelten von Anfang an als wichtige Kulturprodukte. Sie sind ein Ausdruck menschlicher Arbeit und Anstrengung, Kenntnis und Erfahrung. Wenn Brot und Wein geopfert werden, so wird das Beste geopfert, das eine frühe Kultur hervorzubringen vermag.

Im Judentum gehören ungesäuertes Brot und roter Wein auf die Tafel am Pessachfest. Das Brot erinnert an die Flucht der Israeliten aus Ägypten, der Wein an das Blut der Opfertiere, das bei der Feier des Bundesschlusses am Sinai vergossen wird.

Brot und Wein stehen auch auf der Tafel, um die Jesus seine Jünger beim Abschiedsmahl versammelt. Die wohl älteste Version der Geschichte wird von dem Evangelisten Markus (14,22) erzählt: Und »während des Mahls nahm er das Brot und sprach den Lobpreis; dann brach er das Brot, reichte es ihnen und sprach: Nehmt, das ist mein Leib. Dann nahm er den Kelch, sprach das Dankgebet, reichte ihn den Jüngern und sie tranken alle daraus. Und er sagte zu ihnen: Das ist mein Blut, das Blut des Bundes, das für viele vergossen wird.«

In der Eucharistie oder dem Abendmahl erinnert die christliche Kirche immer wieder an das Abschiedsmahl Jesu. In diesem Ritual, dem heiligsten Sakrament der Kirche, liegt das große Heilsversprechen des Christentums: »Wer mein Fleisch isst und mein Blut trinkt, der bleibt in mir und ich bleibe in ihm«, so heißt es im Johannesevangelium (6,56). »Wer mein Fleisch isst und mein Blut trinkt, hat das ewige Leben, und ich werde ihn auferwecken am Letzten Tag« (6,54).

In der Eucharistie verwandeln sich Brot und Wein in das Fleisch und Blut Christi. Die Eucharistie gehört zu den wohl missverständlichsten Kulten des Christentums und wird von Anfang an heftig angegriffen – das Messopfer steht seit je unter Kannibalismusverdacht.

Der antike Philosoph Porphyrius etwa schreibt im 3. Jahrhundert in seinem Fragment *Gegen die Christen*: »Ist denn dies nicht tierisch und widersinnig, ja vielmehr widersinniger als aller Widersinn und tierischer als tierische Roheit, dass ein Mensch Menschenfleisch essen und Blut trinken und dafür das ewige Leben bekommen soll?« Der anglikanische Theologe John Tillotson, Erzbischof von Canterbury, bezeichnet das Abendmahl noch im 17. Jahrhundert als einen »skandalösen Kannibalismus«, und Sigmund Freud schließlich interpretiert die Eucharistie als eine Wiederbelebung der urtümlichen Totemmahlzeit und als eine Einverleibung des ermordeten Vaters, den man in der Zeremonie rituell verspeist, um sich seinen Segen anzueignen.

In der Eucharistie, so hingehen betont die christliche Theologie, werde nicht das Fleisch und das Blut eines Menschen verzehrt, sondern das Fleisch und das Blut des Gottes. Die Hostie sei kein Menschenfleisch, sondern der Leib Gottes, und das eucharistische Mahl sei keine kannibalistische Mahlzeit, sondern eine geistige Teilhabe am Göttlichen und an der Gewissheit der Auferstehung.

Die Eucharistie ist das große Mysterium des Christentums. Es ist nicht nur eine Erinnerung an das erlösende Opfer Christi, sondern auch eine geheimnisvolle und wundersame Verwandlung: Brot und Wein sind nicht bloß Symbole, sondern verwandeln sich unter der Weihe tatsächlich in den Leib und das Blut Christi.

Die verwirrende Frage allerdings, wie sich Brot und Wein in den leibhaftigen Gottessohn verwandeln können, hat auch die christliche Theologie immer wieder beschäftigt und die Kirche tief gespalten. Mit der Reformation wird die Frage nach dem Wesen der Eucharistie zum Auslöser erbitterter Streitigkeiten – die Frage ist für die Zeitgenossen von einer Brisanz, die sich der moderne Mensch nicht mehr vorzustellen vermag. Zuletzt bleibt das Ganze ein Geheimnis – und eine Frage des Glaubens.

Brot und Wein aber werden auch zuletzt noch auf der Tafel stehen. Am Ende aller Tage nämlich, so jedenfalls verspricht die jüdisch-christliche Eschatologie, wird es ein großes festliches Mahl geben mit Brot und Wein. Der paradiesische Zustand wird wiederhergestellt sein, und es wird keine Not mehr geben, kein Leid, keinen Hunger und keinen Tod. Am Ende, so lautet die Prophezeiung in der Jesaja-Apokalypse (25,6–8), wischt Gott »die Tränen ab von jedem Gesicht«.

Herbst-Tagundnachtgleiche

Draußen vor den Fenstern steht der September in rauchiger Bläue. In der Mittagsstunde steigt er aus nassen Nebeln und leuchtet in einem sanften goldenen Licht. Der Monat ist merkwürdig still. Die Natur hält einen Augenblick den Atem an.

Der September, in alter Zeit auch Herbsting oder Herbstmond genannt, ist der Monat der Tagundnachtgleiche im Zeichen der Waage. Die Natur schwebt in einem Gleichgewicht, das nur einen Augenblick lang währt. »Schwälende Tage«, schreibt Gottfried Benn in seinem Gedicht *Astern:* »Alte Beschwörung, Bann, / die Götter halten die Waage / eine zögernde Stunde an.«

Im Zeichen der Waage steht auch der Kampf des Engels gegen den Drachen. Am 29. September feiert die christliche Kirche das Fest *Michaeli,* das Fest des Erzengels, das heute nahezu in Vergessenheit geraten ist. Nur die Kirchweihfeste und Jahrmärkte im September erinnern noch entfernt daran.

Der Erzengel Michael ist der große Drachentöter aus der Offenbarung des Johannes, der in einer letzten apokalyptischen Schlacht die Schlange besiegt, das fürchterliche Ungeheuer mit den sieben Köpfen und den zehn Hörnern, das auch der Satan oder der Teufel genannt wird. Der Erzengel Michael führt die engelischen Heerscharen in den Kampf gegen das Böse, und sein hebräischer Name *mi ka(mocha) el(ohim)* bedeutet: Wer ist wie Gott?

Der Kampf des Guten gegen das Böse ist ein zentraler Topos der abendländischen Kultur. Zuletzt aber siegt immer der lichte Engel über die Schlange, siegt das Licht über die Finsternis und die Ordnung über das Chaos.

Das Motiv taucht über die Zeiten immer wieder auf: Der babylonische Lichtgott Marduk besiegt den Drachen Tiâmat, der griechische Lichtgott Apollon tötet die Python, die schwarze Schlange der Erde. Herakles erschlägt die vielköpfige Hydra, das schlangenähnliche Ungeheuer, und Siegfried, der nordische Held, tötet den schuppigen Lindwurm mit dem langen Schwanz. Die Geschichten sind verschieden, doch das Bild bleibt immer dasselbe: Der Drachentöter ist der Archetyp des himmlischen Heros, der das Böse besiegt.

In der jüdisch-christlichen Tradition ist Michael dieser Heros. Er ist der Engel, der den hochmütigen Samma'el aus dem Himmel stürzt. Er ist der Cherub mit dem flammenden Schwert, der vor den verschlossenen Toren des Paradieses steht. Er ist der Engel, der Abraham vom Opfer zurückreißt, und auch der Engel, der das Rote Meer teilt und vorausgeht ins Gelobte Land.

Die Vertreibung des Satans durch den Erzengel Michael ist ein verbreitetes Motiv der europäischen Kunst. Der Holzschnitt *Höllensturz* von Albrecht Dürer, der um 1500 entsteht, zeigt Michael, wie er den Teufel, den gehörnten und geflügelten Drachen, mit einer Lanze durchbohrt. Auf Pieter Bruegels Gemälde *Der Sturz der rebellierenden Engel* von 1562 trägt der Erzengel eine gepanzerte Rüstung mit Speer und Schild, während er den satanischen Ungeheuern zu Leibe rückt, und auf dem Gemälde *Der Engelssturz* von Peter Paul Rubens stößt er im Kampfkostüm eines römischen Legionärs die Schlange in die Tiefe.

Im Christentum wird Michael auch zum Schutzengel der römischen Kirche. Seit dem 4. Jahrhundert werden ihm unzählige Kirchen und Kapellen errichtet. Einmal, im Jahre 590, erscheint er gar in der von der Pest heimgesuchten Stadt Rom. Auf dem Mausoleum des Kaisers Hadrian steckt er sein Schwert in die Scheide zum Zeichen, dass die Seuche ein Ende hat. Das Grab Hadrians aber wird fortan »Castel Sant'Angelo« genannt, die Engelsburg. Bis heute steht der Engel auf der Spitze des Gemäuers, die goldenen Flügel strahlend im Licht.

Mit der Tagundnachtgleiche im September beginnt der kalendarische Herbst. Der Sommer ist vorbei. Jetzt feiert auch die christliche Kirche ihr Erntedankfest. Jetzt werden die Tage kurz, die Tage des Jahres wie die Tage unseres Lebens. Uns trifft ein Regenschauer, ein Gegenwind, ein Sturm.

»Eines Morgens riechst du den Herbst«, schreibt Kurt Tucholsky 1929 in einem kurzen Text: »Es ist noch nicht kalt; es ist nicht windig; es hat sich eigentlich gar nichts geändert – und doch alles ... Nun geht es in einen klaren Herbst. Wie viele hast du? Dies ist einer davon.«

OKTOBER

Es kommen härtere Tage. /
Die auf Widerruf gestundete Zeit /
wird sichtbar am Horizont. / Sieh dich nicht um. /
Schnür deinen Schuh. / Jag die Hunde zurück. /
Wirf die Fische ins Meer. / Lösch die Lupinen!

Ingeborg Bachmann, Österreich
Die gestundete Zeit, 1953

Der Oktober hat die Landschaft durchsichtig gemacht. Die Bäume sind transparent geworden, die Blätter nur noch einzeln aufgehängt. Ein kleiner Wind lässt sie taumeln und fallen. Alles fällt – der Monat scheint eine einzige Vertikale.

Noch gibt es sonnenhelle Tage und blassblaue Himmel, doch die Entäußerung wächst. Die Nebel steigen, das Licht verdämmert. Auf den braunen Wiesen steht noch die Herbstzeitlose, die giftige und zweifelhafte Blume des späten Jahres, die aussieht wie ein frühlingshafter Krokus, aber keiner ist, und die sich mit letzter Kraft ins Erdreich krallt. Dann ist auch diese Illusion verblüht.

Wir sammeln Kastanien, mein Kind und ich. Die Früchte, noch kühl und glänzend in ihrer stacheligen Schale, schrumpfen einen Augenblick später und werden schattig und unansehnlich. Wie sie dort liegen, geworfen vor das dahinhetzende Licht, sind sie plötzlich umdüstert vom dunklen Gold verfallener Tage. Der letzte Schimmer verfliegt und flieht, entrinnt wie ein flüchtiger Schein und geistert in der Luft.

Das Alter

Alt wird das Jahr. Die Sonne schleicht müde zum Horizont, und hinter den Hügeln steht schon ein schwarzes Schweigen. Der Oktober kündet vom Herbst des Jahres und vom Herbst unseres Lebens. Die fahlen Gärten, die zerstreute Landschaft und die Einsamkeit in den kahlen Wipfeln – die Bilder des Oktobers sind die Bilder des Alters.

Das Fallen der Blätter ist wie das Fallen unserer eigenen Leiber. Und Friedrich Hölderlin fragt: »Ist der Mensch nicht veraltet, verwelkt, ist er nicht wie ein abgefallen Blatt, das seinen Stamm nicht wiederfindet und nun umhergescheucht wird von den Winden, bis es der Sand begräbt?«

Wir werden alt und erkennen uns nicht wieder. Eines Tages haben wir uns verändert und finden unser Spiegelbild nicht mehr. Plötzlich entdecken wir einen Zorn auf der Stirn, einen Schatten unter den Augen und eine Traurigkeit um den Mund, die gestern noch nicht da waren und die nun nicht mehr vergehen.

Die Verwandlung kommt ganz plötzlich, scheinbar über Nacht. Der amerikanische Schriftsteller Philip Roth, der sich in seinen letzten Romanen intensiv mit dem Altern auseinandergesetzt hat, schreibt: »Das Alter ist die größte Überraschung von allen. Neulich sprach ich mit meinem Bruder, der gerade achtzig geworden ist, und er kicherte am Telefon und sagte: Ist es zu fassen? Wie kann ich achtzig sein? Und ich sagte: Keine Ahnung, als ich das letzte Mal nachgesehen habe, schliefst du im Bett nebenan und warst ein Kind!«

Plötzlich ist Herbst. Verflogen sind die Schwärme der Jugend und mit ihnen der Rausch, die Begeisterung und die Leidenschaft. Jetzt schleicht die Dämmerung heran, jetzt grauen Abschied und Verlust. Der Verlust betrifft vor allem die Zeit. Die Jugend hat die Zeit und die Zukunft noch vor sich. Aus ihrer Sicht ist die Zeit unbegrenzt und das Leben eine lange Zukunft.

Mit dem Alter aber schmilzt die Zeit und wird immer weniger. Die Zeit, die uns im Alter noch bleibt, schnurrt förmlich zusammen. Im Alter wächst nur die Erinnerung – die Vergangenheit rückt immer näher heran. Aus der Sicht des Alters ist das Leben eine ziemlich kurze Vergangenheit. Von den Rändern der Tage kriecht eine Gleichgültigkeit heran. All die Dinge der Welt, tausendmal gesehen, eilen vorüber, ohne einen Eindruck zu machen.

Zum Verlust kommt der Verfall. Der Körper lässt nach und verschleißt. Plötzlich liegt er schwach und sich darnieder, heimgesucht von immer neuen Gebrechen. Er wird krumm und verkrampft, hässlich und hinfällig, und es bleibt nichts, wie Roth verzweifelt notiert, »als das ohnmächtige Sich-abfinden-Müssen mit der unheilbaren Trauer und dem Warten, dem ewigen Warten auf nichts«.

Das Alter ist unerbittlich – erst kommen die kleinen Vergesslichkeiten, dann wird es schlimmer, und zuletzt weiß man nicht mehr, wer man ist. Das Alter schmeichelt nicht. Die Knie schmerzen, die Hüfte und das Herz machen nicht mehr mit, das Augenlicht schwindet, das Gehirn schrumpft, die Schwerkraft zerrt nicht nur an den Wangen, die Haare werden grau und dünn. Das Alter ist eine einzige Zumutung.

Auch die geschlechtliche Kraft verabschiedet sich. Roth lässt seinen gealterten Helden durch die Straßen New Yorks streifen, wütend und einsam, hilflos und verbittert, weil er noch nach einer Lust sucht, die ihm sein Alter längst verwehrt. Das Alter ist grausam.

Zum körperlichen Alter gesellen sich das Gefühl einer plötzlichen Unsichtbarkeit und die Angst, im Blick der anderen einen geheimen Abscheu zu lesen oder eine offene Missachtung. Das Alter, so schreibt Roth 2006 in seinem Roman *Jedermann*, ist eine »schmerzliche Geschichte von Reue und Verlust und Stoizismus, von Furcht und Panik und Isolation und Grauen«. Der Autor kommt zu dem Schluss: »Das Alter ist kein Kampf; das Alter ist ein Massaker.«

Altsein ist äußerst unpopulär. Die modernen westlichen Gesellschaften haben ein verheerendes Verhältnis zum Altsein. Im Hinblick auf das Altern hat im 20. Jahrhundert eine radikale Veränderung stattgefunden. In Europa hat sich der Bevölkerungsanteil der über 65-Jährigen mehr als verdreifacht: Die zunehmende Überalterung der Gesellschaften und die immer größere Anzahl alter Menschen haben das Verhältnis zum Alter dramatisch verkehrt.

Bis zum Ersten Weltkrieg haben Zeit und Alter noch ein anderes Maß. Das Jugendliche gilt als unseriös und »nicht ganz verlässlich«, wie der österreichische Schriftsteller Stefan Zweig in seinem Rückblick auf *Die Welt von Gestern* berichtet. Das Jugendliche gilt als ein eher »bedenkliches Element«, gilt als verdächtig und verantwortungslos: »Wer das Unglück hat, besonders jung auszusehen, hat überall Misstrauen zu überwinden.«

Vor allem Männer versuchen alle »denkbaren Maskierungen«, um älter zu wirken: Man trägt mächtige Bärte, legt »sich lange schwarze Gehröcke zu und einen gemächlichen Gang«, um erfahren und gesetzt zu wirken – ein 30-Jähriger nämlich gilt noch als ein »unflügges Wesen«. Heute versuchen selbst 50-Jährige alles, um wie 30-Jährige auszusehen. Das Ziel ist nicht, alt zu werden, sondern jung zu bleiben oder jung zu erscheinen.

Heute ist Jugend gefragt. Die amerikanische Essayistin Susan Sontag notiert 1965 in ihrem Tagebuch: »Jede Epoche hat ihre charakteristische Altersgruppe – unsere ist die Jugend. Die Geisteshaltung der Epoche ist cool.«

In den vergangenen hundert Jahren hat sich die statistische Lebenserwartung des westlichen Menschen nahezu verdoppelt und damit auch das Altern merklich nach hinten verschoben. Heute fühlen sich selbst 60-Jährige noch jung. Wir werden immer älter und zugleich immer jünger. Der heutige Mensch fühlt sich in der Regel deutlich jünger, als er tatsächlich ist: 70 ist das neue 50. Im angelsächsischen Sprachraum hat sich bereits der Begriff »teenile« eingebürgert, der jene Alten bezeichnet, die um jeden Preis jung sein möchten und sich in die Kleider ihrer Kinder werfen.

Wenn das Jugendliche vergöttert und zum allgemeinen Credo wird, bekommt das Alter etwas Skandalöses. Das Altern wird zu einer Schmach und zu einer persönlichen Niederlage. Vor allem für Frauen ist das Altwerden häufig eine einzige Verlegenheit. Für Männer kann das Alter noch eine Chance sein, für Frauen aber ist es oft eine Tragödie: Auch alte Männer wenden sich gemeinhin lieber jungen Frauen zu.

Das Nicht-altern-Wollen ist ein Phänomen der westlichen Welt. Die alternden Gesellschaften sind geradezu besessen von der Idee, das Alter zu eliminieren. Der heutige Mensch will alt werden, ohne zu altern, und entwickelt fortwährend neue Strategien, um den Alterungsprozess aufzuhalten. Der Krieg gegen das Alter wird erbittert geführt und ungeachtet der Gewissheit, dass er nicht zu gewinnen ist. Ewig jung sind nur die Götter. Der Kampf gegen das Altsein aber ist zu einem umsatzstarken Bestandteil des Marktes geworden: »Anti-Aging« heißt das Zauberwort.

Ob die beispiellose Verjüngung der westlichen Gesellschaften auch eine genuine Verjüngung ist oder nur eine massenhafte Verjugendlichung, bleibt eine offene Frage. Werden wir jünger oder nur infantiler? Der amerikanische Kulturphilosoph Robert Pogue Harrison jedenfalls stellt in seinem Buch *Ewige Jugend* fast bedauernd fest, dass unsere Gesichter heute »unfertig und unreif« bleiben, selbst wenn sie mit dem Alter dahinwelken. Wie alt wir auch werden, nie erlangen wir »die markanten Züge des Alters«.

Neu ist der Wunsch nach ewiger Jugend allerdings nicht. Das berühmte Gemälde *Der Jungbrunnen* von Lucas Cranach stammt aus dem Jahr 1546 und erfüllt alle Facetten des modernen Traums. Auf der linken Seite des Badebeckens steigen alte, gebrechliche und hässliche Frauen in das verjüngende Wasser, auf der anderen Seite steigen sie jung, heil und hübsch wieder heraus. Männer übrigens besuchen das Bad auf diesem Bilde nicht. Die Männer, so der alte Glaube, verjüngen sich im Umgang mit jungen Frauen ganz von selbst.

Goethe verjüngt sich als 74-Jähriger noch einmal durch seine Liebe zu der 19-jährigen Ulrike von Levetzow, die er leidenschaftlich begehrt und gar zu ehelichen sucht. Die Absage empfindet der alternde Dichter als seine größte Niederlage und bitterste Qual. Seinen Abschied von der Liebe und vom Leben beklagt er 1823 in der *Marienbader Elegie*, dem intimsten Gedicht seines Alters: »Mir ist das All, ich bin mir selbst verloren ...«

Umkehr und Wandlung

Oktober. Rauer geht der Wind. Schwalben und Störche sind längst übers Meer geflohen, nur die Krähen schreien noch und schwirren zwischen den Bäumen. Wir stehen in unserer Verlassenheit und starren rückwärts mit blutendem Herzen – verblendete Toren, die Schutz suchen vor den kalten Flügeln der Vergänglichkeit.

Vergänglich ist unser Leben. Vergänglich sind die Jugend und die Schönheit der Körper – sie altern, kranken, verwelken, zerfallen und schwinden dahin. Die Wärme erkaltet, der Glanz erlischt. In der *Dhammapada* heißt es: »Zermürbt ist der Körper, ein Nest von Krankheiten, in Auflösung. Diese verderbliche Anhäufung fällt mit Sicherheit auseinander, denn das Leben ist vom Tod umschlossen.«

Vergänglichkeit ist die Signatur des irdischen Seins. Das Wissen um die Vergänglichkeit aller Dinge gehört zu den unumstößlichen Wahrheiten der Wissenschaft und der Philosophie – der westlichen wie der östlichen. Es gibt keine Dauer in dieser Welt.

»Entstehen und Vergehen ist das Gesetz der Welt«, notiert der römische Autor Publilius Syrus in seinen *Sententiae* im 1. vorchristlichen Jahrhundert. Und der tibetische Mönch Shabkar schreibt im 19. Jahrhundert: »Alle Erscheinungen sind vergänglich wie die Vögel, die sich versammeln in den Kronen der Bäume zur Nacht und die sich im Morgengrauen wieder in alle Winde zerstreuen.«

Vergänglichkeit ist die unvermeidliche Natur des irdischen Seins. Das ist eine Binsenweisheit. Dennoch gelingt es dem Menschen nur selten, sie im Hinblick auf seine eigene Person zu begreifen. Die Erkenntnis, dass unser Leben nicht ewig währt, ist eine Erkenntnis, die wir gern beiseiteschieben.

»Alles ist vergänglich und deshalb leidvoll«, hat der Buddha gesagt. Im Buddhismus zählt das Alter, neben Geburt, Krankheit und Tod, zu den großen Leiden der irdischen Existenz. Das Alter ist ein Ausdruck des Leidens schlechthin und entsteht, wie jedes Leid, aus Anhaftung und Unwissenheit. Im Buddhismus ist das Alter vom Leid nicht zu trennen, und die einzige Art, die Leiden des Alters zu überwinden, ist die Aufgabe aller alten Begierden.

Das Alter ist schmerzhaft und enttäuschend. Das Alter ist ein Niedergang, der durch keine Verbrämung oder Verklärung aufzuhalten ist. Sobald wir unsere Höhe überschritten haben, geht es abwärts, immer steiler und immer schneller. Die erste Hälfte des menschlichen Lebens ist ein stetiger Aufstieg, ein Wachsen und Blühen. Mit der zweiten Hälfte des Lebens aber beginnt eine unaufhörliche Einschränkung und Verminderung. Die Zeiger der Uhr lassen sich nicht zurückdrehen.

Der moderne westliche Mensch hat das Altern verlernt. Er tritt zumeist gänzlich unvorbereitet in sein Alter ein. Plötzlich wird er aus dem Verkehr gezogen, plötzlich scheint er nutzlos und verbraucht. Plötzlich hat er keine Aufgabe mehr, keine Anerkennung und keine Akzeptanz. Auch sein Traum von einem jahrzehntelangen vergnüglichen Urlaub als »Rentner« verwandelt sich nicht selten in einen Albtraum.

Das Alter nämlich ist in jeder Hinsicht ein fortschreitender Prozess des Wenigerwerdens. Trotz aller Selbsttäuschungen wird der alternde Mensch sukzessive gewahr, dass er nicht nur körperlich, sondern auch sozial altert. Erst versteht er den Jargon der Jugend nicht mehr, später versteht er die Welt nicht mehr. Erst gibt es nur einen trotzigen Widerwillen, später eine verdrießliche Abneigung gegen alles Neue. Plötzlich fühlt er sich ausgeschlossen.

Das Alter ist ein stetiger Abstieg. Dem Aufstieg wird in unserer Gesellschaft gemeinhin Ziel und Sinn zugebilligt, der Abstieg indes gilt als ein Überflüssiges. Der westliche Mensch bejaht das Aufsteigende und bekämpft das Absteigende und vermag das Alter nicht anders zu denken als einen leeren Raum. So sucht er die Wünsche und Sehnsüchte seiner Jugend hinüberzuretten in sein Alter und sich zu klammern an seinen gestrigen Lebensstil.

Er macht das Altwerden zwar notgedrungen mit, möchte es jedoch so lange wie möglich retuschieren.

Wir haben heute offenbar vergessen, dass das Leben des Menschen nur als ein Gesamtrhythmus zu begreifen ist. Wir haben vergessen, das zum Ganzen des Lebens – wie des Jahres – nicht nur ein Aufstieg, sondern auch ein Abstieg gehört. Morgen und Abend, Sonnenaufgang und Sonnenuntergang sind nicht voneinander zu trennen. Nur wer alt geworden ist, erhält eine vollständige Vorstellung vom Ganzen des Lebens, das er nicht nur vom Anfang, sondern auch vom Ende her zu überblicken vermag.

Der Abend des menschlichen Lebens ist ebenso sinnvoll wie der Morgen – der Sinn aber ist ein völlig anderer. Der Morgen des menschlichen Lebens zielt auf Ich-Entwicklung, auf Existenzsicherung, Erfolg und Fortpflanzung. Der Abend und das Alter aber zielen auf Ich-Dissoziation, auf innere Entwicklung und Erkenntnis, auf Betrachtung und Rechenschaft. Sie zielen auf eine Überschreitung des Persönlichen und richten sich auf ein Transzendentes.

Das Alter verlangt vom Menschen eine entschiedene Umkehrung aller Werte und Ideale der Jugend. Es verlangt nach einer Verschiebung der Wahrnehmung vom Anfang auf das Ende zu. In seinen *Betrachtungen über die Lebenswende* schreibt C. G. Jung 1931: »Wir können den Nachmittag des Lebens nicht nach demselben Programm leben wie den Morgen, denn was am Morgen viel ist, wird am Abend wenig sein, und was am Morgen wahr ist, wird am Abend unwahr sein.«

Die Umkehr im Leben des Menschen aber ist häufig mit einem Unglück verbunden, mit einer Verwundung oder einem fortgesetzten Zustand des Leidens, mit einer Leere und Lustlosigkeit. Auch für Goethe wird erst das bittere Ende seiner letzten töricht tragischen Liebeshoffnung zu einem Wendepunkt. Erst nach dem letzten Begehren und dem letzten Scheitern beginnt etwas Neues, richtet sich der Blick des Dichters auf die Vollendung seines Schaffens, richtet sich auf das »Hauptgeschäft«

seines Lebens, auf den *Faust*, den er als 80-Jähriger fertigstellt, drei Jahre vor seinem Tod.

Im Oktober ist die Sonne weit gegen den Horizont gesunken. Jetzt werfen andere Laternen ihr flackerndes Licht.

Leere und Langeweile

Im Alter haben viele Menschen ihre Ziele erreicht – Häuser oder Autos, Geld, Karriere oder Prestige. Trotzdem scheinen sie nicht zufrieden oder gar glücklich. Im Gegenteil. Das Bild vom grantigen, griesgrämigen und schlecht gelaunten Alten ist heute weitverbreitet.

Im Alter fühlen viele Menschen der westlichen Welt trotz ihres materiellen Wohlstands eine unbestimmte Unzufriedenheit und Reizbarkeit in sich aufsteigen, ein mürrisches oder melancholisches Gefühl einer Leere und Langeweile, das durch keine Zerstreuung oder Geselligkeit zu übertönen ist. Sie spüren einen ungenauen Hunger, der fortwährend an ihnen nagt und der durch keinen Konsum, keine Konversation und keine Kreuzfahrt zu stillen ist.

Der alte Mensch, wenn er im Gewohnten verharrt, beginnt zu vertrocknen und zu verholzen. Der alte Mensch, wenn er in seiner früheren Lust am Geschlechtlichen oder am Gesellschaftlichen stecken bleibt, beginnt lästig zu werden oder lächerlich. Der alte Mensch, wenn er in seinen egoistischen Wünschen und in den verwelkten Wahrheiten seiner Jugend verharrt, beginnt zu erstarren. Fortan hockt er in einer Rumpelkammer voll verstaubter Erinnerungen, bleibt beherrscht von dem Ehrgeiz, als ein Alter so sein zu wollen wie ein Junger, bleibt hängen an fantastischen Vorstellungen von sich selbst, die mit der Wirklichkeit seines Lebens nichts mehr gemein haben.

Der alte Mensch hat heute unzählige Möglichkeiten der Ablenkung und der Flucht, doch der einzige Weg, der ihn wirklich herausführen würde aus seiner Leere und Langeweile, wäre der

Weg in sein eigenes Inneres. Der alternde Mensch hätte eigentlich die Aufgabe, seinen inneren Reichtum zu entdecken, seinen eigentlichen Lebensauftrag zu finden oder sein persönliches Schicksal in einen allgemeineren oder größeren Zusammenhang zu stellen.

Im Alter hat der Mensch, so jedenfalls hat der amerikanische Psychologe Abraham Maslow behauptet, eine vollkommen neue Stufe seiner Entwicklung zu erklimmen. Jede weitere Jagd nach Gewinnen, alle weiteren weltlichen Unternehmungen und Existenzausdehnungen führen zu nichts Höherem mehr. Im Alter hat sich der Mensch auf die Suche nach dem Sinn seines Daseins zu begeben, nach Selbstbesinnung und Selbsterkenntnis.

Abraham Maslow, in Brooklyn geborener Nachkomme jüdisch-russischer Immigranten, der zu den Begründern der Humanistischen Psychologie gehört, hat in den Vierzigerjahren des vergangenen Jahrhunderts ein Modell entwickelt, das die stufenweise Persönlichkeitsentwicklung des Menschen beschreibt. Die »Maslowsche Bedürfnispyramide«, bekannt geworden durch ihre Tauglichkeit für den modernen Markt und ihren Einsatz in der Verkaufspsychologie, postuliert eine Stufenfolge menschlicher Bedürfnisse und eine entsprechende Folge menschlicher Entwicklung.

Auf den ersten Stufen dieser Pyramide stehen die physiologischen Bedürfnisse, das Verlangen nach Nahrung, Schlaf und Sexualität. Gleich danach kommt das Bedürfnis nach Sicherheit, das Verlangen nach Stabilität und Schutz, nach Gesetz, Recht und Ordnung. Erst wenn diese Grundbedürfnisse einigermaßen befriedigt sind, erscheinen die sozialen Bedürfnisse, das Verlangen nach Liebe und Bindung, nach Familie und Freundeskreis.

Auf der nächsten Stufe der Maslowschen Pyramide erscheint ein neues Verlangen – das Geltungsbedürfnis oder das Verlangen nach Macht. Dazu gehört der Wunsch nach Erfolg und Einfluss, nach Reichtum und Ruhm. Auf dieser Stufe hinterlässt das Verlangen, selbst wenn es befriedigt wird, stets ein Gefühl der Leere und des Mangels – Macht will mehr Macht, Geld braucht mehr Geld, Erfolg ruft nach größerem Erfolg. Man kann nie genug bekommen.

Erst wenn der Mensch sein Verlangen nach Geld und Gütern aufgibt, so hat Maslow behauptet, beginnt der Prozess der Selbsterkenntnis. Auf der letzten Stufe der Pyramide, auf der Spitze seiner persönlichen Entwicklung, sucht der Mensch nach einer Dimension, die sein individuelles Sein überschreitet. Hier sucht er nach einer ewig gültigen Wahrheit oder nach Gott. Hier gibt es echten Reichtum und wahre Erfüllung.

Maslow hat die letzte Stufe seiner Pyramide mit Begriffen wie Transzendenz, Selbsterkenntnis oder Erlösung überschrieben und erklärt, das sei das eigentliche Ziel des Menschen und die Aufgabe seines Alters. Nur das reifere Alter sei imstande, jene Disziplin und Demut aufzubringen, die für diese Aufgabe erforderlich sind.

Der Schritt zur letzten Stufe der Pyramide aber ist ein schwieriger Schritt. Er setzt ein Maß an Verzicht und Erkenntnis voraus, das nicht ohne Weiteres zu erlangen ist. Die Selbsterkenntnis, wie Maslow sie versteht, ist ein »mystisches Gipfelerlebnis«, eine Art Quantensprung des Bewusstseins. Hier überschreitet der Mensch seine persönlichen Grenzen und wird eins mit dem Kosmos und der ganzen Menschheit.

Von der Seele und von letzten Abenteuern

»Es oktobert fort, sozusagen«, schreibt der Schriftsteller Ernst Barlach im Oktober 1915 in sein *Güstrower Tagebuch*. Dunkle Herbstabende, leere Äste, Nebelschauer und ein Frösteln: »Es ist Klage und Frage in der Luft und in der Brust, und die Gewissheit antwortet schon wie schwebendes Ahnen, wie Wunderrede, die nicht gehört, aber gewusst wird, dass Alles einmal in Tiefen glücklich ruhen wird.«

Im Alter hat der Mensch die Aufgabe, sich um seine Seele zu

kümmern. Das baldige Ende des Körperlichen im Tode vor Augen, sieht er sich mit der Notwendigkeit konfrontiert, sich um sein Unsterbliches zu kümmern. Bereits die Antike formuliert die Forderung nach der *epiméleia tēs psychēs*, nach der Sorge um die Seele, als eine vorrangige Aufgabe des Alters.

Der griechische Philosoph Sokrates schreibt im 4. vorchristlichen Jahrhundert: »Bester Mann, schämst du dich nicht, für Geld zwar zu sorgen, wie du dessen aufs meiste erlangst, und für Ruhm und Ehre, für Einsicht aber und Wahrheit und für deine Seele, dass sie sich aufs beste befinde, sorgst du nicht, und hieran willst du nicht denken?«

Auch für Platon ist das Alter eine Art Vorstufe für das Weiterleben der Seele nach dem Tode, auf das man sich mithilfe des Denkens und des Erkennens vorbereiten muss. Der Grad von Bewusstheit nämlich, den man in diesem Leben erreicht, ist vielleicht auch die oberste Grenze dessen, was man beim Sterben hinüberbringt und was man im Tod an Erkenntnis erreichen kann.

Zuletzt, so hat auch C. G. Jung berichtet, gelte nur das Wesentliche, und wenn man das nicht habe, sei das Leben vertan. Er habe viele ältere Patienten gehabt, und es habe keinen einzigen unter ihnen gegeben, dessen innerstes Problem nicht darin bestanden habe, den metaphysischen Sinn seines Daseins zu finden.

Die Seele, so die alte Vorstellung, ist das Göttliche im Menschen. Der Körper ist unentwegten Veränderungen unterworfen, er altert und stirbt. Die Seele aber ist unvergänglich, unwandelbar und frei von Alter und Tod. »Denn ob der Leib gleich stirbt«, so heißt es noch im Oratorium *Paulus* des Komponisten Felix Mendelssohn Bartholdy aus dem 19. Jahrhundert, »doch wird die Seele leben!«

Seit den frühesten abendländischen Überlieferungen ist die Seele der göttliche Funke im Menschen – die Seele ist der Urgrund seiner schöpferischen Kraft. In den alten religiösen Traditionen wird die Seele auch mit dem Atem gleichgesetzt. Der jüdische Gott der Genesis haucht dem ersten Adam seinen Odem ein und gibt ihm eine Seele, damit er lebe. Die belebende göttliche Kraft wird *nefesch* oder *ru'ach* genannt. Beide Begriffe bezeichnen auch den Atem, manchmal auch die Kehle, das Leben oder die Seele.

Auch der altgriechische Begriff *psychē* bedeutet ursprünglich Atem oder Hauch und wird mit den Begriffen Leben und Seele gleichgesetzt – die Psyche macht den Körper des Menschen lebendig und verbindet ihn mit dem Geist, mit der Weltvernunft oder mit den Göttern.

Der lateinische Begriff *anima* meint ebenfalls den Atem oder den Geist und gilt als die den Menschen bewegende Lebenskraft – im Tode entweichen die Seele und das Leben mit dem letzten Atemzug. Der deutsche Begriff Atem ist übrigens über die indogermanische Sprachwurzel verwandt mit dem Sanskrit-Begriff *ātman*, der in der hinduistischen Philosophie die ewige und unzerstörbare Essenz des Seins meint. Atman gilt als ein Teil der Weltseele *Brahman* und ist mit ihr identisch – das wahre Wesen der Welt wird im Kosmos als Brahman erkennbar, im Einzelnen aber als Atman.

Auch in der neuplatonischen Tradition ist die menschliche Seele ein Teil der sogenannten Weltseele. In jeder einzelnen Seele ist die Weltseele gegenwärtig, und somit gehört jede Seele dem wahren Sein an. Nach Plotin hat jede Seele einen Anteil an Gott oder an der Allseele und gehört dieser wesentlich an.

Die abendländische Anthropologie scheidet den Menschen seit alters in Körper und Seele. Beide Aspekte gehören zwar zur Einheit Mensch, sind jedoch vollkommen verschieden. In der jüdischen und auch in der gnostischen Tradition ist die Seele das Älteste – sie ist das, was vor der Zeit und vor der Welt der Materie existiert. Sie ist identisch mit dem von Gott erschaffenen ersten Lichtmenschen, jenem göttlichen Ebenbild, das so bitterlich scheitert und fällt.

Die präexistente Seele, so der alte Glaube, existiert unabhängig vom Körper und bewohnt diesen nur vorübergehend. Der Körper ist eine Behausung der Seele oder ein zeitliches Gewand, bei Platon auch das »Grab der Seele«. Körper und Seele sind völlig andersartig: Der Körper ist vergänglich und sterblich, die Seele aber ist ewig und göttlich. »Alle Kräfte, die der Seele zugehören, altern nicht«, erklärt auch Meister Eckhart. »Die Kräfte aber, die dem Leibe zugehören, die verschleißen und nehmen ab.«

Die Seele ist auch der Urgrund der menschlichen Erkenntnisfähigkeit. In der Seele wohnt alles menschliche Denken, Fühlen und Empfinden. Allein die immaterielle Seele ist in der Lage, materiell nicht wahrnehmbare Ideen wie das Gute, das Gerechte, das Wahre oder das Schöne zu erfassen. Bei Sokrates und Platon wird die Seele letztlich gleichgesetzt mit der Person.

Wir alle haben das sichere Gefühl, eine Person zu sein. Wir alle haben die lebhafte und unverbrüchliche Empfindung einer dauernden Identität. Wir alle wissen, dass es trotz aller Veränderungen etwas Unveränderliches in uns gibt.

Schopenhauer hat den Gedanken in *Die Welt als Wille und Vorstellung* so formuliert: »Jedem sagt ein sicheres Gefühl, dass in ihm etwas schlechthin Unvergängliches und Unzerstörbares sei.« Auch wenn wir noch so alt werden, fühlen wir uns im Innern doch immer noch als derselbe, der wir waren, als wir jung waren. Irgendetwas bewegt sich nicht mit der Zeit und mit dem Alter, sondern bleibt von der Zeit völlig unberührt.

Irgendetwas in uns verändert sich nicht. Das Gefühl »Ich bin« ist immer dasselbe: als Kind, als Teenager, als junger Erwachsener oder heute – das Bewusstsein des eigenen Daseins ändert sich nicht, es altert nicht und nutzt sich nicht ab. Unser Gefühl »Ich bin« fühlt sich in diesem Augenblick genauso an wie vor zwanzig oder vor vierzig Jahren, und es wird sich auch in Zukunft nicht anders anfühlen.

Das ununterbrochene und unbeirrbare Gefühl der eigenen Identität existiert unabhängig vom Körper. Der Körper verändert sich ständig: Er wächst, er altert, er verändert seine Form.

Es existiert auch unabhängig vom Denken. Auch das Denken ist unaufhörlich in Bewegung, wir ändern unsere Vorstellungen, unsere Ansichten und Überzeugungen immer wieder.

Auch die Erinnerung, weiß Schopenhauer, erweist sich als wenig tragfähig. »Unsere Erinnerung reicht nicht weit. Wir wissen von unserem Lebenslauf nur das allerwenigste, allenfalls etwas mehr als von einem einmal gelesenen Roman. Einige interessante Szenen haben sich eingeprägt, tausend andere aber haben wir vollständig vergessen. Je älter wir werden, desto spurloser geht alles vorüber, und hohes Alter, Krankheit oder Verletzung können das Gedächtnis ganz rauben.«

Unser Dasein befindet sich unaufhörlich im Fluss, und in gewissem Sinne stirbt unsere Person in jedem Moment, Tag für Tag und Jahr für Jahr. Unsere Identität aber geht damit nicht verloren. Sie ist nicht abhängig von unserem vergänglichen Körper, nicht abhängig von unseren unsteten Gefühlen, unseren wechselnden Begierden oder unseren flüchtigen Gedanken.

Unser innerstes Wesen, die Seele oder das »wahre Selbst«, wie es in den östlichen Philosophien auch genannt wird, steckt nicht im Körper und auch nicht im Kopf. Es ist unwandelbar. Es wird vom Wind nicht bewegt und von der Zeit nicht zerfressen.

Der alte Mensch aber, so fordern nicht nur die antiken Schriften, sollte sich auf die Suche nach dieser unvergänglichen Seele machen. Er sollte sich, wie auch von den östlichen Religionen gelegentlich gefordert, in eine Art Kloster begeben und versuchen, durch Introspektion und Kontemplation zu seinem wahren Wesen zu kommen. Das wäre vielleicht eine Möglichkeit, die Würde und Weisheit des Alters zurückzugewinnen, die heute so weitgehend verloren scheinen. Zumindest wäre es ein letztes großes Abenteuer.

Oktobertage. »Aus der Hand frißt der Herbst mir sein Blatt: wir sind Freunde«, schreibt der Dichter Paul Celan 1948 in seinem Gedicht *Corona*: »Wir schälen die Zeit aus den Nüssen und lehren sie gehn: die Zeit kehrt zurück in die Schale.«

Wege zum Selbst

Der moderne Mensch kann mit dem Begriff Seele nur noch wenig anfangen – die Vorstellung scheint ihm zu altertümlich, zu verwegen und vor allem zu religiös.

Er hält sich lieber an wissenschaftliche Termini. Die Psychologie hat schon zu Beginn des vergangenen Jahrhunderts den alten religiösen Begriff Seele durch den Begriff des Selbst ersetzt. Über die Psychologie und nicht zuletzt über eine asiatisch gefärbte Gläubigkeit vieler westlicher Menschen ist das Selbst heute in Europa und Amerika weitverbreitet.

Das Selbst ist zu einem Schlagwort der westlichen Gesellschaften geworden. Selbsterfahrung, Selbstverwirklichung, Selbstbestimmung, Selbstbewusstsein und Selbstoptimierung gehören zum Programm moderner Individualisten. Dabei geht es jedoch zumeist nicht um das Selbst, sondern um das Ich. Es geht um ein erfolgreicheres, gesünderes, glücklicheres, schöneres und besseres Ich.

Das aber ist eine gravierende Verwechslung. Das Selbst nämlich ist weit größer als das Ich. Das Ich verhält sich zum Selbst wie ein einzelnes Puzzleteil zum ganzen Bild. Das Ich ist im Vergleich zum Selbst wie ein sorgsam umzäunter Schrebergarten zur grenzenlosen Weite eines ganzen Kontinents.

Das Ich ist nur ein winzig kleines Feld auf der Oberfläche einer Kugel, das Selbst aber ist die ganze Kugel, ist Kern, Umfang und Oberfläche der Kugel zugleich. Das Ich ist notwendigerweise immer eine Begrenzung und Einschränkung – kein normales Ich-Bewusstsein kann mehr als eine kleine Anzahl simultaner Vorstellungen beherbergen.

Das Selbst aber meint die Gleichzeitigkeit sämtlicher möglicher Bewusstseinsinhalte. Das Selbst meint eine Bewusstseinstotalität, die das gesamte Universum einschließt. Das Ich ist nur ein Ausschnitt aus dem Universum, das Selbst aber ist das ganze Universum. Das Selbst meint eine Gesamtschau aller Realitäten und Möglichkeiten, die ihrer Natur nach eigentlich dem Göttlichen vorbehalten ist.

Das Selbst ist identisch mit dem »göttlichen Funken« oder dem antiken Genius, mit der jüdisch-christlichen Seele oder auch mit dem »Schutzengel«. Dieses transzendente Selbst ringt unentwegt um Aufmerksamkeit und Anhörung und sucht dem Menschen mitzuteilen, was er tun oder lassen sollte. Doch der hört zumeist nicht hin.

Das Selbst schickt unermüdlich Zeichen – einen Traum vielleicht oder eine scheinbar zufällige Begegnung, einen Unfall vielleicht oder eine plötzliche Intuition, eine Krankheit oder eine Krise. Der jüdische Religionsphilosoph Martin Buber hat es einmal so formuliert: »Zeichen geschehen uns unablässig«, wir müssen sie nur vernehmen. Zeichen sind nichts Außergewöhnliches, nichts Besonderes. Die Zeichen sind alle Tage da: »Nur wir sind alle Tage nicht da.«

Das Selbst ist eine Art höhere Instanz – das lateinische *instantia* bedeutet inständiges Drängen oder auch Gegenwart. Das Selbst ist eine zeitlose und immer gegenwärtige Dimension im innersten Wesen des Menschen, die weit über sein Ich hinausgeht und ihn beständig mahnt und drängt.

Der amerikanische Autor und Bewusstseinsforscher Ken Wilber hat das Selbst mit dem inneren »Zeugen« oder »Beobachter« gleichgesetzt, der immer derselbe bleibt. Ganz gleichgültig, wie jung oder wie alt wir sind, ganz gleichgültig, wie sich unsere Körper und unsere Person auch verändern mögen, dieser Beobachter verändert sich nicht.

Dieser Beobachter ist das Bewusstsein selbst – er ist der innerste Kern des Menschen. Dieser Beobachter ist derjenige, der gerade in diesem Moment diese Zeilen liest, der die Gegenstände im Raum wahrnimmt, der draußen einen Hund bellen oder einen Herbststurm heulen hört. Dieser Beobachter ist derjenige, der gerade in diesem Augenblick wahrnimmt, denkt und empfindet.

In seinem 1979 publizierten Buch *Wege zum Selbst* hat Wilber versucht, die verschiedenen westlichen und östlichen Ansätze aus Wissenschaft, Philosophie und Religion zu vergleichen und zu verbinden: Psychoanalyse und Zen-Buddhismus, christliche Mystik und Meditation, Existenzialismus und Hinduismus. Sein Fazit: Das Selbst ist das zeitlos gegenwärtige Bewusstsein, das nicht altert und nicht stirbt.

Will man dieses Bewusstsein finden, so muss man die Identifikationen des beobachtenden Subjekts mit den beobachteten Objekten auflösen. Man muss sich klarmachen, dass alles, was man sehen kann, nicht der Sehende selbst ist. Man muss die Identifikation des Sehenden mit dem Gesehenen lösen und stattdessen fragen: Wer sieht? Wer liest? Wer hört ein Geräusch? Wer empfindet und wer denkt?

Man muss verstehen, dass man zwar einen Körper *hat*, aber nicht dieser Körper *ist*, dass man zwar Begierden *hat*, aber nicht diese Begierden *ist*, dann man zwar Gefühle *hat*, aber diese Gefühle nicht *ist*, dass man zwar Gedanken *hat*, aber diese Gedanken nicht *ist*. Der Mensch ist der Denker, aber er ist nicht identisch mit seinen Gedanken, er ist der Fühlende, aber er ist nicht identisch mit seinen Gefühlen, er ist der Begehrende, aber er ist nicht identisch mit seinen Begierden.

Was übrig bleibt, ist das Bewusstsein selbst. Was übrig bleibt, ist der »unbewegte Zeuge«, der alle Bewegungen des Körpers, der Wünsche, der Gefühle und der Gedanken beobachten kann. Wenn man seine Aufmerksamkeit nicht länger auf die äußeren Objekte seiner Wahrnehmung richtet, sondern auf jene Instanz, die wahrnimmt, fühlt und denkt, dann, so dieses Konzept, wird der innere Wesenskern für einen Augenblick sichtbar.

Dieses Bewusstsein, so behauptet Wilber, ist nicht mit dem Körper geboren und vergeht nicht mit dem Tod. »Es erkennt die Zeit nicht an ... Es ist ohne Farbe, Gestalt, Form oder Umfang ... Es sieht Sonne, Wolken, Sterne und Mond, ist selbst aber nicht sichtbar. Es hört die Vögel, die Grillen und den rauschenden Wasserfall, ist selbst aber unhörbar. Es erfasst das gefallene Blatt, den verkrusteten Felsen, den knotigen Ast, kann aber selbst nicht erfasst werden.«

Das Selbst ist das unveränderliche Bewusstsein. Dieses Selbst aber wohnt allen Menschen inne. Dieses Selbst, so Wilber, ist nicht nur transzendent, sondern auch transpersonal: Alle Menschen haben dasselbe innere, zeitlose, geschlechtslose und alterslose Bewusstsein des »Ich bin«. Die Vorstellung einer vereinzelten und abgegrenzten Person ist eine Täuschung und ein Missverständnis, das nur durch Erkenntnis – oder durch den Tod – korrigiert wird.

Der Irrtum besteht darin, dass der Mensch das Gefühl »Ich bin« nur für seine eigene Person in Anspruch nimmt und nicht begreift, dass das, was er für sein ganz persönliches Ich hält, in Wirklichkeit auch das Ich aller anderen Mensch ist, dass er auch in allen anderen Menschen existiert, die ebenfalls Ich sagen, die alle Zeiten hindurch Ich sagen und die je Ich sagen werden.

Das Selbst ist das grenzenlose Bewusstsein. Hier gibt es keine Trennung von individuellem Bewusstsein und kollektivem Bewusstsein. Bewusstsein existiert seiner Natur nach überhaupt nur in der Einzahl. Einen Plural gibt es schlichtweg nicht. Zuletzt gibt es nur *ein* Bewusstsein und nur *ein* Selbst. Wenn alle Menschen ihr Selbst finden, finden alle Menschen dasselbe.

Der Begriff Selbst übrigens stammt aus der Terminologie der spätantiken Gnosis und meint hier das innerste Wesen des Menschen, die metaphysische Person, die ursprüngliche Natur oder auch das wahre Subjekt. Dieses Selbst meint nichts Geringeres als Gott.

Für die Gnostiker ist das Selbst der Schlüssel zur Erlösung. Wer zu Gott emporsteigen will, der muss zuerst in sein eigenes Selbst hinabsteigen. Niemand nämlich, so heißt es bei den Gnostikern und später auch bei den christlichen Mystikern, vermag Gott zu erkennen, der sich nicht vorher selbst erkannt hat. Nach gnostischer Auffassung ist Selbsterkenntnis der Weg zur Gotterkenntnis.

Gott aber ist das Ganze. So meint auch die Selbsterkenntnis nicht nur das Erkennen jenes kleinen Ausschnitts, den wir unser Ich nennen, sondern die Erkenntnis des Ganzen. Selbsterkenntnis meint die Befreiung von der Einseitigkeit einer Individualität, die nicht den innersten Kern unseres Wesens ausmacht, sondern eher als eine Art Verwirrung oder Verblendung zu denken ist.

Selbsterkenntnis meint die Auflösung aller Beengungen und Beschränkungen des bloß Individuellen. Sie meint die Einsicht, dass das eigene und ganz persönliche Leiden – Alter, Krankheit, Kummer und zuletzt der Tod – in Wirklichkeit das Leiden des Daseins ist, das von allen anderen geteilt wird.

Selbsterkenntnis ist ein fortwährender Akt der Grenzüberschreitung. Vor allem die Grenze zwischen Ich und Selbst wird zunehmend brüchig und verschwimmt. Das Alter aber schafft einen Raum, in dem die Grenzen zurücktreten und unscharf werden – am Ende eines langen Lebens öffnet sich der Blick manchmal in eine unbekannte Ferne.

»Wir werden Ich und Nicht-Ich«, schreibt der jüdische Schriftsteller Jean Améry 1969 in seinem Buch *Über das Altern*: »Wir besitzen das in der Haut eingeschlossene Ich und dürfen zugleich erfahren, dass die Grenzen immerdar fließend waren und es bleiben. Wir werden uns fremder und vertrauter. Nichts ist mehr selbstverständlich. Die Selbstentfremdung wird zur Seinsentfremdung, wie getreulich auch immer wir noch dem Tagewerk nachgehen ...«

Selbsterkenntnis ist ein Aufbruch ins Unbekannte. Das Ich mag ein einigermaßen bekanntes und vertrautes Gebiet sein, das Selbst aber ist eine *Terra incognita*, ein unerforschtes Land, das noch keineswegs kartografiert oder gar erobert ist. Selbsterkenntnis ist daher immer ein Wagnis und ein Abenteuer.

Selbsterkenntnis gehört zu den schwierigsten und letzten Aufgaben eines Lebens. C. G. Jung notiert kurz vor seinem Tod in seinen Aufzeichnungen *Erinnerungen, Träume, Gedanken*:

»So ist das Alter – also eine Beschränkung. Und doch gibt es so viel, was mich erfüllt: die Pflanzen, die Tiere, die Wolken, Tag und Nacht und das Ewige in den Menschen. Je unsicherer ich über mich selber werde, desto mehr wächst ein Gefühl der Verwandtschaft mit allen Dingen. Ja, es kommt mir so vor, als ob jene Fremdheit, die mich von der Welt so lange getrennt hat, in meine Innenwelt übergesiedelt wäre und mir eine unerwartete Unbekanntheit mit mir selber offenbart hätte.«

NOVEMBER

DU WARST mein Tod: / dich konnte ich halten, /
während mir alles entfiel.

Paul Celan, Rumänien/Frankreich
Du warst mein Tod, 1967

Die Farbe Grau

Grau ist die Farbe des Novembers. Grau ist die Farbe der großen Metropolen und die Farbe früher Abendstunden, wenn der Asphalt im Licht der Bistros glänzt und die Leuchtreklamen der Theater und Kinos aufflackern – steingrau, mausgrau, schiefer. Grau ist die Farbe letzter Herbsttage, wenn die Hitze und der Staub und die Touristen verschwunden sind und die Straßen wieder den Flaneurs gehören, den Dichtern und den Verliebten.

Grau ist wie ein Film aus der »Nouvelle Vague« oder wie Jeanne Moreau im *Fahrstuhl zum Schafott*. Überhaupt die Moreau, die immer erst im Morgengrauen nach Hause kommt, allein, mit nackten Schultern, schweren Lidern und den Schatten der Begierde auf der Haut. Irrfahrten durch die nächtliche Großstadt, die immer in einem heimlichen Grauen enden.

Grau ist wie ein Rhododendrongarten in Saint-Germain-des-Prés, wie ein altes Teeservice aus Silber oder wie verblasste Seidentapeten in einem morschen Gemäuer – schilfgrau, perlgrau, taupe. Grau ist wie ein Stück von Jean-Paul Sartre oder ein Konzert von Glenn Gould. Der Truck-Stop am Highway 400 bei Toronto ist das Lieblingslokal des Pianisten und sein Wohnsitz ist ein winziges Hotelzimmer in der Vorstadt – Stahl, Beton, Grafit. Grau ist reine Poesie.

Grau ist das Blut des Herbstes. Welk ist die Welt, verkümmert und erstarrt. Die Luft riecht nach Moder und Vergehen. Über zerrissenen Spinnfäden dunstet das Licht über den blinden See. Verfaulte Früchte fallen von den Zweigen, in regenreichen Nächten geht der Wind durch das letzte Laub und löst es. Mit dem November beginnt eine bleierne Zeit – lichtlose Tage, Bitternis und Schwermut.

Der November ist die Jahreszeit der Verwüstung und Verödung. Abschied ist die Signatur. Die Dunkelheit, der Verfall der Natur – alles kündet vom Tod. Der November ist der Schlussakkord des Jahres, ein Abgesang und ein Finale.

Die Fassaden der Welt zerbröckeln. Der Mensch wendet seinen Blick von den Oberflächen und neigt tiefer sein Haupt. Plötzlich ist das Ende nah. »Plötzlich«, so höhnt der Maler Klingsor in Hesses Erzählung *Klingsors letzter Sommer*, »plötzlich fegt Winter über den Wald. Plötzlich lacht das große Gespenst, plötzlich friert uns das Herz, plötzlich fällt uns das liebe Fleisch von den Knochen.«

Grau ist die Farbe des Novembers. Grau wie das Reich der Toten und die öden Lande, die hinter dem Fluss Lethe liegen, grau wie die trostlosen Asphodelienwiesen, auf denen die Seelen umherirren, ein Schatten ihrer einstigen Existenz.

Die Reise in den Westen

Der Tod ist gewiss. Alle Dinge, die einen Anfang haben, haben auch ein Ende. Das ist nicht tragisch, sondern banal. Leben heißt, auf den Tod zugehen – unabhängig von Philosophie, Weltanschauung oder Glauben. *Media vita in morte sumus* heißt es in einem gregorianischen Choral aus dem 8. Jahrhundert: Mitten im Leben sind wir im Tod.

Immer ist Tod, immer stecken verwelkte Blätter im grünen Kranz des Lebens. Immer liegt irgendwo ein Grab. Der römische Philosoph Seneca vermerkt im 1. Jahrhundert: »Darin täuschen wir uns, dass wir den Tod immer nur vor uns sehen; ein großer Teil von ihm liegt schon hinter uns; die ganze Zeit, die wir bisher durchlebten, hat der Tod schon.«

Der Tod ist ein Teil des Lebens. Rasch und flüchtig lodert eine Lust, brennt, erlischt und stirbt. »Oh ihr, meiner Jugend Gesichte und Erscheinungen!«, ruft Nietzsche. »Oh, ihr Blicke der Liebe alle, ihr göttlichen Augenblicke. Wie starbt ihr mir so schnell! Ich gedenke eurer heute wie meiner Toten. Alle Lust will aller Dinge Ewigkeit, will Honig, will Hefe, will trunkene Mitternacht, will Gräber, will Gräber-Tränen-Trost, will vergüldetes Abendrot.«

Der Mensch weiß um die Begrenztheit und Endlichkeit seines Lebens. Er ist das einzige Wesen, das seine Sterblichkeit und sein eigenes Ende denken kann, doch er kann es nicht zu Ende denken. Sein Dasein steht immer fassungslos vor seinem eigenen künftigen Nichtsein.

Seit alters versucht der Mensch, der unbegreiflichen Wirklichkeit des eigenen Sterbens mit Symbolen und Kulten beizukommen. Zu den ältesten Vorstellungen der Menschheit gehört der Gedanke, dass der Tod nur eine Art Übergang ist und nichts als eine Reise, wenngleich ins Ungewisse.

Bereits in den ersten menschlichen Gräbern des Mittelpaläolithikums, also vor 40 000 bis 30 000 Jahren, finden sich alle Requisiten, die der Mensch gewöhnlich für eine Reise benötigt: Speise, Geschirr, Schmuck, Waffen, Münzen oder persönliche Gebrauchsgegenstände. Jede Reise birgt unbekannte Gefahren, und so wird der Leichnam seit frühester Zeit durch eine Reihe von symbolischen Schutzmaßnahmen gerüstet: durch die Balsamierung mit rotem Ocker, durch Mumifizierung oder Ölung, durch die Beigabe von magischen Amuletten aus Knochen, Zähnen, Muscheln oder Elfenbein.

In Ägypten, dem Land der Nekropolen und des Totenkultes, werden nicht nur die Leichname der Pharaonen sorgfältig präpariert, auch die Höflinge bauen sich, sofern ihre Mittel es zulassen, eine »Mastaba«, um dem Sonnengott Re auf seiner Reise durch die Totenwelt zu folgen. Die alten Pyramiden von Gizeh, jene monumentalen Totentempel am Rande der Libyschen Wüste, die den Menschen im Lauf der Zeiten nicht nur durch ihre gewaltigen Steinmassen, sondern auch durch ihre perfekte geometrische Form beeindrucken, sind ein steinernes Symbol für die Reise durch die Nacht.

Der Tod ist eine Reise. Im Ideal der Antike verabschiedet sich der Sterbende heiter von seinen Freunden und Verwandten, als ginge er auf eine lange und abenteuerliche Reise, von der man nicht weiß, ob man zurückkommen wird. In den gnostischen

Lehren existiert die Vorstellung, dass die Seele nach dem Tode eine Reise in den Himmel macht, und noch in den frühchristlichen Gottesdiensten wird für die Toten gebetet wie für Reisende.

Der amerikanische Schriftsteller Ambrose Bierce schreibt in seinem letzten Brief: »Was mich betrifft, so werde ich morgen mit unbestimmtem Ziel abreisen.« Und Hilde Domin ruft in den Abschiedsgedichten an ihren verstorbenen Mann: »Mein Herze / wir sind verreist / nach verschiedenen Weltteilen.«

Die romantische Dichterin Karoline von Günderrode nimmt sich 1806 mit einem Dolch das Leben. Im Nachlass aber findet sich ein Gedicht an ihren Geliebten Friedrich Creuzer: »Seh' ich das Spätroth, o Freund, tiefer erröthen im Westen, Ernsthaft lächelnd, voll Wehmut lächelnd und traurig verglimmen, O dann muß ich es fragen, warum es so trüb wird und dunkel ...«

Lautlos gleitet das Boot unter geblähten Segeln flussaufwärts. Rasch versinkt das Rot hinter Thebens Bergen, rasch fällt die Dunkelheit ein und die Kälte der Nacht. Im Westen geht die Sonne unter. Im Westen wohnt der Tod.

In fast allen Kulturen liegt das Reich der Schatten im Westen. In Ägypten werden die Nekropolen westlich des Nils in die Felsen gegraben, und die Toten werden auch die »Westlichen« genannt. Die Achsen der Pyramiden sind an den Himmelsrichtungen ausgerichtet – der Sonnengott erstirbt im Westen, im Osten aber steht er wieder auf. Die Pyramiden sind ein frühes Bild des Todes, aber auch der Wiedergeburt – eine Stein gewordene Sehnsucht nach Unsterblichkeit.

Auch die frühe christliche Kirche richtet ihre Toten mit dem Kopf nach Westen zur untergehenden Sonne, der Blick der Verstorbenen aber geht nach Osten zur aufgehenden Sonne. Ebenso wird der christliche Täufling zuerst nach Westen gehalten, um dem Tod und dem Teufel abzusagen, und anschließend nach Osten, um den Glauben an Christus und an ein ewiges Leben zu bekennen. Im Westen geht das Licht in den Tod, im Osten aber steht es wieder auf.

Totentage

Im November feiert die christliche Kirche ihre Totentage: *Aller-heiligen, Allerseelen, Totensonntag.* Papst Gregor IV. bestimmt im Jahr 835 den 1. November zum Gedenkfest für alle Heiligen und Märtyrer, die um des Glaubens willen Gefangenschaft oder Folter erlitten haben: Allerheiligen ist das Gedenkfest der katholischen Kirche für jene, die eine Vollendung erreicht haben.

Einen beispielhaften Weg zu dieser Vollendung erzählt die Geschichte des Martin von Tours. Der römische Legionär nämlich, so heißt es, verwirklicht die christliche Nächstenliebe in vorbildlicher Weise. In einer klirrend kalten Novembernacht begegnet ihm ein frierender Bettler; aus Mitleid teilt Martin seinen Mantel in zwei Hälften und bedeckt ihn. In der folgenden Nacht aber erscheint ihm Christus im Traume, angetan mit dem halben Mantel, und fordert ihn auf, ihm zu folgen: »Was ihr einem meiner geringsten Brüder getan habt, das habt ihr mir getan.«

Martin wird durch den Traum zum Christen und später zum Bischof von Tours. Eine fromme Legende berichtet, er habe sich dieser Berufung zunächst entzogen und sich in einer Herde Gänse versteckt; diese aber verraten ihn durch ihr Geschnatter. Die Gänse, die traditionell zum Martinstag am 11. November geschlachtet werden, sind indes nicht nur von legendärer Bedeutung. Noch im Mittelalter ist der Martinstag oft wichtiger als der eigentliche Jahreswechsel, denn an diesem Tag beginnt das neue Pachtjahr, und die Bauern zahlen ihren Zins zum großen Teil mit Gänsen. Der 11. November ist der letzte Tag vor Beginn der weihnachtlichen Fastenzeit, und so gibt man sich noch einmal dem Genuss der Gänse hin und schwelgt in Fleisch und Fett.

Seit dem 15. Jahrhundert werden am Abend des Martinstages große Feuer entzündet, die vermutlich einen volksfrommen Protest gegen die Martini-Abgaben und die strengen Fastenregeln der Kirche darstellen. Im 19. Jahrhundert wird die Legende des heiligen Martin neu belebt – das Martinsfeuer flammt in den Laternen wieder auf, mit denen die Kinder durch das abendliche Dunkel ziehen.

Allerheiligen gehört zu den Festen, in denen sich christliches und heidnisches Brauchtum eng verschränken. In vorchristlicher Zeit wird am 1. November das irisch-keltische Erntefest *Samhain* gefeiert und dem Sonnengott Lugh mit Feuer und Festmahl für die Frucht des vergangenen Jahres gedankt. Am Vorabend aber, an *All Hallows' Eve*, öffnet sich das Tor zum Reich der Toten.

Mit den Seelen der Verstorbenen drängen auch die Dämonen heran, die man mit schreckenerregenden Masken vertreiben und mit Speis und Trank versöhnen muss. Die römisch-christliche Kirche kann auch mit dem Hochfest Allerheiligen nicht verhindern, dass das heidnische All Hallows' Eve in England, Schottland und Irland bis ins 19. Jahrhundert lebendig bleibt. Die Auswanderer nehmen »Halloween« mit nach Amerika, von dort ist es in den vergangenen Jahren nach Europa zurückgekehrt: Die Kinder ziehen maskiert durch die Straßen, mit Kerzen im hohlen Kürbis werden die Dämonen vertrieben, mit Süßigkeiten werden die Geister bestochen.

An Allerseelen, so bestimmt der Abt Odilo von Cluny im 10. Jahrhundert, gilt das Gedenken der katholischen Kirche den armen Seelen im *Purgatorium*, im Fegefeuer. Die christliche Religion hält für ihre Toten prinzipiell zwei Aufenthaltsorte bereit: den Himmel und die Hölle. Da der Himmel den vollkommenen Seelen vorbehalten ist und die Hölle den bösen, stellt sich früh die Frage nach einem dritten jenseitigen Ort für die Seelen derer, die weder ganz gut noch ganz schlecht sind – für die Mehrzahl der Menschen also. Das ist das Fegefeuer, ein Ort der Reue und der Reinigung.

An Allerseelen wird aller verstorbenen Gläubigen gedacht – mit Messen, Gebeten und Almosen. Seit dem Mittelalter wird die im Leben nicht abgeleistete Buße des Verstorbenen auf die Hinterbliebenen übertragen, die durch Allerseelenspenden die Läuterung der Seele im Fegefeuer zu befördern suchen. Über Jahrhunderte gibt es keine Familie und keine Bruderschaft ohne den Arme-Seelen-Dienst.

Das evangelische Pendant zu Allerseelen ist der Totensonntag oder Ewigkeitssonntag. Er geht auf einen Beschluss des preußischen Königs Friedrich Wilhelm III. zurück, der durch Kabinettsorder vom 17. November 1816 diesen Sonntag zum allgemeinen Gedächtnis an die Verstorbenen und Gefallenen – vor allem aus den Befreiungskriegen – bestimmt. Der Totensonntag ist der letzte Sonntag im Kirchenjahr.

Tod und Tabu

«Wenn ich sterbe», verlangt der Schriftsteller Nicolas Born im November 1977 in seinem Gedicht *Ein paar Notizen aus dem Elbholz*, »will ich allein sein, / nicht mich berühren, nichts verwischen / kein Wort / es soll alles echt aussehen«.

Im Angesicht des Todes ist das Echte selten geworden. Unsere Zeit hat ein merkwürdiges Verhältnis zum Tod. Der Tod ist einerseits, als virtueller Tod im Kino, im Fernsehen und in Computerspielen, ständig gegenwärtig und greifbar nahe. Andererseits ist das reale Sterben im Ghetto der Kliniken, Altenheime und Pflegeanstalten unendlich fern. Die Begegnung mit dem wirklichen Tod findet hinter verschlossenen Türen statt. Der amerikanische Regisseur und Komiker Woody Allen bringt es auf den Punkt: »Ich habe keine Angst vorm Sterben, ich möchte nur nicht dabei sein, wenn es passiert.«

Dass der Tod in den Gesellschaften des Westens systematisch verdrängt wird, ist längst zu einem Allgemeinplatz der modernen Kulturkritik geworden. Bereits 1955 behauptet der englische Anthropologe Geoffrey Gorer in seinem Aufsatz *The Pornography of Death*, der Tod sei heute so schambesetzt wie die

Sexualität im Viktorianischen Zeitalter; der Tod habe den Sex, der längst salonreif geworden, als das große Tabu abgelöst.

Der Philosoph Hans-Georg Gadamer hat die These 1983 in einem Rundfunkvortrag bestätigt: »Man darf sagen, dass die moderne Zivilisation die Verdrängungstendenz, die im Leben selber wurzelt, voll Eifer zu institutioneller Perfektion zu bringen sucht und deshalb die Erfahrung des Todes völlig an den Rand des öffentlichen Lebens schiebt.«

Die alten zeremoniellen Riten und Bräuche des Todes gibt es kaum noch: Das Aufbahren der Leichen in den Privathäusern, die halböffentlichen Abschiede der Angehörigen und Freunde, der leicht süßliche Geruch, den man mit Lilien zu verdecken sucht, die Begräbnisprozessionen durch die Straßen der Stadt, bei deren Anblick man den Hut abnimmt – all diese Bilder gehören der Vergangenheit.

Die Verdrängung des Todes geht einher mit einer Angst, die nicht nur dem Tod selber gilt, sondern vor allem der Krankheit und dem Schmerz, die dem Tode vorangehen. Sie gilt der Verelendung und dem Verfall des Körpers, der sich jahrelang hinziehen kann und der schrecklicher ist als ein Grab.

Das Tabu betrifft all die tödlichen Krankheiten, von denen man nicht sprechen und nichts hören mag. Nichts von dem verfluchten und elenden Martyrium, das etwa Heinrich Heine erleidet, der seine letzten Lebensjahre auf der Pariser »Matratzengruft« verbringen muss. Gezeichnet von Tuberkulose, Syphilis oder multipler Sklerose, sieht er dem schauerlichen Verfall seines Körpers hilflos zu.

Erst erlahmen seine Beine, dann kann er das Bett nicht mehr verlassen. Erst schließt sich das eine Auge, dann auch das andere, bis er nicht mehr lesen kann. Erst spürt er einen Druck zwischen den Brauen, dann verbringt er seine Tage in bleiernen Qualen, wie sie selbst die spanische Inquisition nicht übler ersinnen kann.

Von Krankheit und Tod will man nichts wissen. Nichts vom

wochenlangen Siechtum, nichts von der Schwere der letzten Stunden. Gottfried Benn berichtet noch 1912 in einem Brief an seinen Studienfreund Leo Königsmann detailliert vom Tod seiner Mutter: »Sie bekam die letzten zwei Monate täglich etwa nur so viel Luft, wie unsereiner stündlich zu sich nimmt. Sie konnte nur noch in einer bestimmten Stellung sitzen, bei der noch Luft durchging. Und Tag und Nacht musste ihr jemand den Kopf halten, weil sie zu schwach war, es zu tun, und weil er sonst abgeknickt wäre.«

Der Tod geht überall, am liebsten aber geht er durch Krankenhäuser und Spitäler. Benn, der als Arzt jahrelang »vis-à-vis de rien« lebt, zwischen Krebs und Syphilis, Herzversagen und Ersticken, hat den Verfall der Körper in vielen Texten festgehalten, vor allem in dem Gedicht *Mann und Frau gehn durch die Krebsbaracke*: »Die Rücken sind wund. Du siehst die Fliegen ... Hier schwillt der Acker schon um jedes Bett. Fleisch ebnet sich zu Land.«

Der Verfall riecht bereits nach Verwesung. Der Körper, im Kampf und in den Krämpfen, wird wie ein Tier. Der amerikanische Schriftsteller Harold Brodkey, der 1993 an Aids erkrankt, protokolliert den Verfall in *Die Geschichte meines Todes* akribisch: »Jetzt habe ich zu meinem Leib die sonderbarste Beziehung, die man sich nur vorstellen kann. Mein Körper gleicht für mich einem verkrüppelten Kaninchen, das ich nicht streicheln mag, das ich vergesse, rechtzeitig zu füttern, mit dem zu spielen und das kennenzulernen mir die Zeit fehlt, ein nutzloses Kaninchen in einem Käfig, das freizulassen grausam wäre. Es kennt kein Gebet, mit dem es um sein Überleben bitten könnte.«

Krankheit und Tod sind schrecklich. Schrecklicher als alles aber ist der Tod eines Kindes. Der Dichter Friedrich Rückert sucht den quälenden Schmerz über den Tod seiner an Scharlach erkrankten Kinder in seinen Gedichtzyklus *Kindertotenlieder* zu bannen. Der österreichische Komponist Gustav Mahler, der später fünf dieser Gedichte vertont, sucht sich dabei vorzustellen, ihm sei ein Kind gestorben. Als zwei Jahre nach der Uraufführung des Werkes seine geliebte fünfjährige Tochter ebenfalls an Scharlach erkrankt und wirklich stirbt, ist nichts mehr, wie es war – zum verzweifelten Schmerz kommt die Selbstanklage und der grausame Gedanke, er habe den Tod des Kindes selbst beschworen. Einen Trost gibt es nicht.

Von Krankheit und Tod will man nichts hören. Nichts von den gellenden Schreien, den schielend nach oben gekehrten Augäpfeln oder den schädelsprengenden Schmerzen, nichts von der Schwäche, die schon abgestanden riecht, nichts von den wütenden Krämpfen oder dem wahren Ausmaß der Erniedrigung.

Der Tod wird zwar zumeist von Krankheiten begleitet, hat aber mit Gesundheit und Krankheit nichts zu tun. Der Tod ist etwas vollkommen anderes: Selbst ein gesundes Leben endet mit einem Tod. Der Tod ist sehr viel größer als die Krankheit und nutzt die Krankheit bloß. Der Tod spielt, so Benn, »musikalisch in einer gänzlich anderen Melodie«. Das musikalisch letzte Wort der *Kindertotenlieder* aber verspricht, »dass der Tod zwar mächtig, stärker als er aber die Liebe ist«.

Letzte Worte

Der Tod entzieht sich den Worten. Nur in theologischen, metaphysischen und dichterischen Metaphern spricht eine Absolutheit, die selbst nicht spricht: Thanatos, ewiger Schlaf, Heimgang, letzte Fahrt, Abschied oder Exitus. Vor dem Tod bleiben alle Umschreibungen unscharf, ungenügend und ungenau.

Der Tod hat keine Worte. Vielleicht aber, so eine alte Vorstellung, scheint in den letzten Worten eines Sterbenden etwas durch. Seit dem 17. Jahrhundert werden in Europa »letzte Worte« gesammelt. Berühmt sind Goethes Sentenz »Mehr Licht«, womit er bloß um die Öffnung eines Fensters bittet, oder Kants Ausspruch »Es ist gut«. Der französische Schriftsteller François Rabelais sagt angeblich: »Lasst den Vorhang herunter, die Farce ist zu Ende.« Und der englische Dichter John Donne sinnt: »Jämmerlich wäre ich, wenn ich nicht sterben wollte.«

Noch Ernst Jünger sammelt in den Fünfzigerjahren des vergangenen Jahrhunderts in einem Karteikasten *Letzte Worte* und hofft, in ihnen werde die Grenze mit mindestens einem Fuße überschritten, werde ein Blick frei auf das fremde Land. »Der Vorhang auf der anderen Seite der Existenz beginnt in den Sekunden vor dem Tode zu zittern, die Muster der Realität lösen sich auf«, so glaubt Jünger zu Beginn seines Projekts – und sieht sich bitter getäuscht.

Die letzten Worte sind zumeist bloß letzte Eitelkeiten. Die Worte sind bloß zufällig, geschönt oder schlicht gefälscht. Sterbensklugheit, Luzidität oder gar eine jenseitig gefärbte Erkenntnis sind nicht zu finden, und Jünger, immer auf der Suche nach den Grenzen und ihren Geheimnissen, bricht sein Projekt mitten im Satz ab.

Das Christentum hat die individuellen »letzten Worte« immer abgelehnt. Im Angesicht seines Todes hat der Sterbende kein persönliches Bonmot zu liefern, sondern sich an den Kreuzesworten Christi zu orientieren: »Herr, meinen Geist befehle ich in deine Hände.« Mit diesen Worten sind über die Jahrhunderte Millionen Menschen im Abendland gestorben.

Im Augenblick des Todes tritt der Christ in die »Reihe der Vielen«, wie die Antike ihre Toten genannt hat. Er tritt in ein absolutes und universales Prinzip, das keinerlei Unterschied kennt zwischen Armen und Adligen, Bürgern und Bauern. Vor dem Tod ist jeder Mensch gleich, und der apokalyptische Reiter tritt Könige und Bettler, Kinder und Greise unterschiedslos nieder.

In früheren Zeiten gilt die Todesangst nicht dem Tod selbst, sondern dem plötzlichen Tod, auf den man sich nicht vorbereiten kann. Im letzten Augenblick nämlich, so der Glaube, hat der Mensch die Wahl für oder gegen Gott. Aus diesem Gedanken entsteht seit dem 15. Jahrhundert die *ars moriendi*, die Kunst des Sterbens.

In den europäischen Sterbebüchern werden die Versuchungen der Sterbestunde in aller Deutlichkeit gezeichnet: Ungeduld, Verzweiflung, Hochmut, Gottverlassenheit oder Gier. Auf einem alten Holzschnitt reichen die Teufel dem Sterbenden goldene Kronen als Zeichen seines irdischen Besitzes, von dem er sich nicht trennen mag. Inmitten seines Goldes liegt er auf einem prunkvollen Bett, doch unter der Decke grinsen bereits die Dämonen – das Festhalten an materiellen Gütern gilt bis in die Neuzeit als die größte Versuchung, der es in der letzten Stunde zu begegnen gilt.

Der österreichische Schriftsteller Hugo von Hofmannsthal greift im 20. Jahrhundert den Gedanken auf und stellt in seinem Theaterstück *Jedermann* einen eitlen und unreifen Reichen auf die Bühne, der im Angesicht des Todes seine Geldtruhe in die Ewigkeit zu retten sucht und ebenso erstaunt wie empört feststellen muss, dass Mammon, der Teufel des Reichtums, nicht bereit ist, ihn ins Jenseits und vor das göttliche Gericht zu begleiten.

Über Jahrhunderte hat der Mensch versucht, seiner Endlichkeit ins Angesicht zu blicken und sich auf den Tod vorzubereiten, so gut es eben geht. Erst die Moderne erstrebt nicht länger den erwarteten und bereiteten, sondern den plötzlichen und quasi unbemerkten Tod, den Tod im Schlafe oder in der Anästhesie – man möchte nicht dabei sein, wenn es passiert.

Zuletzt bleibt die schlichte Erkenntnis, dass man dem Tod nicht entkommt, indem man ihn zu vergessen sucht. Der Tod ist das Negative schlechthin, doch wenn er aus dem Leben weggedacht wird, fehlt auch das Leben.

Knochenmann und Totentanz

Dem Tod ins Angesicht blicken. Doch der Tod hat kein Gesicht. Nur der Sterbende sieht ihn gelegentlich oder empfindet seine lautlose Gegenwart. Er scheint eben vorbeigegangen, er scheint vor der Tür zu stehen oder im Flur.

Der Tod hat keine Gestalt und tritt doch in vielerlei Gestalt auf. Von Anfang an sucht der Mensch eine Form zu finden für das Unfassliche und dem Tod ein Gesicht zu geben.

Im antiken Mythos reitet Thanatos, in einen schwarzen Umhang gehüllt, auf einem fahlen Pferd zu den Sterbenden, wenn ihre Stunde gekommen ist, schneidet ihnen eine Haarlocke ab und führt sie in den Hades. Im späten Griechenland tritt der Tod in Gestalt eines schönen Jünglings auf, der die Fackel des Lebens senkt und löscht.

In Ingmar Bergmans Film *Das siebente Siegel* steht der Tod als bleiche Gestalt im schwarzen Gewand am Strande eines von der Pest heimgesuchten Europa und stellt dem heimkehrenden Kreuzfahrer die Frage, die er immer stellt: »Bist du bereit?«

Mit dem Tod lässt sich nicht handeln, doch gelegentlich lässt er sich, wie es heißt, zu einem Schachspiel verführen, und so spielt der Ritter mit dem Tod und bleibt am Leben, bis die Partie beendet ist. Er darf sein Leben noch eine Weile behalten, obgleich er doch hineinsieht wie in einen Spiegel und nichts sieht als eine große Leere.

Und während der Tod Zug um Zug das Spiel gewinnt, sucht der Ritter nach dem Sinn seines Lebens, das ihm eine vergebliche Jagd und Irrfahrt scheint, ein Gespräch ohne Inhalt. Er sucht nach einer Gewissheit, ohne die er nicht zu sterben vermag, sucht eine endgültige Antwort auf die quälenden Fragen seines Seins: »Gibt es einen Gott? Und wenn es ihn gibt, warum zeigt er sich nicht? Warum reicht er mir nicht die Hand, warum spricht er nicht mit mir?«

Vergeblich fragt der Ritter jeden, der ihm begegnet, und zuletzt fragt er sogar den Tod – doch auch der weiß nichts. Der Tod hat keine Geheimnisse, und mit starrem Angesicht muss er zugeben: »Ich bin unwissend.« Am Ende hat der Tod das Spiel gewonnen. Er tanzt einen Reigen am Horizont, und mit ihm tanzen der Ritter, sein Knappe, der Schmied und das Mädchen.

Der gestrenge Herr Tod bittet zum Tanz. Über Jahrhunderte

ist das christliche Europa vom Knochenmann dominiert, vom bleichen Skelett mit Sense und Stundenglas, das dem Zug der Toten triumphierend und klappernd voraneilt und die Sterbenden zum grotesken Tanz über die Gräber zwingt. Der Tod ist ein schauriges Gerippe, das auf beinerner Fidel zum »Danse macabre« spielt.

Im Christentum ist der Tod ein Skelett in schwarzer Rüstung und mit kalter Fratze, das auf einem fahlen Pferd reitet und dem grässliche und höllische Gestalten folgen. Dieser Tod prägt das europäische Bild des Sterbens über eine lange Zeit und liefert der Kirche ein wirksames Instrument der Domestizierung. Ihr *Memento mori!* klingt wie eine Drohung.

Erst die Aufklärung greift nicht nur den geistlichen Machtapparat an, sondern auch eines seiner beliebtesten Schreckgespenster. Mit Gotthold Ephraim Lessing endet die allgegenwärtige Herrschaft der Skelette. *Wie die Alten den Tod gebildet* lautet der Titel des berühmten Aufsatzes, in dem der Dichter den grausen Knochenmann des Christentums mit der Vorstellungswelt der Antike konfrontiert, mit dem sanften und besänftigenden Tod und den eher frohen Darstellungen der Haine im Elysion.

Auch Friedrich Schiller verabschiedet sich vom Knochenmann und beschwört *Die Götter Griechenlands*: »Damals trat kein grässliches Gerippe / Vor das Bett des Sterbenden. Ein Kuss / Nahm das letzte Leben von der Lippe, / Still und traurig senkt ein Genius / Seine Fackel.« Der Tod, so die Hoffnung des Dichters, ist nicht beinern und streng, sondern herbstlich süß und heimwärtslockend.

Tod und Wiedergeburt

November. Die Erde riecht nach aufgeweichtem Laub. »Es hat lange geregnet während der letzten Wochen«, schreibt der österreichische Schriftsteller Ödön von Horváth, »nun wird es bald schneien. Fort ist die Sonne, und die Dämmerung schlürft über den harten Boden, es raschelt in den Stoppeln, als schliche wer umher. Und mit den Nebeln kommt die Vergangenheit. Ich sehe Euch wieder, Ihr Berge, Bäume, Straßen – wir sehen uns alle wieder! Auch wir zwei, du und ich.«

Was ist der Tod? Werde ich danach noch sein? Werden wir uns wiedersehen? Das sind die großen Fragen – eine Antwort gibt es nicht. »Niemand weiß, was der Tod ist«, hat schon Platon erklärt. Bis heute haben wir diesem Satz nichts hinzuzufügen.

In der griechischen Antike sind Leben und Tod nicht scharf voneinander getrennt. Der Tod ist nur ein Übergang oder eine Bruchstelle, aber kein Ende. »Ein und dasselbe ist Lebendiges und Totes«, lauten die überlieferten *Urworte* Heraklits: »Denn dies schlägt um und ist jenes, und jenes wiederum schlägt um und ist dies.«

Der Tod, so heißt es in den antiken Schriften immer wieder, ist wie eine Tür, die auf der einen Seite die Aufschrift »Ausgang« und auf der anderen Seite die Aufschrift »Eingang« trägt. Immer wieder wird der Gedanke formuliert, das Erlebnis des Sterbens sei nicht anders als das Gefühl, als gehe man durch eine Tür hinaus ins Freie. Der tote Körper aber bleibt zurück wie eine abgestreifte Haut.

Der Tod ist nur die andere Seite des Lebens. Novalis greift den Gedanken im 18. Jahrhundert auf und schreibt in seinen *Neuen Fragmenten*: »Sollte es nicht auch drüben einen Tod geben, dessen Resultat irdische Geburt wäre? Wenn ein Geist stirbt, wird er Mensch. Wenn der Mensch stirbt, wird er Geist.«

Im 20. Jahrhundert malt der greise Edvard Munch mit zittriger Schrift in ein Buch: »Ich bin schon einmal gestorben, als ich geboren wurde. Die eigentliche Geburt, die man den Tod nennt, habe ich noch vor mir. Der Tod ist der Anfang zum Leben ...«

Zu den religiösen Universalien gehört auch die Vorstellung, dass sich der Tod nur auf den Körper bezieht – die Seele oder der Geist aber ist unsterblich. Nur das Uneigentliche stirbt, das Eigentliche aber ist ewig. »Nun, o Unsterblichkeit, bist du ganz mein«, ruft auch Heinrich von Kleists *Prinz von Homburg* im Angesicht des Todes.

Der Glaube an eine Überzeitlichkeit der Seele ist ein uralter Gedanke. Das Fortdauern des Seelischen nach dem Tod gehört zu den zentralen Vorstellungen der jüdischen Religion: Der Mensch ist ein Erdenkloß, dem die unsterbliche Seele für eine kurze Zeit gegeben wird, und die er bei seinem Tode zurückerstatten muss.

Das Christentum folgt dem Gedanken: Die unsterbliche Seele verlässt im Augenblick des Todes den sterblichen Körper. In den christlichen Totenhäusern des Mittelalters wird häufig noch ein Fenster geöffnet oder eine Tür, wird ein Dachziegel abgehoben, um der Seele des Verstorbenen, die durch seinen Mund entweicht, einen Ausgang zu verschaffen.

Der Tod, so lehrt der Buddhismus, ist ein Zustand des Geistes. Das körperliche Sterben ist nur ein grobes Ereignis, der eigentliche Tod kommt später. Erst später erfolgt die Trennung von Geist und Körper, aber dann sind wir schon im nächsten Dasein.

Die Idee der Wiedergeburt, in den Religionen des Ostens weitverbreitet, findet sich auch im Abendland: bei Pythagoras und Platon, im Neuplatonismus, in den Glaubenslehren der Gnostiker und in der christlichen Mystik. Pythagoras etwa behauptet im 6. vorchristlichen Jahrhundert: »Alles ändert sich, nichts vergeht. Es wandert unser Geist und kommt von dort hierher, von hier dorthin.« Die präexistente Seele ist immer dieselbe und geht niemals zugrunde, lebt aber in einer Art Seelenwanderung in immer neuen Gestalten.

Das Ziel dieser Wanderung ist ein Läuterungsprozess oder auch eine Strafe für eine nicht beglichene Schuld. Inspiriert von Glaubenslehren aus Persien, Ägypten und Indien setzt Pythagoras die Art der Wiederverkörperung in eine Entsprechung zum sittlichen Handeln: Das Verhalten in einem früheren Leben bestimmt die neue Daseinsform. Die Seele hat sich in jedem neuen Dasein und von Leben zu Leben zu entwickeln, sich zu reinigen und sich zu vervollkommnen, bis sie würdig wird, zu ihrem Urquell zurückzukehren.

Auch die östliche Vorstellung der Reinkarnation geht von einer Kette der Wiedergeburten aus, die von den sittlichen Taten des Menschen bestimmt wird – die Lehre vom »Karma« beruht auf einem Prinzip von Ursache und Wirkung. Die Wiedergeburt ist eine Art »bedingtes Entstehen«, das aus dem Karma des Menschen erwächst – allerdings geht bei der Reinkarnation nichts von dem einen Menschen auf den nächsten über.

Im rabbinischen Judentum hingegen kann es gemäß dem biblischen Menschenbild für jede Seele nur ein einziges Leben auf dieser Erde geben. Das alte Judentum schickt alle Verstorbenen, gleichgültig ob gerecht oder ungerecht, in die Scheol, in das Reich des Vergessens. Nur in der Erinnerung der Lebenden, so die erstaunlich moderne Vorstellung, existieren die Verstorbenen weiter.

Unter dem Einfluss des Hellenismus verabschiedet sich die jüdische Eschatologie vom schlichten Vergessen der Toten und entwickelt die Vorstellung eines zweiten Lebens am Ende aller Zeiten, um einen Ausgleich für alle in der irdischen Existenz erlittenen Ungerechtigkeiten in Aussicht zu stellen und damit einen Beweis der göttlichen Gerechtigkeit zu erbringen.

Mit dieser neuen Deutung des Todes verliert das irdische Leben die Spannung der Einmaligkeit. Zwar ist das zweite Leben nicht, wie in der Lehre von der Seelenwanderung, als eine zweite Chance konzipiert, doch es eröffnet immerhin die Hoffnung auf eine ausgleichende Gerechtigkeit im Jenseits.

Auch das Christentum schließt jede Möglichkeit der Wiedergeburt aus. Mit dem Tod ist jedes Leben vor Gott abgeschlossen, ist die Bilanz von Gutem und Bösem unter den Bedingungen einer unvollkommenen Welt unveränderlich festgeschrieben. Die christliche Theologie stellt das Sterben auf den Hintergrund der »Vier Letzten Dinge«: Tod, Gericht, Hölle und Himmel.

Der körperliche Tod wiegt wenig gegenüber dem, was als der

zweite Tod bezeichnet wird – der Tod am Tage des Jüngsten Gerichts. An diesem Tage wird jeder Mensch nach der Art seiner Sünden bestraft. Paulus schreibt im Brief an die Römer (2,6): »Er wird jedem vergelten, wie es seine Taten verdienen.«

Die christliche Lehre ist Verheißung und Drohung zugleich. Im Angesicht der Verdammnis wird die Sühne für die im Leben begangenen Sünden zum zentralen Inhalt des christlichen Sterbebeistandes. Absolution, Gebet, Messe und letzter Segen – die christliche Kirche gestaltet die Totenliturgie im Lauf der Jahrhunderte zu einer immer längeren Ritualkette der Buße und der Angst vor dem Jüngsten Gericht.

Vom Jüngsten Gericht

Das Bild eines jenseitigen Gerichts findet sich bereits im altägyptischen Mythos und lässt sich seit dem dritten vorchristlichen Jahrtausend nachweisen. Anubis, der hundsköpfige Totengott, legt das Herz der Verstorbenen beim großen Gericht auf eine Waage und wiegt sie gegen die Feder der Maat. Der Tote hat vor dem obersten Richter und Gott ein Bekenntnis abzulegen über seine Taten – die Freigesprochenen werden in den Kreis der »Gelobten« aufgenommen, die Verurteilten aber von einer tiergestaltigen Fresserin verschlungen.

Im altjüdischen Glauben wird der Messias am Ende aller Tage die Toten versammeln und richten. Auch in der christlichen Vorstellung werden beim Jüngsten Gericht die Schafe von den Böcken getrennt. In der Nachfolge der jüdischen Tradition gehen die Erlösten samt der Engel auf der rechten Seite, die Verdammten aber und die Dämonen auf der linken Seite.

Noch Michelangelo stellt 1541 einen Christus in den Mittelpunkt seines *Jüngsten Gerichtes* in der Sixtinischen Kapelle, der wie ein Rachegott mit zorniger Geste die Sünder in einem gnadenlosen Weltgericht bestraft – die Seligen und Märtyrer fahren gen Himmel, die Verurteilten aber stürzen in die Hölle.

Das christliche Weltgericht ist ein letztes und einmaliges Gericht, dessen Urteil unanfechtbar und in alle Ewigkeit gültig ist. Am Ende der Geschichte steht der Christ mit der Summe seiner Taten als einer Art Aktenlage vor seinem Richter, und der Erzengel Michael hält die Waage der Gerechtigkeit.

Im mittelalterlichen Europa ziehen die christlichen Gläubigen in der Erwartung des Jüngsten Gerichts selbstquälerisch über das Land, geißeln und foltern sich selbst, um ihren Gott zu versöhnen. Das *Dies irae*, das Lied vom Gericht aus dem 13. Jahrhundert, bleibt bis in die Neuzeit ein Teil der großen europäischen Totenmessen: in Mozarts *Requiem*, in der *Grande Messe des Morts* von Hector Berlioz oder im *Totentanz* von Franz Liszt. Bis ins vergangene Jahrhundert ist es ein Bestandteil der römisch-christlichen Totenmesse und der Gebete an Allerseelen: *Dies irae, dies illa Solvet saeclum in favilla* – Tag des Zornes, Tag der Sünden, Wird das Weltall sich entzünden.

Die Vorstellung eines zornig richtenden Gottes und eines gnadenlosen Totengerichts am Ende aller Zeiten aber ist eigentlich zutiefst unchristlich. Schon im Ersten Brief des Johannes (4,18) wird Gott als die vollendete Liebe definiert, die alle Furcht vor dem Gericht vertreibt. »Furcht gibt es in der Liebe nicht, sondern die vollkommene Liebe vertreibt die Furcht. Denn die Furcht rechnet mit Strafe, und wer sich fürchtet, dessen Liebe ist nicht vollendet.«

Nietzsche hat in *Der Antichrist* die Vorstellung eines Jüngsten Gerichts als ein »Folterinstrument« verurteilt, »vermöge derer der Priester Herr wurde, Herr blieb …«. Begriffe wie Strafe, Rache und Vergeltung sind ihm zutiefst »unevangelisch« und ein Beweis für die Tatsache, dass es dem paulinischen Christentum nicht vorrangig um die »frohe Botschaft« Christi geht, sondern um die Macht.

Die frühe christliche Gemeinde, so behauptet Nietzsche, sei durch den Tod ihres Meisters am Kreuze im Tiefsten erschüttert und beleidigt gewesen. »Unmöglich konnte die Sache mit diesem Tode zu Ende sein: Man brauchte Vergeltung und Gericht.« Aber: »Das Reich Gottes als ein Gericht über seine Feinde – damit ist alles missverstanden.«

Abschied und Auferstehung

Für die frühe Gemeinde ist der gewaltsame Tod Christi am Kreuz ein Schock. Er gilt als Katastrophe und auch als Tabu. Erst die Idee der Auferstehung wird zum rettenden Heilsgedanken. Der Glaube an die leibhaftige Auferstehung Christi ist der Kern und die eigentliche Botschaft der christlichen Religion.

Im Christentum hat der Tod nicht das letzte Wort – er ist kein Ende, sondern ein Anfang. Der gläubige Christ kann hoffen, seinen leiblichen Tod in der Nachfolge seines Erlösers zu überwinden und ein ewiges Leben zu erlangen.

Das christliche Heilsversprechen aber ist allein gültig im Glauben an das Evangelium und an die Kirche. Außerhalb der Kirche, so die christliche Lehre, kann es keine Auferstehung geben. Allein die Taufe öffnet das Tor, und nur der Getaufte kann mit Paul Gerhardt rufen: »Tod, wo ist dein Stachel?«

Was aber ist Auferstehung? Die Ägypter glauben an die Auferstehung des Fleisches und der ganzen Person – die Mumifizierung soll den Zerfall des irdischen Körpers verhindern, damit nichts verloren geht und der Tote in seiner Ganzheit wiedersteht.

Auch das rabbinische Judentum erwartet die Auferstehung des Körpers und verlangt daher eine Unversehrtheit des Leichnams. In den alten Texten heißt es: »Der Mensch steht auf, wie er ins Grab steigt – mit all seinen Gebrechen und mitsamt all seinen Kleidern, in denen er bestattet wurde.«

Im Sinne der jüdischen Tradition verkündet auch die christliche Lehre eine Auferstehung der Toten samt ihren Körpern. Die Auferstehung Christi, so versichert Paulus, ist ein leibhaftiges Geschehen. Die Auferstehung ist ganz körperlich gemeint, und die frühchristliche Eschatologie zeichnet überaus realistische Bilder von der Wiedererstehung der Gebeine. Christus ist wirklich und wahrhaftig aus dem Reich der Toten zurückkehrt. Seine Auferstehung findet nicht im Geiste statt, sondern ist ein körperlicher Akt.

Den aufgeklärten hellenistischen Zeitgenossen scheint diese Auffassung anstößig und eine Neuauflage des ägyptischen Mumienkultes. Auch die Gnostiker, die alle Erlösung als Befreiung des Geistes vom Leibe deuten, sind von der Idee befremdet.

Doch selbst die agnostischen Gesellschaften der Gegenwart haben die Idee der Auferstehung nicht gänzlich verworfen. Auch der eher Ungläubige versichert sich beim Tod eines Angehörigen gern des Beistands der alten Religion – für alle Fälle sozusagen und um sich nicht einer Unterlassung schuldig zu machen, für die er vom Toten vielleicht zur Rechenschaft gezogen wird. Der christliche Gläubige aber lässt seine Verstorbenen nicht ins Grab sinken, ohne sie mit den Sakramenten seiner Kirche und dem Versprechen auf Auferstehung zu versehen.

Im christlichen Glauben wird die Überwindung des Todes durch die Auferstehung Christi garantiert. In den gnostischen, neuplatonischen und auch christlich mystischen Lehren hingegen muss die Auferstehung vom Menschen selbst vollbracht werden. Der Mystiker Angelus Silesius etwa fordert im 63. Spruch seines Buches *Cherubinischer Wandersmann*: »Steh selbst von den Todten auff! Ich sag, es hilfft dich nicht, daß Christus aufferstanden, wo du noch liegen bleibst in Sünd und Todesbanden. Wer nicht stirbt, bevor er stirbt, der verdirbt, bevor er stirbt.«

Der Mensch, so fordern auch die Gnostiker, muss erkennen, dass die Ursache des Todes im Körper liegt. In den Traktaten des griechischen *Corpus Hermeticum* heißt es: »Wer den Leib liebt, aus dem sich der Tod nährt, der ist tatsächlich im Tod und verdient den Tod. Wer sich dagegen selbst erkennt, der weiß, dass der Mensch aus Licht und Leben besteht.«

Fleisch und Blut, so der gnostische Gedanke, können das Reich Gottes nicht erben, das Verwesliche kann sich nicht ins Unverwesliche wandeln – nur der Geist kann auferstehen. Ein ähnlicher Gedanke findet sich auch bei Meister Eckhart: »Wer im Fleische sät, der erntet den Tod, wer aber im Geiste sät, der erntet das ewige Leben.«

Der Körper ist der Tod an sich. Er ist die Versuchsanstalt und die Beute des Todes. Das Ziel der Gnostiker ist nicht eine Auferstehung im Körper, sondern eine geistige Wiedergeburt. Der Tod zerstört den Körper und auch das individuelle Ich mit all seinen Identifikationen. Sein Ruf lautet: »Mensch, werde wesentlich!«

Der Mensch würde gern mit seinem Ich auferstehen oder mit seinem Ich reinkarnieren. Das ist vermutlich eine Illusion. Das Ich hüpft wahrscheinlich nicht von einem Leben zum anderen, sondern löst sich, wie der Körper, unvermeidlich auf. Das Ich verweht wie eine Spur im Sand.

Die architektonische Metapher des Novembers ist die Eremitage. Jene etwa, die 1796 von Carl Gotthard Langhans im Auftrag des preußischen Königs Friedrich Wilhelm II. am Ufer des Jungfernsees in Potsdam erbaut wird: Außen eine fensterlose Hütte, bedeckt mit brauner Borke, ärmlich und unscheinbar – innen aber ein strahlend weißer Kuppelsaal aus Marmor, erleuchtet durch ein kreisrundes Fenster, das sich zum Himmel öffnet.

Ein kahler Eichwald, ein leerer Strand, ein Kirchhof im Schnee mit windschiefen Kreuzen und offener Grube – der November geht auf den Tod. Doch am Ende geht er durch den Tod hindurch und reicht hinüber in einen Raum der Hoffnung. Die Kränze, im November aus immergrünen Kiefern, Zypressen, Eiben, Efeu und Tannen gebunden und auf die Gräber gelegt, werden im Dezember zur adventlichen Erwartung einer Geburt.

Durch den Tod hindurch geht jene Hoffnung, die auch die jüdische Lyrikerin Mascha Kaléko am Ende ihres Lebens findet: »Kommt seine Zeit, dann schwindet das Dunkel, funkelt das wiedergeborene Licht. Nichts ist zu Ende. Alles geht weiter.«

DEZEMBER

Alle Geburt ist Geburt aus Dunkel ans Licht.

Friedrich Wilhelm Joseph von Schelling, Deutschland
Über das Wesen der menschlichen Freiheit, 1809

Plötzlich stehen überall Tannenbäume. Plötzlich glitzern Lichterketten an jeder Straßenecke, und aus den Lautsprechern der Warenhäuser dudeln die bekannten Melodien: »Alle Jahre wieder«.

Plötzlich stehen überall Märkte und Buden mit Zuckerwatte und gebrannten Mandeln, mit Spielzeugtrommeln, Kräuterbonbons und Glaskugeln, in denen es schneit. Im weihnachtlichen Gewimmel finden die seltsamsten Dinge einen Ort: Puppen aus Holz und Draht, quietschende Mäuse, handgestrickte Wollsocken, Glühweinstände, Grünkohl, bolivianische Flöten, Gebrauchsanweisungen für unkundige Weihnachtsgottesdienstbesucher, Hunde aus Plüsch, Sterne aus Styropor, Engel aus Plastik, Bratwurstbuden und ein merkwürdiger Kulturkampf um das Singen von Weihnachtsliedern in Krippen und Kitas.

Mit dem Geruch von verbranntem Harz und Lebkuchen kommt auch eine romantische Erinnerung an die Weihnachtsfeste der eigenen Kindheit auf, an Dämmerstunden voll Zauberglanz und Heimlichkeit – eine Erinnerung an jene kindliche Freude und Unmittelbarkeit, die vor jedem kritischen Diskurs existiert.

Fast wunderbarer als das Fest selbst ist die Erwartung. Mein Kind liest die Geschichte von Maria und dem kleinen Esel, baut aus Holzklötzen den Stall von Bethlehem und die Krippe, stellt eine Palme auf, Schafe und Hirten und lässt einen Engel am Faden schweben. In den frühen Morgenstunden werden die Türen im Adventskalender geöffnet – ein bemaltes Holzhäuschen mit Speicher und Seilzug, das hinter seinen Läden lauter kleine Geschichten und süße Schätze birgt.

Wenn die meisten Menschen ihr Weihnachtsfest heute genau so feiern, wie sie es als Kind gekannt haben, dann ist das mehr als eine Reminiszenz – es ist eine tiefe Sehnsucht nach jener Aufregung der Kindheit, die so intensiv mit Dasein erfüllt ist wie später nie mehr im Leben. Es ist eine Sehnsucht nach dem

Zauber, der die Weihnachtsfeste der Kindheit auszeichnet und der später immer gesucht und nicht mehr gefunden wird.

Zu den schönsten literarischen Zeugnissen jenes kindlichen Zaubers zählen die Weihnachtsbriefe, die Rilke zwischen 1900 und 1925 an seine Mutter Phia nach Prag schreibt: »Was schlug mir das Herz, vom Geburtstag an, über den St.-Nikolaus-Tag auf Weihnachten zu, und wie steigerte sich diese Erregtheit immer noch mehr, am 21ten, am 22ten, am 23ten, bis am seltsam ausgesparten Nachmittag des 24ten, in seinem nicht mehr zu steigernden Sturm jene Wind-Stille eintrat, die im Menschlichen mit dem Zuviel beginnt, und in deren reine Atemlosigkeit dann die Glocken, die Glockenspiele eindrangen, die dem Aufspringen der Türen zuvorflogen durch die Dämmerung des unvergleichlichen Wintertags.«

Advent – die Ankunft

Weihnachten ist immer Kinderzeit, und es ist gleichgültig, ob die Kindheit um 1900 oder früher oder später erlebt wird. An Weihnachten findet unsere erste Begegnung mit dem Christentum statt. Nicht durch Gottesdienste oder Gesangbuchverse, sondern durch das Gewühl der Weihnachtsmärkte, der funkelnden Tannenbäume, der verschnürten Geschenke und der hölzernen Krippen wird der Keim eines religiösen Glaubens gelegt, der ungezählte Generationen in Europa prägt.

Weihnachten beginnt, noch für die Generation der Großeltern selbstverständlich und unverrückbar, erst nach dem letzten Sonntag im Kirchenjahr, nach dem katholischen Christkönigssonntag oder dem evangelischen Totensonntag – niemals davor.

Weihnachten beginnt mit dem ersten Advent – aus dem lateinischen *adventus*, die Ankunft. Seit dem 4. Jahrhundert wird dem kirchlichen Hochfest der Geburt Christi eine Vorbereitungszeit vorangestellt.

Ein vor allem in Nordeuropa verbreitetes Zeichen dieser Zeit ist der Adventskranz mit seinen vier Kerzen. Der Kranz ist eigentlich ein heidnisches Symbol der Sonne und des endlosen Kreises, der keinen Anfang und kein Ende hat. Im Christentum verweist der Kranz auf die Unendlichkeit und Ewigkeit, in der die weihnachtliche Botschaft steht. Die vier Kerzen messen die Zeit von Sonntag zu Sonntag.

Zu den populärsten Festen der Adventszeit gehört seit dem 10. Jahrhundert der Gedenktag des *Heiligen Nikolaus* am 6. Dezember. Historisch geht die Gestalt zurück auf den Bischof Nikolaus von Myra aus dem kleinasiatischen Lykien, um den sich unzählige Legenden ranken: Er verteilt sein Vermögen an die Armen, bewahrt junge Frauen vor der Prostitution, indem er heimlich ein Geldgeschenk durchs Fenster oder durch den Kamin in die darin aufgehängten Socken wirft, rettet unschuldig zum Tode Verurteilte und erweckt ermordete Kinder wieder zum Leben.

Aus dem Kult des heiligen Nikolaus leitet sich später der Brauch der Weihnachtsgeschenke ab. In Nordeuropa wird das Bild des frühchristlichen Bischofs vermengt mit dem Bild des nordischen Gottes Balder, dem gütigen und sanftmütigen Sohn des Göttervaters Wotan, den die Romantiker wiederum als eine christusgleiche Gestalt gezeichnet haben. In der nordischen Mythologie reitet Balder, in einen langen braunen Pelz gehüllt, auf einem Rentier und führt die Menschen mit Rute und Nüssen durch den langen und entbehrungsreichen Winter jener Breiten.

Die ersten europäischen Auswanderer bringen beide Bilder mit nach Amerika. Der heilige Nikolaus heißt hier Santa Claus und reist auf einem fliegenden Schlitten, der von Rentieren gezogen wird. In den Dreißigerjahren des 20. Jahrhunderts wird ein dicklicher, rotbäckiger und pelzbesetzter Weihnachtsmann zur Ikone der alljährlichen vorweihnachtlichen Coca-Cola-Werbung und zum Abziehbild des weihnachtlichen Konsums.

Weihnachten

Weihnachten ist noch immer das größte Jahresfest des westlichen Kulturkreises. Selbst der moderne areligiöse Mensch investiert alljährlich viel Zeit und Geld in diese kurzen Dezembertage.

Was aber macht Weihnachten trotz aller Säkularisierung so unerschütterlich? Was gewinnt der Mensch an Weihnachten, abseits von Geschenken, Weihnachtsgeld und zusätzlichen freien Tagen, von ein wenig Stimmung und Gefühl? Was findet der Mensch am Heiligen Abend in den Kirchen, die er übers Jahr nicht betreten mag?

»Kein Fest des späteren Lebens kennt diese Stunde, die wie ein Pfeil im Herzen des Tages zittert«, schreibt der Kulturkritiker Walter Benjamin am 24. Dezember 1932 in einer Beilage der *Vossischen Zeitung* über seine frühesten erinnerten Christtage. Weihnachten ist immer voller Erinnerungen und alter Geschichten: All die Weihnachtsabende der Vergangenheit verschmelzen miteinander. Die Erinnerung macht Sprünge, wird sporadisch und zerstreut sich, doch die Bilder bleiben immer dieselben.

In jedem Weihnachten dämmern die Bilder vergangener Jahrhunderte: Das Weihnachtsfest in Königsberg mit dem Kind im schwarzen Samtkleidchen und den vielen Christbäumen in hohen Fenstern; das Weihnachtsfest in Rom und die Nachtwanderung nach Santa Maria Maggiore; das Weihnachtsfest auf dem ostpreußischen Gut mit den sonntäglich geputzten Dörflern, die nach alter Zeiten Sitte beschenkt werden – die Kranken erhalten eine Suppe, die Krüppel ein Almosen und alle einen Kuchen.

Oder das Weihnachtsfest in Brabant, als der alte Keunen stirbt, und die Stille und die leere Stube, oder das Weihnachtsfest in Lübeck mit dem gewaltigen Baum, geschmückt mit unzähligen kleinen Flammen, mit silbernen Nüssen, weißen Lilien und einem Engel an seiner Spitze, flimmernd in der Lichtflut wie ein ferner Stern. Die Buben lesen die Weihnachtsgeschichte auf Deutsch, auf Lateinisch, zuletzt auf Griechisch, und die Tische sind beladen mit Geschenken, Konfekt und Marzipan.

Weihnachten ist ein letztes Refugium der Romantik, der Nostalgie und der Literatur. Die obigen Bilder stammen sämtlich von Dichtern: Thomas Mann, Marie Luise Kaschnitz, Anton Coolen und Theodor Fontane.

Im mittelalterlichen Europa ist Weihnachten zumeist ein öffentliches Fest – in Italien oder Spanien sind am Heiligabend die Bars, Restaurants und Supermärkte bis heute geöffnet, man isst und trinkt und plaudert und macht Lärm. Erst in Deutschland entwickelt sich seit dem 17. Jahrhundert der Rückzug ins Private und Familiäre. Weihnachten wird zu einem heimeligen und gemütlichen Fest der Innerlichkeit – ein bürgerliches Idyll mit Tanne, roten Äpfeln, Zuckerwerk und frommen Liedern.

Mit der Globalisierung und den internationalen Geschäftskalendern hat sich das Weihnachtsfest heute in der ganzen Welt verbreitet. Weihnachtsmärkte und Weihnachtsbäume gibt es mittlerweile rund um den Globus – in Rio de Janeiro, Tokio, Moskau oder Beirut. In Puerto Rico schwitzen Lebkuchenhäuschen in der Lobby der großen Hotels in tropischer Hitze, in China stehen strahlende Weihnachtsmänner in den Restaurants, und die Angestellten der Kaufhäuser tragen wochenlang Nikolausmützen.

Auch die weihnachtlichen Sterne und Kugeln, die jubilierenden Engel, die im Schnee versunkenen Winterlandschaften und das Jesuskind in der Krippe kommen heute aus China. Fast zwei Drittel aller weltweit verkauften Weihnachtsartikel werden in Yiwu hergestellt, einer Stadt in der chinesischen Provinz Zhejiang. In den mehr als fünfhundert Fabriken von Yiwu ist das ganze Jahr über Weihnachten.

Weihnachten ist ein Geschäft. Auch wenn Papst Franziskus

die verweltlichte Feierkultur gern an den Pranger stellt und klagt, die Lichter des Kommerzes hätten das Licht Gottes in den Schatten gestellt, so lassen sich Weihnachten und Konsum schon lange nicht mehr trennen – nicht nur für den Einzelhandel sind die Umsätze im Weihnachtsgeschäft ein entscheidender Faktor.

Die allgegenwärtige Klage über die Kommerzialisierung des Weihnachtsfestes, über all die echten und unechten Verpflichtungen und die ganze überhitzte und überhetzte Betriebsamkeit, die sich alle Jahre wieder entzündet, ist auch nicht neu.

Schon 1879 erzielt das Modewarengeschäft von Abraham Wertheim am Heiligabend den stärksten Umsatz seiner damals schon mehr als fünfundzwanzigjährigen Geschichte. Und Hermann Hesse seufzt bereits 1927: Weihnachten ist »ein Giftmagazin aller bürgerlichen Sentimentalitäten und Verlogenheiten, ein Anlass wilder Orgien für Industrie und Handel und großer Glanzartikel der Warenhäuser.« Weihnachten »riecht nach lackiertem Blech«.

Die Klagen der Kulturkritik aber sind obsolet. Das Weihnachtsfest ist längst zu einem Winterfest geworden, das weitgehend ohne religiöse Intention, doch mit Inbrunst begangen wird. Weihnachten trifft auf eine verbreitete Bedürftigkeit nach Licht und Erwärmung inmitten einer dunklen und trüben Jahreszeit.

Die Sonne um Mitternacht

Wenn wir Weihnachten feiern, sind die Tage immer kürzer und die Nächte immer länger geworden: Die Sonne hat ihren Tiefpunkt im Jahreslauf erreicht. Zum Zeitpunkt der Wintersonnenwende ist das Licht in eine äußerste Bedrängnis geraten – die Dunkelheit aber befindet sich auf ihrem Höhepunkt. Das ist der Stand der Natur im Dezember.

Die Nacht der Wintersonnenwende ist seit je mit religiösen Riten und Kulten verknüpft worden. In dieser Nacht werden die

Geburtsfeste der alten heidnischen Götter gefeiert – der griechische Gott Dionysos steigt zur Winterwende als Sonne aus einer Höhle empor, auch der im Römischen Reich weithin verehrte Sonnengott Sol invictus wird zur Winterwende geboren – sein Fest feiert die Geburt der »unbesiegten Sonne«.

Auch das Christentum hat die Geburt ihres Erlösers in eine zeitliche Analogie zur Wintersonnenwende gesetzt. Das Licht Gottes wird in der tiefsten Dunkelheit des Jahres geboren. Die kürzeste Weihnachtsgeschichte findet sich im Prolog zum Johannesevangelium: »Das Licht leuchtet in der Finsternis.«

Die Verchristlichung der alten heidnischen Geburtsfeste findet vermutlich im Lauf des 4. Jahrhunderts statt. Als Kompromiss und Konzession an die römische Welt verlegt die frühe Kirche die Geburt ihres Gottes in die Nacht, in der auch die Heiden die Geburt ihres Gottes feiern – in die Nacht auf den 25. Dezember. Die christliche Gemeinde stellt dem römischen *Sol invictus* den *Sol iustitiae* entgegen – die »Sonne der Gerechtigkeit«.

Das Licht wird in der Finsternis geboren. Weihnachten findet in tiefster Dunkelheit statt, nicht nur in der dunkelsten Nacht des Jahres, sondern auch noch in der dunkelsten Stunde dieser Nacht – in der Stunde um Mitternacht. »Mitten im kalten Winter, wohl zu der halben Nacht«, so heißt es in dem kirchlichen Weihnachtslied *Es ist ein Ros entsprungen* aus dem 16. Jahrhundert.

In vielen alten Mythen gilt die Mitternacht als die Stunde, in der die Sonne vernichtet wird und neu ersteht. Auf den Armen der Finsternis wird das Licht getragen, aus Fäulnis und Verwesung entzündet es sich neu, so heißt es bereits in den altägyptischen Unterweltsbüchern. Auch im Mithras-Kult wird die Sonne um Mitternacht betrachtet – der Mensch soll in das Licht sehen und alle Unvollkommenheiten seines Wesens ablegen.

In der christlichen Religion wird Christus zur Sonne, die um Mitternacht geboren wird. Er ist »das wahre Licht«, sagt der Evangelist Johannes, »das alle Menschen erleuchtet«. In der

Mitte der Nacht kommt jener göttliche Logos zur Welt, der diese Nacht und überhaupt alle Nächte gemacht hat.

Das Christentum feiert an Weihnachten die Geburt des Lichtes: Christus ist das Licht Gottes. Er bricht den Himmel, damit die Welt befreit wird von aller Finsternis und im Lichte der Ewigkeit und der Erlösung leuchtet. Wer ihm nachfolgt, so heißt es bei Johannes (8,12), »wird nicht in der Finsternis umhergehen, sondern wird das Licht des Lebens haben«.

Aus vorchristlicher Zeit, aus dem alttestamentarischen Buch Jesaja (9,1–6) stammt die Verheißung eines göttlichen Kindes, die sich für die Christenheit an Weihnachten erfüllt: »Das Volk, das im Dunkel lebt, sieht ein helles Licht; über denen, die im Land der Finsternis wohnen, strahlt ein Licht auf.«

In den alten Religionen gilt das Licht oder die Sonne als ein Symbol für das Göttliche. Die hebräischen Psalmen vergleichen Gott mit der Sonne, die Propheten des Alten Testaments verkünden den Messias als die Sonne der Gerechtigkeit, der persische Mithras wird das Licht der Welt genannt.

Gott ist Licht – diese Auffassung findet sich in den spätantiken gnostischen Systemen als Synonym des guten Gottes, bei Platon als Sonne der Idee und in der neuplatonischen Philosophie als das Licht des höchsten Einen. Über all diese Traditionen geht die Vorstellung der göttlichen Sonne auch in die christliche Lehre ein.

Die christliche Theologie hat zwar stets betont, dass die Sonne nicht Gott selbst, sondern nur mehr ein Zeichen des Göttlichen sei, doch das Symbol bleibt mächtig. Gelegentlich ist gar behauptet worden, der geschichtliche Sieg des Christentums sei nicht zuletzt der Tatsache zu verdanken, dass es die vorchristliche Sonnenverehrung in sich aufzunehmen vermocht habe.

»Nacht / mehr denn lichte Nacht! Nacht / lichter als der Tag / Nacht / heller als die Sonn' / in der das Licht geboren«, so beginnt das Gedicht *Über die Geburt Jesu* des Dichters Andreas

Gryphius von 1643, das den Gott feiert, der alle Dunkelheit besiegt, nicht nur die physikalische Dunkelheit, sondern auch »des Grabes Dunckelheit«, »der Jammer trübe Nacht« und »die schwartze Nacht der Sünden«.

Die Weihnachtsgeschichte

Die Weihnachtsgeschichte mit ihren Engeln, Hirten und Königen, mit dem Stern, dem Stall und der Krippe, ist eine der bekanntesten Bibelpassagen überhaupt.

Die Geschichte wird allein vom Evangelisten Lukas erzählt. Er berichtet vom Gebot des Kaisers Augustus, der in seinen Provinzen das Volk schätzen lässt, vom Aufbruch Josefs aus Nazareth, von der vergeblichen Herbergssuche und von den bekannten Umständen der Geburt. Das Szenario, in wenigen Zeilen geschildert, entzündet die fromme Fantasie über Jahrhunderte und wird immer wieder ausgeschmückt. Die Weihnachtsgeschichte gehört zu den erfolgreichsten Geschichten, die je erzählt worden sind.

Ob die Geburt des historischen Jeschua Ben Josef aus Judäa sich in jener Weise abgespielt hat, wie sie im Neuen Testament berichtet wird, ist mehr als fraglich. Sehr wahrscheinlich sind die Bilder der Weihnachtsgeschichte nicht historisch wahr – wahr aber sind sie in einem tieferen Sinn. So bleibt die Geburtsstunde von Bethlehem eine Sternstunde der Menschheit.

Die Geschichte ist abenteuerlich und gar nicht weihnachtlich. Die Umstände dieser Geburt sind alles andere als heimelig oder stimmungsvoll. Jesus von Nazareth kommt unter fragwürdigen Umständen zur Welt. Seine Herkunft ist eine im bürgerlichen Sinne eher uneheliche, das Verhältnis der Eltern ist nicht ganz geklärt. Die Mutter ist noch sehr jung, vielleicht 14 oder 15 Jahre alt, der Vater wird als ein alter Mann mit bereits erwachsenen Söhnen beschrieben, der Angst hat, wegen des jungfräulichen Mädchens zum Gespött zu werden.

Der Geburtsort ist alles andere als idyllisch. Bethlehem ist unfreundlich, verschmutzt und überteuert. In den Schenken gibt es harsche Flüche, Fußtritte und Würfelspiel, aber keine Auskunft und kein Obdach. Maria und Josef sind Fremde an diesem Ort, Elende, wie sie im Mittelalter auch genannt werden, sind eine Art Freiwild, ausgeliefert und preisgegeben.

Dürftig ist auch die Stätte, an der das Kind geboren wird. Die Eltern finden bekanntlich keinen Platz in den überfüllten Herbergen, und so kommt der Gottessohn in einem Stall zur Welt und wird in einen Trog gelegt, aus dem die Tiere fressen. Auf fast allen alten Darstellungen ist der Stall eine schiefe, halb verfallene Behausung aus Holz und Lehm, die keinen Schutz bietet, eine Ruine, durch die der Wind pfeift, in die ein trüber Abend und nächtliche Kälte eindringen, in den nördlicheren Breiten auch Schnee.

Die ganze Geschichte endet mit dem grausamen Kindermord von Bethlehem, bei dem ungezählte unschuldige Knaben hingemetzelt werden um der Geburt des Einen willen. Eine Geschichte, über die man den Kopf schütteln kann.

Die Geburt eines Gottes ist ein Wunder. Und an Wunder muss man glauben. So wie der Zimmermann Josef, der seine schwangere Frau noch heimlich zu verlassen gedenkt, da er schlechterdings der Vater des Kindes nicht sein kann, der argwöhnt und die Fäuste ballt und der erst in einem Traum vom Engel des Herrn belehrt wird: Bei Gott ist kein Ding unmöglich.

Die Geschichte verlangt viel von Josef. Er soll annehmen, was nicht Seines ist, er soll glauben, wo jeder Mann berechtigt zweifeln würde. Die Geschichte verlangt auch viel von den Gläubigen – eine Jungfrau, die gebären soll, und ein geträumter Engel als Beweis, das scheint doch alles in allem eine etwas blasse Vision, wenn es um die Geburt eines Gottes gehen soll.

Stall und Krippe

Der Gottessohn kommt an einem Ort zur Welt, an dem ihn kein vernünftiger Mensch vermuten würde – auch die drei Weisen übrigens nicht, die den neugeborenen König der Juden zunächst am Hofe des Herodes suchen.

Der Palast für das Jesuskind ist ein bemooster Ruinenstall wie 1504 auf dem Holzschnitt *Die Geburt Christi* von Albrecht Dürer. Durch das offene Dach flattern Engel und Spatzen, durch die Lücken im Gemäuer fühlt man die Kälte: Schornsteine rauchen, und die kahlen Bäume schlottern im Wind.

Die europäische Kunst hat die Geburt Christi zumeist in einen Stall oder in eine Scheune verlegt, für die frühe christliche Gemeinde aber findet sie in jener Höhle statt, die späterhin mit der Grotte unter der Geburtskirche in Bethlehem gleichgesetzt wird.

Seit frühester Zeit gilt die Höhle als ein Ort, an dem Götter und Helden geboren werden. Der biblische Urvater Abraham, so berichtet die Legende, wird in einer Höhle geboren. Auch der griechische Gottvater Zeus, der Götterbote Hermes oder der persische Sonnengott Mithras treten aus einer Höhle in die Welt.

Das Bild der Höhle verweist auf eine urzeitliche Tiefe. Die Höhle ist jene Stätte, an der die alten Propheten und Seher ihre Weissagungen erhalten – auch Johannes, der Seher von Patmos, so berichtet die ostkirchliche Tradition, empfängt in einer Höhle seine apokalyptische Offenbarung.

In Platons berühmtem Gleichnis wird die Höhle auch zu einem Sinnbild der menschlichen Erkenntnis. Die meisten Menschen, so Platon in seiner *Politeia*, hocken in einer unterirdischen Höhle und sehen, von nichts als einem Feuer beleuchtet, nur schwankende und schattenhafte Bilder, welche die Flammen vor ihnen entstehen lassen. Gefangene sind die Menschen, behauptet Platon, die nie »von sich selbst und voneinander etwas anderes zu sehen bekommen als die Schatten, welche das Feuer auf die ihnen gegenüberstehende Wand der Höhle wirft«.

Der Mensch gleicht dem Höhlenbewohner, der sich von bloßen Schatten bewegen lässt. Wer aber einmal herausgetreten ist aus der Höhle und die Sonne gesehen hat, so Platon, der wird niemals zurückkehren wollen in die Dunkelheit seiner Illusionen. Und William Blake hat erklärt, der Mensch habe sich selbst so eingeschlossen, dass er alle Dinge nur durch die engen Spalten einer Höhle sieht. »Wären die Tore der Wahrnehmung freigelegt, erschiene dem Menschen alles, wie es ist: unendlich.«

Wenn die Geburt des christlichen Erlösers in eine Höhle verlegt wird, so sind all die alten Bilder der Tiefe impliziert. »Aus der Tiefe«, so schreibt der Dichter Wilhelm Raabe in seiner *Weihnachtsgeschichte*, »steigen die Befreier der Menschheit; und wie die Quellen aus der Tiefe kommen, das Land fruchtbar zu machen, so wird der Acker der Menschheit ewig aus der Tiefe erfrischt.«

Die christlichen Bilder von Stall und Krippe aber haben noch eine weitere Bedeutung. Von Anfang an werden sie auch als ein Zeichen von Armut und Heimatlosigkeit gedeutet. Der Gott, der ins Fleisch geht und Menschenlos auf sich nimmt, ist heimatlos in dieser Welt. Gott kommt in die Welt, so heißt es im Johannesevangelium, doch die Welt nimmt ihn nicht auf.

Der Bund mit der Armut ist ein Versprechen: Das Versprechen, dass sich der Einbruch göttlicher Wirklichkeit jederzeit und an jedem Ort ereignen kann, in jeder noch so geringen oder ärmlichen Behausung, in jedem Alltag und in jedem Elend.

Die frühe Kirche kennt das Bild der Krippe übrigens nicht. Erst die Zisterzienser, die im 13. Jahrhundert das Menschsein Jesu in den Mittelpunkt ihrer Betrachtungen stellen, entdecken auch die Krippengeburt mit all ihren Details. Franz von Assisi hält im Jahre 1223 in Greccio eine erste Krippenfeier, die zum Vorbild wird für alle späteren Darstellungen. In den Kirchen wie in der Kunst steht die Krippe fortan im Mittelpunkt der weihnachtlichen Betrachtung.

Bis ins 17. Jahrhundert bleibt die Krippe den kirchlichen Weihnachtsfeiern vorbehalten, erst ab dem 18. Jahrhundert wird sie auch in das Brauchtum der Familien aufgenommen und dort oft von Generation zu Generation vererbt. »Ich steh an deiner Krippen hier, oh Jesu du mein Leben«, singt der Chor in Bachs *Weihnachtsoratorium* und versammelt die bekannten Figuren.

Hirten, Könige und Stern

In der Weihnachtsgeschichte finden sich zwei Gruppen, die an der Krippe knien: auf der einen Seite eine unbestimmte Anzahl von jüdischen Hirten, die vom nahen Felde kommen, auf der anderen Seite die drei heidnischen Magier aus dem Morgenland.

Die Hirten als Archetypen der frühen agrarischen Gesellschaften repräsentieren ein einfaches, an der Natur orientiertes Leben. Sie hüten die Herden. In den vorchristlichen Überlieferungen aber taucht das Bild des Hirten auch in einem anderen Kontext auf: Der griechische Götterbote Hermes etwa trägt wie Christus ein junges Schaf auf seinen Schultern, und das weihnachtliche Motiv der Hirten auf dem Felde findet sich auch in den Gedichten des römischen Dichters Vergil und begleitet die Geburt eines Knaben, mit dem ein neues Zeitalter beginnen soll.

In der jüdischen Tradition wird der Hirte auch mit Gott gleichgesetzt. Im 23. Psalm, den Luther volkstümlich ins Deutsche übersetzt, heißt es: »Der Herr ist mein Hirte, mir wird nichts mangeln.« Das Bild des Hirten wird zu einem Lieblingsmotiv vor allem der evangelischen Kirche: Christus ist der gute Hirte und der Gläubige ein Schaf in seiner Herde. Christus ist der Hirte, der sich für seine Herde opfert. Der Evangelist Johannes (10,11) lässt ihn sagen: »Ich bin der gute Hirte. Der gute Hirte lässt sein Leben für die Schafe.«

Den Hirten gegenüber stehen die drei Könige, jene Astrologen oder Sterndeuter, die aus dem Osten kommen und das alte Wissen um die Gestirne und die Gesetze des Kosmos repräsentieren. Schon an der Krippe verkünden sie das Schicksal des menschgewordenen Gottes, und ihre Geschenke – Gold, Weihrauch und Myrrhe – symbolisieren sein künftiges Los.

Melchior schenkt Gold, das seit alters ein Symbol der Sonne und des göttlichen Lichtes ist. In diesem Sinne bleibt es in den alten Kulturen allein sakralen Gegenständen vorbehalten, in diesem Sinne sind die mittelalterlichen Tafelbilder und ostkirchlichen Ikonen auf Goldgrund gemalt.

Balthasar bringt Weihrauch, ein Symbol der Himmelfahrt. Im alten Judentum ist der Weihrauch allein den Priestern vorbehalten, die ihn im Opferkult verwenden. Weihrauch ist ein Zeichen für die Anwesenheit Gottes – mit dem Rauch wird eine Verbindung zwischen Gott und dem Menschen hergestellt. In der christlichen Kirche entsteht im 4. Jahrhundert die liturgische Räucherung als Symbol des Gebetes, das samt den Herzen der Gläubigen zum Himmel steigt.

Caspar schließlich legt dem Kind Myrrhe zu Füßen, ein Symbol des Todes. Myrrhe wird in der Alten Welt zur Mumifizierung der Leichen verwendet, im Judentum gehört das bittere Harz zur vorgeschriebenen kultischen Salbung des Leichnams.

Die Prädestination zum Tode wird bereits an der Krippe offenbar – die Krippe ist auch ein Grab. Die europäische Kunst hat den dunklen Hintergrund der Christusgeburt häufig dargestellt. Auf Grünewalds *Isenheimer Altar* etwa muss man erst die äußere Altarklappe mit dem Kreuz von Golgotha vor einem verfinsterten Himmel öffnen, bevor das lichte Weihnachtsbild sichtbar wird. Sogar im Bild selbst scheinen Geburt und Tod zugleich auf – das zerrissene Tuch, in das Maria ihr neugeborenes Kind wickelt, sieht genauso aus wie das zerfetzte Lendentuch des Gekreuzigten.

Auch Bach hat stets betont, dass die Menschwerdung Gottes

zugleich der Beginn seines Opfertodes ist, und so schieben sich in seinem *Weihnachtsoratorium* die Schatten der Passion immer wieder zwischen die Freudenklänge. Die Geburtsgeschichte von Bethlehem ist zugleich eine Sterbegeschichte.

Die Geburt Christi steht zweifellos unter einem schicksalhaften Stern. Dieser Stern, der sich bereits auf den ersten frühchristlichen Darstellungen der Weihnachtsgeschichte findet, macht die Nacht zum Tage. Er weist, so heißt es, den drei Magiern aus dem Morgenland den Weg zum neugeborenen König der Juden.

Über die Jahrhunderte ist gerätselt worden, welches astronomische Phänomen die drei Weisen am Himmel wohl gesichtet haben mögen. Die alte Astrologie hat stets behauptet, das Licht von Bethlehem sei eine Konjunktion von Saturn und Jupiter gewesen. Auch die moderne Forschung hat nachgewiesen, dass eine Jupiter-Saturn-Konjunktion um die Zeitenwende am Südwesthorizont von Bethlehem tatsächlich beobachtet worden ist, und hält eine optische Begegnung der beiden Gasriesen für die wahrscheinlichste aller Theorien. Vermutlich aber werden wir nie erfahren, welches Zeichen die Magier am Himmel gesichtet haben.

Es ist auch gleichgültig, denn das Bild des Sterns ist letztlich nur symbolisch interessant. Bereits in der babylonischen Keilschrift ist der Stern das Ideogramm für *ilu* oder Gott und ein Sinnbild der höchsten Macht. Das Judentum assoziiert den Messias mit einem Stern und beruft sich auf eine Prophezeiung des alttestamentarischen Sehers Bileam aus dem Buch Numeri (24,17): »Ein Stern geht in Jakob auf, ein Zepter erhebt sich in Israel.« Das Christentum greift das Bild auf, und noch im Oratorium *Christus* von Felix Mendelssohn-Bartholdy aus dem Jahr 1852 singt der Chor: »Es wird ein Stern aus Jakob aufgehn ...«

Christus wird der »strahlende Morgenstern« aus der Offenbarung des Johannes (22,16). Der Stern von Bethlehem ist der Stern einer göttlichen Berufung, einer Umwälzung und Erschütterung.

Unter seinem Glanz brechen die Mauern – die Geburt Christi ist wie ein Erdbeben, dessen seismische Wellen noch zweitausend Jahre später spürbar sind.

Die Engel

In der biblischen Geschichte finden sich an Stall und Krippe auch die Engel ein, die allerdings nichts gemein haben mit den süßlichen Flügelwesen und rotwangigen Putten, die heute in der Weihnachtszeit überall umherschwirren.

Offiziell glaubt der moderne Mensch zwar nicht mehr an Engel, doch in den vergangenen Jahren hat sich eine geradezu schwärmerische engelische Begeisterung verbreitet – Engel sind zu einer Mode geworden. Es gibt zahllose Bücher, und nicht wenige Verfasser rühmen sich einer persönlichen Begegnung oder übermitteln kryptische Botschaften aus der Engelwelt.

Das klingt ein wenig befremdlich. Die wirklichen Engel nämlich, so die biblischen Überlieferungen, sind Krieger und Kämpfer Gottes und tragen einen Schild und ein flammendes Schwert. Ihr Antlitz ist wie die Sonne, ihre Gestalt wie eine Feuersäule oder wie ein Blitz, und ihre Gewänder sind blendend weiß wie Schnee. Erträglich ist ihr Anblick nicht, und der Mensch muss sich niederwerfen auf sein Angesicht, sonst würde er erblinden. Die wirklichen Engel sind fürchterlich, und nicht umsonst begrüßen sie den Menschen mit der beruhigenden Formel: »Fürchtet euch nicht!«

Die wirklichen Engel, so bekundet auch Rilke, sind von einer entsetzlichen und schmerzlichen Schönheit. Der Dichter schreibt in seiner ersten *Duineser Elegie*: »Das Schöne ist nichts als des Schrecklichen Anfang, den wir noch grade ertragen, und wir bewundern es so, weil es gelassen verschmäht, uns zu zerstören. Ein jeder Engel ist schrecklich.«

Der Mensch, so heißt es, kann das lichtvolle Antlitz des Gottes nicht schauen, ohne zu verbrennen. Die Engel aber, selbst aus Licht und Feuer erschaffen, leben ständig in seinem Angesicht. So ruft John Milton in *Paradise Lost*: »Sprecht ihr, o ihr Engel, denn ihr seht ihn.« Die Engel sind seit alters die Boten Gottes – der lateinische Begriff *angelus* bedeutet Bote.

Die Engel sind die Boten zwischen den Menschen und Gott, sie überbringen den Willen des Herrn. Sie steigen, wie im Traum des alttestamentarischen Jakob, auf der Himmelsleiter auf und nieder. Sie bewegen sich mit göttlichem Mandat auf jenem Pfad, der den gefallenen Menschen von seinem Ursprung trennt. Sie sind Experten des Weges, auf dem der Mensch sich verirrt hat. Sie kennen den Ursprung aller Dinge und auch ihr Ziel.

Im frühen Christentum werden die Engel, wie in der altjüdischen Tradition, noch als männliche und ungeflügelte Gestalten dargestellt, erst seit dem 4. Jahrhundert kommen Bilder von Wesen mit Flügeln auf – eine Vorstellung, die sich an den römischen Genien und an der geflügelten Siegesgöttin Nike von Samothrake orientiert. Seitdem fliegen auch weibliche Engel, und Engel und Siegesgöttin werden gern verwechselt. Im Barock und im Rokoko werden die weiblichen Züge noch weiter ausgemalt, werden die Engel niedlich und hübsch.

Man darf davon ausgehen, dass der Raum zwischen Himmel und Erde dicht bevölkert ist. Die Offenbarung spricht von vieltausend mal vieltausend Engeln, das Matthäusevangelium von zwölf Legionen, und die Kabbalisten haben mehr als 300 Millionen gezählt. Alle Werke, so heißt es in der jüdischen Tradition, haben ihren Engel – Zeiten und Jahre, Schnee und Wolken, Gras und Sterne. Die frühen christlichen Kirchenväter sind überzeugt, die gesamte Schöpfung sei voller Engel, und Augustinus stellt jedes sichtbare Ding der Welt, Meere und Winde, Wasser und Feuer, Städte und Kirchen, unter die Obhut eines Engels.

Auch jeder Mensch, so heißt es, hat seinen Schutzengel. Es gibt keinen Menschen – und sei er auch noch so unbedeutend oder böse –, der nicht einen Engel im Himmel hätte. Thomas von Aquin, einer der einflussreichsten Theologen der christlichen Kirche, hat behauptet, selbst der Antichrist habe einen Schutzengel, und ohne ihn würde er noch mehr Böses anrichten, als er es ohnehin tue.

Der Schutzengel ist eine Art Wegweiser oder Führer, der dem Menschen hilft, seine eigentliche Aufgabe und Bestimmung zu erfüllen. Er dient dem Menschen, diesem unsteten Wesen, das stets auf irgendwelche Abwege gerät, aber mehr noch dient er dem göttlichen Plan.

Der Engel weiß, was dem Menschen wirklich nottut und was er braucht. Dabei ist die Vorstellung des Engels vom Guten und Notwendigen nicht unbedingt identisch mit der Vorstellung, die der Mensch von seinem Guten oder Notwendigen hat. So muss der Engel gelegentlich auch Unheil oder gar Katastrophen schicken, um seinen verirrten Schützling auf die rechte Bahn zu führen. Die Heilung, die der Engel bringt, kann bitter sein wie Galle. Der Engel ist gut – aber in seiner Güte auch unerbittlich.

Der Engel repräsentiert den vollendeten Menschen. Er begleitet den gewöhnlichen Menschen ständig wie einen höheren Entwurf. Er hält ihm bei jeder seiner Handlungen eine Art Blaupause vor und spiegelt ihn so, wie er idealerweise sein könnte oder sollte.

Engel sind vollkommen – doch sie haben keine Wahl. Sie sind ohne Sünde – doch sie haben keinen freien Willen. Engel sind die Diener schlechthin. Sie sind gut, doch sie können gar nicht anders. Selbst der gefallene Engel ist nicht frei – er ist der von Gott bestimmte Versucher. Die Freiheit schenkt Gott allein dem Menschen. Der Mensch ist ein göttliches Ebenbild, und seine Freiheit ist ein Abglanz des Gottes, der das Prinzip der Freiheit selber ist. Deshalb, so geht das Gerücht, beneiden die Engel den Menschen.

Der Mensch ist die Krönung und der Schlussakt der Schöpfung. Er ist das Salz der Erde und zugleich ihr Fluch. Die Engel aber sind die Vision einer Vollendung, die kommen soll am Ende aller Tage. Und in Rilkes zweiter *Duineser Elegie* heißt es: »Träte der Erzengel jetzt, der gefährliche, hinter den Sternen eines Schrittes nur nieder und herwärts: hochaufschlagend erschlüg uns das eigene Herz.«

Drei Weihnachtsmessen

Die Weihnachtsgeschichte lässt sich auf drei verschiedenen Ebenen lesen – auf einer historischen, einer mythologischen und einer seelischen Ebene. Die christlichen Mystiker des Mittelalters haben drei verschiedene weihnachtliche Messen gefeiert: In der Messe um Mitternacht die mythologische Geburt des Sohnes vor aller Zeit und Schöpfung, in der Messe der Morgenfrühe die Geburt der historischen Person Christi und in der Messe des Tages die Geburt Gottes in der Seele des Menschen.

Die christliche Kirche betont vor allem die historische Ebene und verlegt die Geburt Gottes in die geschichtliche Zeit und in den geschichtlichen Raum. Die Menschwerdung Gottes ist ein historisches Ereignis, das sich an Weihnachten in Bethlehem ereignet. Das Datum ist präzise definiert: Die Geburt Christi ereignet sich unter der Herrschaft des römischen Kaisers Augustus und zu jener Zeit, da Quirinius der Statthalter von Syrien und Herodes der König von Judäa ist.

Die christliche Theologie besteht seit je darauf, dass dieses Ereignis im konkreten und realen Sinne wahr sei. Der biblische Gott wird zu einer Figur der Geschichte: Im Jahre 0 wird er in Christus geboren. Nach diesem Datum zählt die abendländische Zeitrechnung *post Christum natum*.

Liest man die Weihnachtsgeschichte jedoch auf einer mythologischen Ebene, so geschieht die Fleischwerdung des Wortes nicht nur in der historischen Zeit, sondern auch in der Zeitlosigkeit. Der ewige Logos kommt am Anfang der Anfänge in die Welt. Gottes eingeborener Sohn, so heißt es im Bekenntnis von Nicäa, »ist aus dem Vater geboren vor aller Zeit«.

Im Johannesevangelium ist die Weihnachtsgeschichte zugleich eine Schöpfungsgeschichte. Der Evangelist stellt seine Schrift fast wörtlich neben das 1. Buch Mose und beginnt seinen Prolog nach dem Vorbild der Genesis. Nach dieser Interpretation leuchtet das Licht noch vor dem Beginn aller Zeit und vor aller Menschwerdung. Die Schöpfung Gottes ist von Anfang an ausgerichtet auf die Menschwerdung des Sohnes – auch ohne dass das Menschengeschlecht aufgrund seiner Sünden dieser Inkarnation bedürfte.

Nach mythologischer Lesart ist die Gottesgeburt von Bethlehem ein zeitloses und ewig gültiges Geschehen. Nietzsche hat es einmal so formuliert: »Der Begriff ›des Menschen Sohn‹ ist nicht eine konkrete Person, die in die Geschichte gehört, irgendetwas Einzelnes, Einmaliges, sondern eine ›ewige‹ Tatsächlichkeit, ein von dem Zeitbegriff erlöstes psychologisches Symbol.«

Auch in einer der ältesten gnostischen Schriften, im Evangelium nach Thomas dem Zwilling, jener Sammlung von 114 Logien oder Sprüchen aus der Nag-Hammadi-Bibliothek, ist der Gottessohn ein Symbol für das Göttliche in jedem Menschen. Hier vollbringt Christus keine Wunder, er stirbt auch nicht für die Sünden der Menschheit, und er nimmt nichts für sich allein in Anspruch: Jeder Mensch ist ein Kind Gottes.

Aus mythologischer Sicht ist die Fleischwerdung des Logos kein personales Prinzip, sondern das grundsätzliche Prinzip aller Schöpfung, das sich immer wieder manifestiert – mit jedem Neugeborenen geht das göttliche Wort auf eine besondere, eine einmalige und einzigartige Weise ins Fleisch. In diesem Sinne hat jede Mutter ein ewiges göttliches Kind, in diesem Sinne ist jede Geburt ein Fleisch gewordenes Wort.

Bleibt die dritte, die seelische Ebene. Nach dieser Lesart ist Weihnachten ein innerliches Geschehen, das sich in jedem Menschen und zu jeder Zeit vollziehen kann. Wenn es im Lukasevangelium heißt: »Euch ist *heute* der Heiland geboren«, so meint das auch eine gegenwärtige Gottesgeburt, die nicht nur in irgendeiner früheren Zeit stattgefunden hat.

»Wäre Christus tausendmal in Bethlehem geboren und nicht in Dir, Du bliebest doch ewiglich verloren«, hat Angelus Silesius entsprechend erklärt. Und auch der frühchristliche Theologe Origines schreibt: »Was nützt es dir, dass Christus einstens im Fleische kam, wenn er nicht auch in deiner Seele kommt? Und wenn Christus in Paulus lebt und nicht in dir, was nützt dir das? Beten wir, dass seine Ankunft sich täglich in uns vollziehe, sodass wir sagen können: Ich lebe! Nicht mehr ich, es lebt Christus in mir.«

Auf der seelischen Ebene ist das Christuskind das Symbol für den göttlichen Logos, der dem Menschen die Möglichkeit eröffnet, das Göttliche in seiner eigenen Natur zu entdecken und zum wahren Menschen zu werden.

Christus ist das Licht und Weihnachten eine Aufforderung an jeden Menschen, dieses Licht in der eigenen Seele zu suchen. Weihnachten zeigt auch den Ort, wo das Licht zu finden ist – nämlich dort, wo es kein vernünftiger Mensch vermutet. Das Licht wird in der Dunkelheit geboren.

Auf den Menschen übersetzt bedeutet dieses Bild: Die Geburt des Göttlichen in ihm selbst kann erst stattfinden, wenn Nacht und Dunkelheit sich fortgesetzt haben in sein Inneres hinein, wenn der Sommer verschwunden und der November und mit ihm die schmerzhafte Ablösung von den Verlockungen der Welt durchschritten ist. Erst wenn der Mensch bereit geworden ist, den äußeren Glanz der Welt nicht länger für das Wahre zu halten, kann es Weihnachten werden für ihn.

Weihnachten meint eine Steigerung der menschlichen Existenz in die Wahrheit hinein. Weihnachten meint das Versprechen auf Erlösung. »Der Mensch hat nichts Besseres als das schmerzliche Streben nach oben«, hat Wilhelm Raabe einmal gesagt. »Ohne es bleibt er immerdar Erde, von Erde genommen, in ihm und durch es richtet er sich aus aller Leibeigenschaft des Staubes auf, in ihm reicht er, wie wenig es auch sei, was er erlange, allen himmlischen Mächten die Hand ...«

Für die Menschen früherer Jahrhunderte ist die Botschaft der Weihnachtsstunde ohne Zweifel und ohne Fragezeichen – in ihr wird das Licht geboren.

Für den aufgeklärten Menschen der Moderne hat der Mainzer Literaturhistoriker Hermann Kurzke einmal folgende Worte gefunden: »Wer genügend tief den Jammer der Menschheit empfindet, sollte für die Hoffnung auf Erlösung Verständnis aufbringen. Auch wer nicht glaubt, dass durch die Geburt jenes Jesus von Nazareth vor zweitausend Jahren die Welt verwandelt worden sei, muss sich der Sehnsucht nach jenem Licht, das die Nacht verklärt, nicht schämen.«

Solange es die Hoffnung auf ein höheres oder göttliches Licht gibt, das die Finsternis und das Dunkel des Daseins erhellt, solange es die Hoffnung auf eine Befreiung oder Erlösung gibt, so lange hat die Welt nicht das letzte Wort.

LITERATUR

Adorno, Theodor W. Traumprotokolle. Hrsg. von Christoph Gödde und Henri Lonitz. Frankfurt a.M. 2005

Apokryphen zum Alten und Neuen Testament. Hrsg. von Alfred Schindler. Zürich 1988

Aristoteles. Hauptwerke. Stuttgart 1977

Augustinus, Aurelius. Confessiones, Bekenntnisse. Düsseldorf-Zürich 2004

Ávila, Teresa von. Gesammelte Werke. 2 Bde. Das Buch meines Lebens / Weg der Vollkommenheit. Freiburg 2007/2009

Bachmann, Ingeborg. Die gestundete Zeit. Gedichte. München 1983

Bachofen, Johann Jakob. Das Mutterrecht. Eine Untersuchung über die Gynaikokratie der alten Welt nach ihrer religiösen und rechtlichen Natur. Stuttgart 1861

Bacon, Francis. The Advancement of Learning and New Atlantis. Oxford 1966

Barlach, Ernst. Güstrower Tagebuch1914–1917. München – Zürich 1981

Barnes, Julian. Eine Geschichte der Welt in 10½ Kapiteln. Zürich 1990

Baudelaire, Charles. Die Blumen des Bösen. Frankfurt a.M. 1976

Baudelaire, Charles. Mein entblößtes Herz. Tagebücher. Frankfurt a.M. 1966

Beckmann, Max. Briefe. 3 Bände, München 1993, 1994, 1996

Beckmann, Max. Landschaft als Fremde. Katalog zur Ausstellung in der Hamburger Kunsthalle 1998 und in der Kunsthalle Bielefeld 1999. Ostfildern-Ruit 1998

Benedikt XVI. / Joseph Ratzinger. Einführung in das Christentum. München 2000

Benedikt XVI. / Joseph Ratzinger. Jesus von Nazareth. Freiburg 2007

Benjamin, Walter. Berliner Kindheit um neunzehnhundert. Frankfurt a.M. 2000

Benn, Gottfried. Gesammelte Werke, 4 Bde. Stuttgart 1977–1981

Blake, William. Die Hochzeit von Himmel und Hölle. Erftstadt 2005

Bloch, Chajim. Das himmlische Urteil. Kabbalistische Legenden. Hannover 2001

Bloch, Ernst. Das Prinzip Hoffnung. 3 Bde., Werkausgabe 5. Frankfurt a. M. 2001

Bloch, Ernst. Spuren. Frankfurt a.M. 1970

Bloch, Ernst. Verfremdungen II: Geographica. Frankfurt a. M. 1964

Blumenberg, Hans. Matthäuspassion. Frankfurt a. M. 1988

Borges, Jorge Luis. Buch der Träume. Gesammelte Werke, Bd. 7. München 1981

Borges, Jorge Luis. Essays. Inquisitionen, Vorworte. München 2003

Born, Nicolas. Gedichte. Göttingen 2004

Brant, Sebastian. Das Narrenschiff. Ditzingen 2005

Brendel, Alfred. Kleine Teufel. Gedichte. München – Wien 1999

Brodkey, Harold. Die Geschichte meines Todes. Reinbek 1996

Browne, Thomas. Religio Medci and Urn-Burial. London 1904

Bruno, Giordano. Über das Unendliche, das Universum und die Welten. Ditzingen 1994

Buber, Martin. Der Weg des Menschen nach der chassidischen Lehre. Gütersloh 2001

Buber, Martin. Zwiesprache. Traktat vom dialogischen Leben. Heidelberg 1978

Buch der 24 Philosophen. Corpus Christianorum, Continuatio Mediaevalis Band CXL, IIIA- Hrsg. von Francoise Hundry. Turnhout 1997

Campbell, Joseph. Der Heros in tausend Gestalten. Frankfurt a. M. 1953

Canetti, Elias. Masse und Macht. München 1960

Cassirer, Ernst. Philosophie der symbolischen Formen. Gesammelte Werke. Hamburg 2002

Celan, Paul. Gedichte in zwei Bänden. Frankfurt a.M. 1975

Coolen, Anton. Weihnachten in Brabant. Leipzig 1938

Dante Alighieri von Anaconda. Göttliche Komödie. Leipzig o. J.

Das Buch der Preisungen. Verdeutscht von Martin Buber. Gerlingen 1998

Das Corpus Hermeticum. 2 Bde. Im Auftrag der Heidelberger Akademie der Wissenschaften bearbeitet und hrsg. v. Carsten Colpe und Jens Holzhausen. Die griechischen Traktate und der lateinische Asclepius / Nag Hammadi-Texte, Testimonien. Stuttgart 1997

Der babylonische Talmud. Übertragen und erläutert von Jacob Fromer. Köln 2009

Die Bibel. Einheitsübersetzung der Heiligen Schrift. Stuttgart 1980

Die Tora. Die fünf Bücher Mose in der Übersetzung von Moses Mendelssohn. Berlin 2004

Domin, Hilde. Nur eine Rose als Stütze. Gedichte. Frankfurt a. M. 1994

Donne, John. Alchimie der Liebe. Gedichte. Zürich 2004

Dostojewskij, Fjodor M. Die Brüder Karamasow, 2 Bde. Berlin 1994

Dostojewskij, Fjodor M. Schuld und Sühne. München 1960

Eco, Umberto. Der Name der Rose. München 1986

Einstein, Albert. Einstein sagt: Zitate, Einfälle, Gedanken. München 2007

Eliade, Mircea. Das Heilige und das Profane. Vom Wesen des Religiösen. Frankfurt a.M. 1984

Eschenbach, Wolfram von. Parzival. München 1989

Feuerbach, Ludwig. Geschichte der neueren Philosophie. Gesammelte Werke, Bd. 3. Berlin 1984

Freud, Sigmund. Totem und Tabu. Einige Übereinstimmungen im Seelenleben der Wilden und der Neurotiker. Frankfurt a.M. 1991

Friedrich, Caspar David. Die Erfindung der Romantik. München 2006

Frisch, Max. Tagebuch. 2 Bde, Frankfurt a. M. 1991

Fromm, Erich. Die Furcht vor der Freiheit. München 2008

Fromm, Erich. Die Kunst des Liebens. Frankfurt a.M. – Berlin 1990

Gadamer, Hans-Georg. Über die Verborgenheit der Gesundheit. Aufsätze und Vorträge. Frankfurt a.M. 1993

George, Stefan. Die Gedichte. Stuttgart 2003

Goethe, Johann Wolfgang von. Die Leiden des jungen Werther. In: Werke, Bd. 9. Leipzig 1926

Goethe, Johann Wolfgang von. Faust. I. und II. Teil. Leipzig 2007

Goll, Yvan. 100 Gedichte. Göttingen 2003

Günderrode, Karoline von. Gedichte, Prosa, Briefe. Ditzingen 1998

Hamann, Johann Georg. Vom Magus im Norden und der Verwegenheit des Geistes. Ausgewählte Schriften. Hrsg. v. Stefan Majetschak. Düsseldorf 1993.

Hawking, Stephen W. Eine kurze Geschichte der Zeit. Reinbek 1992

Hegel, Georg Wilhem Friedrich. Phänomenologie des Geistes. Philosophische Bibliothek, Bd. 414, Hamburg 1988

Heidegger, Martin. Der Begriff der Zeit. Vortrag vor der Marburger Theologenschaft im Juli 1924. Hrsg. v. H. Tietjen, Tübingen 1989

Heidegger, Martin. Sein und Zeit. Tübingen 2001

Heine, Heinrich. Zur Geschichte der Religion und Philosophie in Deutschland. Frankfurt a.M. 1966

Heraklit. Fragmente. München 1986

Heraklit. Urworte der Philosophie. Wiesbaden 1952

Herder, Johann Gottfried. Journal meiner Reise im Jahr 1769. Ditzingen 1986

Hesse, Hermann. Der Steppenwolf. Frankfurt a. M. 1978

Hesse, Hermann. Klingsors letzter Sommer. Wiesbaden 1953

Hesse, Hermann. Narziß und Goldmund. Erzählung. Frankfurt a. M. 1971

Heym, Georg. Werke. Ditzingen 2006

Hildesheimer, Wolfgang. Werkausgabe, 2 Bde. Nordhausen 2003

Hölderlin, Friedrich. Werke und Briefe, 2 Bde. Hrsg.v. F. Beißner, J. Schmidt. Frankfurt a. M. 1969

Hofmannsthal, Hugo von. Gedichte und Prosa. Düsseldorf – Zürich 2003

Hofmannsthal, Hugo von. Jedermann: Das Spiel vom Sterben des reichen Mannes. Frankfurt a. M. 2005

Homer. Ilias. Übertragen von Hans Rupé, Zürich 1994

Homer. Odyssee. Übertragen von Anton Weiher. Zürich 1994

Humboldt, Alexander von. Ansichten der Natur. Frankfurt a.M. 2004

Humboldt, Alexander von. Kosmos. Entwurf einer physischen

Weltbeschreibung. Ediert von Heinrich Berghaus, Ottmar Ette und Oliver Lubrich. Frankfurt a.M. 2004

Hume, David. Dialogues concerning natural religion. Indianapolis 1947

Ibsen, Henrik. Briefe. Berlin 1905

Immermann, Karl L. Der Carnaval und die Somnambüle. Aus den Memoiren eines Unbedeutenden. Berlin o.J.

Jonas, Hans. Der Gottesbegriff nach Ausschwitz: Eine jüdische Stimme. Frankfurt a. M. 2009

Jonas, Hans. Gnosis. Die Botschaft des fremden Gottes. Frankfurt a. M. 1999

Jung, Carl Gustav. Der Mensch und seine Symbole. Freiburg 1987

Jung, Carl Gustav. Erinnerungen, Träume, Gedanken. Hrsg.v. Aniela Jaffé. Düsseldorf – Zürich 2007

Jung, Carl Gustav. Gesammelte Werke, 20 Bde. Olten – Freiburg 1990

Jung, Carl Gustav. Mensch und Seele. Aus dem Gesamtwerk 1905-1961, Hrsg.v. Jolande Jacobi. Olten – Freiburg 1971

Jünger, Ernst. Auswahl aus dem Werk, 5 Bde. Stuttgart 1998

Kaléko, Mascha. In meinen Träumen läutet es Sturm. Gedichte. München 1977

Kant, Immanuel. Kritik der reinen Vernunft, 2 Bde. Frankfurt a.M. 1974

Kaschnitz, Marie Luise. Griechische Mythen. Frankfurt a. M./ Leipzig 2001

Kertész, Imre. Roman eines Schicksallosen. Berlin 2003

Kierkegaard, Sören. Einübung im Christentum. Zwei kurze ethisch-religiöse Abhandlungen. Das Buch Adler oder Der Begriff des Auserwählten. München 2005

Kleist, Heinrich von. Sämtliche Werke und Briefe. München 2001

Kleist, Heinrich von. Über das Marionetten-Theater. Aufsätze und Anekdoten. Frankfurt a.M. 1980

Kracauer, Siegfried. Straßen in Berlin und anderswo. Berlin 1987

Lasker-Schüler, Else. Werke. München 1991

Le Goff, Jacques / Truong, Nicolas. Die Geschichte des Körpers im Mittelalter. Stuttgart 2007

Lehmann, Wilhelm. Bukolisches Tagebuch aus den Jahren 1927–1932. Frankfurt a.M. 2005

Lexikon der antiken Mythen und Gestalten. Hrsg.v. Michael Grant und John Hazel. München 1980

Lurker, Manfred (Hrsg). Wörterbuch der Symbolik. Stuttgart 1991

Luther, Martin. An den christlichen Adel deutscher Nation. Von der Freiheit eines Christenmenschen. Sendbrief vom Dolmetschen. Ditzingen 1986

Luther, Martin. Tischreden. Ditzingen 1986

Malleus Maleficarum 1487: Nachdruck des Erstdrucks mit Bulle und Approbatio. Von Heinrich Kramer (Institoris). Hildesheim 1992

Mann, Thomas. Buddenbrooks. Frankfurt a. M. 1981

Mann, Thomas. Der Zauberberg. Frankfurt a. M. 1981

Mann, Thomas. Doktor Faustus. Frankfurt a. M.

Mann, Thomas. Joseph und seine Brüder. 4 Bde. Frankfurt a.M. 1983

Meister Eckhart. Ein Breviarium aus seinen Schriften. Leipzig o. J.

Meyrink, Gustav. Der Golem. Köln 2006

Michel, Karl Markus. Der Spuk zwischen den Jahren, In: FAZ Magazin o. J.

Milton, John. Paradise Lost – Das verlorene Paradies. Stuttgart 2006

Nag Hammadi. Deutsch. Hrsg. v. Hans-Martin Schenke, Hans-Gebhard Bethge und Ursula Ulrike Kaiser. Berlin 2010

Nietzsche, Friedrich. Also sprach Zarathustra. Ein Buch für Alle und Keinen. Frankfurt a. M. 1978

Nietzsche, Friedrich. Der Antichrist. Versuch einer Kritik des Christentums. Frankfurt a.M. 1986

Nietzsche, Friedrich. Die Geburt der Tragödie. In: Werke in drei Bänden. München 1994

Nietzsche, Friedrich. Gedichte. Leipzig o. J.

Novalis. Friedrich von Hardenberg, Werke. Hrsg. von G. Schulz, München 2001

Origenes. Vier Bücher von den Prinzipien. Darmstadt 1993

Origenes. Werke mit deutscher Übersetzung. Band 1/1, Die Kommentierung des Buches Genesis. Von Karin Metzler, Berlin 2010

Ovid. Metamorphosen. Bibliothek der Antike. München 1990

Pascal, Blaise. Gedanken: Über die Religion und einige andere Themen. Ditzingen 1997

Paz, Octavio. Gedichte. Frankfurt a.M. 1977

Plath, Sylvia. Die Bibel der Träume. Erzählungen. München 2002

Platon. Sämtliche Werke. In der Übersetzung von Friedrich Schleiermacher. Hamburg 1957

Plesu, Andrei. Das Schweigen der Engel. Berlin 2007

Plotin. Ausgewählte Schriften. Ditzingen 2001

Plotin. Geist – Ideen – Freiheit. Enneade V 9 und VI 8. Hamburg 1990

Plotin. Seele – Geist – Eines. Enneade IV 8, V 4, V1, V 6 und V 3. Hamburg 1990

Raabe, Wilhelm. Sämtliche Werke. Bände 1–20. Göttingen 1977

Rilke, Rainer Maria. Werke, 5 Bde. Frankfurt a. M. 2003

Rimbaud, Arthur. Sämtliche Werke. Frankfurt a.M. 1992
Roth, Philip. Jedermann. München 2006

Schelling, Friedrich W. J. Werke, Band 3. Leipzig 1907
Schlegel, Friedrich. Kritische Ausgabe seiner Werke: Studien zur
    Philosophie und Theologie (1796-1824). Paderborn 1975
Schleiermacher, Friedrich. Die Weihnachtsfeier. Ein Gespräch.
    Zürich 1989
Schleiermacher, Friedrich. Über die Religion. Reden an die Ge-
    bildeten unter ihren Verächtern (1799). Berlin 2001
Scholem, Gershom. Judaica 1–6. Frankfurt a. M. 2003
Scholem, Gershom. Ursprung und Anfänge der Kabbala. Berlin –
    New York 2001
Scholem, Gershom. Zur Kabbala und ihrer Symbolik. Zürich
    1960
Schopenhauer, Arthur. Die Welt als Wille und Vorstellung. Fak-
    similedruck der ersten Ausgabe von 1819. Frankfurt a. M.
    1987
Schubart, Walter. Religion und Eros. Hrsg. von Friedrich Seifert.
    München 2001
Sefer Jezira. Das Buch der Schöpfung. Hrsg. von Klaus Herr-
    mann, Frankfurt a.M. / Leipzig 2008
Shakespeare, William. Die Sonette. Frankfurt a.M. 1998
Shakespeare, William. Sämtliche Dramen, Band III: Tragödien.
    München 1993
Silesius, Angelus / Johannes Scheffler. Cherubinischer Wanders-
    mann. Hrsg.v. Louise Gnädinger. Stuttgart 2006
Singer, Isaac B. Die Gefilde des Himmels. Eine Geschichte vom
    Baalschem Tow. München 2004
Sontag, Susan. Im Zeichen des Saturn. München 1981
Steiner, George. Von realer Gegenwart. Hat unser Sprechen In-
    halt? München 1990
Steiner, George. Warum Denken traurig macht. Frankfurt a.M.
    2006

Strauß, Botho. Die Fehler des Kopisten. München 1997

Tolkien, J.R.R. Der Herr der Ringe. Stuttgart 1972
Tolstoi, Lew, Krieg und Frieden. München 2010
Tolstoi, Lew. Für alle Tage. Ein Lebensbuch. München 2010
Trakl, Georg. Gedichte. Frankfurt a. M. 1974
Trakl, Georg. Gesang des Abgeschiedenen. Frankfurt a. M. 1963

Vergil. Bucolica, Hirtengedichte. Ditzingen 2001
Voragine, Jacobus de. Legenda aurea. Zürich 2000

Wagner, Richard. Der Ring des Nibelungen. Zürich 1997
Wagner, Richard. Tristan und Isolde. Bayreuth 2008
Wallace, David Foster. Unendlicher Spaß. Köln 2009
Wallace, David Foster. Das hier ist Wasser. Köln 2012
Walser, Robert. Sämtliche Werke, 20 Bde. Frankfurt a. M. 1985
Weidelener, Herman. Die Götter in uns. Lebenserkenntnis durch
    die Bilder der Mythen. Augsburg 1961
Wilber, Ken. Wege zum Selbst. Östliche und westliche Ansätze
    zu persönlichem Wachstum. München 1986
Wittgenstein, Ludwig. Philosophische Untersuchungen. Frank-
    furt a. M. 2003

Zweig, Stefan, Der Kampf mit dem Dämon. Hölderlin – Kleist –
    Nietzsche (1925). Frankfurt a. M. 2004
Zweig, Stefan. Die Welt von gestern. Einmalige Sonderausgabe.
    Stockholm o.J.
Zweig, Stefan. Drei Meister. Balzac – Dickens – Dostojewski.
    Frankfurt a. M. 1999

PERSONENREGISTER

SACHREGISTER

87, 90, 96ff., 103, 146, 149, 156, 170, 176, 181, 196, 229ff., 242, 257ff., 275, 298f., 306, 327, 332f., 336

T

Z

Zehn 19, 78, 268

Zwei 42, 56, 60ff., 80, 116, 122f., 133, 136, 182, 198, 302f., 315

Zweig 68, 81, 125f., 170, 177,

Zwölf 17, 20, 24, 47f., 100, 123, 129, 224, 338